小樽商科大学出版会
小樽商科大学創立１００周年記念出版

北東アジアのコリアン・ディアスポラ―サハリン・樺太を中心に／目　次

北東アジアのコリアン・ディアスポラ—サハリン・樺太を中心に

はじめに――「植民地責任」への旅

今西一

最初の科研調査である、二〇〇九年の夏の調査から書くことにする。この年も多忙な年で、八月一一日に同僚の金鎔基《キムヨンギ》さんら六人と千歳空港を立ち、その日のうちに韓国の安山市に入って、漢陽大学のホテルのように立派なゲストハウスに着いた。翌日からは、このゲストハウスを拠点として、同市の「故郷の村」という所で、サハリンから引き揚げてきた韓国人の男女二〇人ほどから、後で加わった奈良大学の三木理史さんらと、手分けをして一四日まで聞き取りをした。その後、一五日から一八日まで、全北大学の日本・中国・韓国の農業史シンポジュウムに参加した。そして一九日に千歳空港に戻って、その日のうちにサハリンのユジノ・サハリンスク（元豊原）に出発して、翌日からはサハリンのアレクサンドロフスクに車中二泊という強行軍で旅行し、コルサコフ（元大泊）なども見学して、二六日には日本に戻った。

しかし、そのまま千歳から東京に行き、翌二七日は、一橋大学で安丸良夫さんたちとやっている民衆史の研究会に出て、そのうえ二八日には、お茶の水女子大学の桜蔭会館で、一九五〇年代の学生運動の活動家であった、杉内蘭子・岡百合子さんからの聞き取りをした。翌日には国会図書館には行けたが、二六日からは疲労と風邪でボロボロになっており、大好きな書店まわりもそこそこに、三〇日には、早々に札幌に帰った。

その後は、一週間ほどは完全に寝込み、一カ月ほど体調は戻らなかった。若い頃には、一カ月ぐらいの農村調査で、山村に暮らしたこともあるが、還暦を過ぎてのこの調査スケジュールはさすがに辛かった。しかし、サハリンには、七〇代なかばのルポ・ライター野添憲治さんも同行されて、さすがに歳のことは言えなかった。

このように書くとわかるように、最近の私は、なぜかサハリン・樺太史研究会の副会長にまつりあげられ(会長はロシア史の原暉之さん)、科研の代表になってサハリン・樺太史の研究にかり出されている。その上、これも西川長夫さんのプロジェクトで、一九五〇年代の日本の社会運動について、調査を続けていた。

若い時から、なんでも屋の傾向があり、「この講座の何々は書く人がいないので、先生にお願いします」と出版社の人に頼まれたこともある。自治体史なども、なんでも屋でないと出来ない仕事であるが、一番困ったのは、学位論文を書いている最中に、古屋哲夫さん他編の『日本議会史録』(第一法規出版、一九九一年)に「日露戦争期の議会」を、数カ月で書かされた時である。古屋さんが編集して、同じ巻に宇野俊一さんが書いているのに、「なぜ私が日露戦争なのか」と言うと、お二人は、「我々はもう書きあきたから、今西君ならどんな風に日露戦争を書くか見たかった」というお返事であった。それでも、この時はみっちり古屋さんに、政治史の書き方や『原敬日記』の読み方などを教えてもらったのは、貴重な遺産である。その古屋さんも早々と鬼籍に入られたが、お連れ合いの悦永さんが作られた、古屋さんのホームページ「古屋哲夫の足跡」は、今でも私が近代史の問題で悩むことがあった時、いつも読んで指針にしている。

古屋さんからも、大学時代からの恩師である中村哲さんからも、いつも「何時代の何々しかわかりませんという、小さな歴史研究者になるな。近現代の通史が書けるようになれ」と言われてきたので、「なんでも屋」の性分はぬけなかった。しかし、まさか還暦を過ぎて、樺太史や戦後史をやることになるとは、夢にも思わなかった。

一　韓国のなかのサハリン

安山市は京畿道にあり、ソウルから約三〇キロメートル南西部に位置し、地下鉄でソウルまで約一時間余という便利のよさから、首都圏都市として急速に発展した地域である。市の人口も、一九九〇年の二五万人余から、二〇〇五年に七〇万人弱に急成長し、特に外国人労働者は、〇七年の登録外国人が二万六七一五人余、未登録者を入れると六万人を越えると言われている。韓国で登録外国人が二万人を越えるのは、他にはソウルの永登浦区と九老区であるが、労働者が一万九六四二人と、ほとんどが労働者というのが他の二地域との違いである。七六年からは半月工業団地が作られ、中小工業と公害、外国人の街として有名になった（西川長夫代表科研報告書『帝国の法的形成に関する比較歴史社会学的研究』二〇〇九年、参照）。

二〇〇八年の一一月に、漢陽大学での国際シンポジュウムに出た後、西川長夫さんや関西の大学院生たちと、この工業団地や「国境のない村」という「多文化共生」のモデル地区を見学した。その時、「国境のない村」へ行く途中に、サハリンから引き揚げて来た永住韓国人の集まっている「故郷の村」というのがあると聞いて、バスを降りて、同所の老人たちと少し立ち話をした。するとなんとも流暢な日本語で、返事が返ってきて驚かされた。それで今回は、この「故郷の村」そのものを調査するために来た。

安山市の「故郷の村」は、二〇〇〇年二月に日本政府も援助金を出して造られた集合団地である。この団地が造られるまでには長い運動の歴史がある。いくつかの運動の前史があるが、一九八七年、韓国の中ソ離散家族会の李斗勲《イドゥクン》会長と高木健一弁護士が、サハリンに残留した連れ合いと生き別れになったハルモニ（老婦人）を連れて国会を訪れる。それを受けて翌八八年に、サハリン残留韓国・朝鮮人問題懇談会が衆参両院の国会議員一七〇名でつくられた。同会は、サハリンの調査、ソ連との交渉を始めたが、九二年に「サハリン州韓人老人協会」は、一万三〇〇〇人の韓国への永住帰国希望者名簿を日本政府に提出してきた。当時のサハリンでの韓国・朝鮮人の人口は、約三万六〇〇〇人だから、これは相当な数字である。

その後、一九九四年七月二三日、訪韓した村山富市首相と金泳三《キムヨンサン》大統領が会談し、サハリン残留韓国・朝鮮人の永住帰国問題が取り上げられた。そして、帰国後の八月三一日の「内閣総理大臣の談話」で、「速やかに我が国の支援策を決定」する約束がなされ、約五億円弱の療養院（仁川に実現）、そして安山の集団団地の二七億円が計上された（五十嵐広三『官邸の螺旋階段』ぎょうせい、一九九七年、他）。日本では、社会党をつぶしただけのように言われている村山内閣であるが、「故郷の村」での村山内閣の評価は非常に高い。それに村山内閣の五十嵐広三官房長官の評判も良く、高木弁護士にいたっては、「神様」のように慕っているハルモニに会った。それにしても、「従軍慰安婦」の問題が、あれほど有名なのに、「サハリン残留韓国・朝鮮人問題」は、日本ではほとんど知られていない。

一九四〇年代、樺太には最高時四〇万人の本土出身者と、六万人の朝鮮半島出身者がいた。彼らは「帝国臣民」であったが、四六年に締結された「ソ連地区引揚米ソ協定」によって、二九万二五九〇名の日本人は引き揚げた。ところが「解放」された朝鮮人には、引き揚げは認められなかったのである。もちろん作家の李恢成一家のように、「日本人」に化けて引き揚げたり、聞き取りのなかでも出ていたが、密出国をして北海道に来た人たちもいた。

聞き取りをした彼・彼女らは、七〇代の後半以上の人が多く、国民学校で日本語を学んだという人たちが多かったが、それにしても流暢な日本語である。もちろん日本語の通訳をしていた人もいたが、サハリンだと地域によってはラジオやテレビで日本の放送が入り、それを聞いたり見たりしていた人もいた。日本の小説などが好きで、よく読んだという人がいた。今度行くときには、お土産として日本の小説などを持って行くと喜ばれそうである。しかし、ハングルやロシア語の方がいい、という人もいて、日本語班、ハングル班、ロシア語班にわけて聞き取りを行なった。事務所内での会話は、ロシア語がよく使われている。

聞き取りは、安山市老人会の高昌男《コウヤンナム》会長の好意で、事務所や娯楽室を使わせてもらった。聞き取りの全内容は、別に報告書を作るつもりなので、それを読んでいただきたい。彼・彼女らは、戦前まで「日本人」として徴用されたり、働きに来ていたのに、敗戦とともにサハリンに取り残されたのである。戦後直後は、ソ連国籍を取るのは容易であったが、一九四八年に朝鮮民主主義人民共和国が、ソ連の後押しでできると、北朝鮮の国籍を取ることが奨励された。戦後、サハリンにも朝鮮人の民族学校ができたが、中ソ論争で、北朝鮮が中国側につくと、民族学校も廃止される。その間、朝鮮戦争もあり北朝鮮に帰った若者たちが、四〇〇〇人以上いたという。

彼・彼女らは、北朝鮮に旅行した人たちもいたが、中ソ論争以降、ソ連の技術者も引き揚げ、財政援助もなくなって、急速に北朝鮮が衰亡していって、北朝鮮籍から離脱する人が多くなった。もちろん戦前、サハリンに来た人は、朝鮮半島の南部から来た人が多かったので、最初から「無国籍」という人もいた。北朝鮮籍を脱した人たちには、ソ連国籍は与えられず、「無国籍」になった。この「無国籍」の人たちは、隣町に行くのも許可書がいり、進学、就職上でも差別を受けるようになる。サハリンの「無国籍」朝鮮人の問題は、李恢成のルポルタージュ『サハリンへの旅』（講談社、一九八八年）などにも書かれている。

韓国に永住帰国したくなったのは、テレビなどで一九八八年のソウル・オリンピックを見て、経済成長した祖国の姿を知ってからであった。折からサハリン経済は、ペレストロイカによって、経済破綻し、自分たちが苦労して貯めた貯金や年金も無に等しくなり、「空が真っ暗になったような気分になった」と表現していたハルモニもいた。その頃から前述した永住帰国運動も強まって、韓国に戻ってきた。まさに国家の政策に振りまわされた人生である。今の彼・彼女らの希望は、韓国に戻ってから連れ合いを亡くした人も多く、なんとか戦後生まれの子どもたちとも、ここで一緒に住めないか、というものや、同居を嫌がる子どももいるので、もう少し頻繁にサハリンに行ける機会を増やしてもらえないか、というささやかなものが多かった。「家族愛」の強い朝鮮社会のなかで、老人の一人暮らしは厳しいものがある。

二　北緯五〇度を越える

九月一九日、千歳空港で野添さんたちと待ち合わせて、総勢八人でサハリンに出発した。飛行機は千歳空港を立って、ユジノ・サハリンスクに一時間ほどで着いた。本当に近い隣国であるが、なんと時差が二時間もある。韓国には時差がないが（実は一時間の時差があったのだが、朝鮮戦争の時に、米軍によって無くしてしまった）、時差のある国への旅行は疲れる。午前八時からの研究会といっても、札幌では午前六時である。午前五時には起きなければならないのだが、これは札幌では私が寝る時間である。

サハリンは二度目である。実は二〇〇八年五月の連休に、奇妙な巡り合わせで、サハリン国立大学との国際シンポジュウム「サハリン：植民の歴史的経験」に参加したのが、私とサハリンの関係の始まりであった。このシンポについては、「植民地としてのサハリン」（日本経済評論社『評論』一七〇号、二〇〇八年）などで書いている。この後に、シンポの参加者を中心にサハリン・樺太史の研究会が生まれたのである。

今回は、ともかく見て回ることを調査の中心においていたので、まず北サハリンのアレクサンドロフスクに行くことから始めた。サハリン島というと小さいように聞こえるが、その面積はほぼ北海道と同じである。しかも交通機関は、はるかに整備されていない。

私が、アレクサンドロフスクに行きたかったは、戦前の一時期北樺太であり、日本鉱山の遺跡などもある、という町そのものの興味もあったが、戦前の日本とソ連の国境線だった、北緯五〇度を越えてみたいという希望があった。夜汽車で行って、夜汽車で帰ってきたのだから、その国境線を見ることはできなかったが、アレクサンドロフスクに立つと、越えたという満足感はあった。

この北緯五〇度というのは、もちろんポースマス条約によって制定され、国境には南側に菊の紋章を彫り、北側にロマノフ朝の双頭の鷲の紋章を掘った標石が建てられた。この標石は、今ではユジノ・サハリンスクの郷土（誌）博物館などに保存されている。ところが、一九三九年のノモンハン戦争が起るまでは、日本は樺太に軍隊をおかず、国境に武装警官を配備していただけであった。帝国日本は、沖縄にも師団を置いておらず、国境警備ということを、どう考えていたのであろうか。

ところが、一九三八年一月三日、この国境を越えた一組の男女がいた。男性は舞台演出家の杉本良吉（本名吉田好生）、女性は当時の大スター岡田嘉子であった。マスコミは、「恋の逃避行」として、この事件を連日報道している。私たちの世代は、一九七二年一一月一三日に、岡田のモスクワでの生活を支えた、亡き連れ合い滝口新太郎（元俳優）の遺骨を、岡田家の一族が眠る多摩霊園に埋葬するために帰国した岡田を、テレビなどで見ている。滞日中の岡田は、映画「男はつらいよ―寅次郎夕焼け小焼け」（七六年）などに出演しており、今ではＤＶＤで、簡単に見ることができる。私は、その気品のある美しい老婦人の姿に、これが岡田かと驚いたが、彼女の風雪の人生を考えると、ひとつの奇跡としかいいようがなかった。

杉本と岡田は、ソ連に入国して三日で引き離され、ＧＰＵ（後のＫＧＢ）の取り調べを受け、別々の独房に入れられた。杉本は三九年にスパイとして銃殺され、岡田は自伝などで労役を三年間務め、その後は看護婦をしていたと語っているが（『悔いなき命を』広済堂出版、一九七三年）、岡田の死後、

ＮＨＫなどの調査で、一〇年間、刑務所に幽閉されていたことが明らかになった。
一九八六年、ペレストロイカの衝撃を受けて岡田はロシアに戻るが、九六年九月二〇日のテレビ朝日のドキュメントでは、ロシアでの岡田の生活を報道している。杉本が銃殺されたと知っても、その埋葬場所さえ知らされていない岡田は、三五年に杉本が日本で最初に翻訳した、オストロフスキーの小説『鋼鉄はいかに鍛えられたか』を持って、オストロフスキーが失明しながらも手探りで小説を書き続けた、黒海沿岸の保養地ソチの記念館に、杉本の遺影とともに届けている姿であった。ここにも、混乱のソ連に戻った岡田の真意が見られる気がした。

杉本は、プロレタリア演劇運動に係わっており、執行猶予の身であったため、召集を恐れて亡命を決意したと言われていたが、岡田の帰国の二日後に『赤旗』で、宮本顕治書記長（当時）は、杉本が党の命令を受けてソ連に越境したことを明らかにしている。しかし、杉本に与えられた密命の内容は、この記事からはわからなかった。私は、小林多喜二の『党生活者』の「ハウス・キーパー」のように、また革命運動に党外の女性を利用したのかと思っていたが、加藤哲郎さんによると、「軍国主義日本での演劇活動に絶望した夫と子供を持つ岡田が、妻のある杉本をひっぱってソ連に新天地を求めた」のだと、また「恋の逃避行」説を再論している（「国境を超える夢と逆夢」『月刊百科』一九九五年七月号）。岡田は、九二年にモスクワ郊外の病院で、誰にも看取られず、八九年の波乱にとんだ生涯を終えており、今では確認の仕様がない。

杉本は、ロシア・アバンギャルド演劇の旗手メイエルホリドの指導を受けたく、モスクワに留学していた土方与志や佐野碩を頼って、越境したとも言われている。だが土方や佐野は、スターリンの粛清の嵐のなかで、三七年にソ連を追放されており、むしろ杉本の越境は、メイエルホリドの「スパイ」事件の証拠とされて、三九年六月二〇日、メイエルホリドが逮捕され、翌四〇年二月二日に監獄内で銃殺されている。しかし、「戦艦ポチョムキン」の監督エイゼンシテインが、メイエルホリドの膨大な資料を、別荘の壁の中に塗り込んで後世に伝えてくれたおかげで、メイエルホリド事件のフレーム・アップが、いかに酷いものであったかは、今日では明らかにされている（佐藤恭子『メイエルホリド』岩波書店、一九九〇年、他）。佐野・岡田の越境事件の説明が長くなったが、この事件が日本の樺太統治政策にどのような影響を与えたのか、というのも考えてみたい問題のひとつである。

アレクサンドロフスクまで列車は行っていないので、ティモフスクまで列車で行って、後はバス（大型車）を借りて、目的地に向かった。サハリンの鉄道は、乗り心地はそう悪くはなかった。ところが列車に乗る直前に、私はパスポートを忘れてきたことに気がついた。ロシアでは特に厳格で、移動する地域までビザを取る必要があり、外国人の私がパスポートを携帯しないで、ユジノ・サハリンスクを出ることは許されていない。しかし、旅行会社の人の説得で、何とか列車に乗ることができた。寝台車は、四人が一室で、大型のロシア人には狭いベッドではないかと感じた。

三　「戦争責任」を考える

行きの列車では、野添さんと同室になり、いろいろ話が聞けたのは有り難かった。同行者は樺太史の専門家であるため、野添さんと言えば、出稼ぎ・移民研究のパイオニアで、田村憲一さんとの共編

『樺太の出稼ぎ〈林業編〉』(あきた文庫、一九七七年)、『樺太の出稼ぎ〈漁業編〉』(同、一九七八年)の著者として知られている。ところが、私からすれば、今でも「損害賠償請求」の続いている秋田県での中国人の強制連行、「花岡事件」問題の第一人者である。調査旅行の前に、折角野添さんに会えるのだから、少し野添さんの本を読んでいこうとしたが、その膨大な著作に呆れて、数冊買って眼を通したが、とても読んだとは言えなかった。ご本人に聞くと、「一四〇冊ぐらい書いた」ということで、なんとも我が身の怠惰を嘆くばかりである。

野添さんの論壇への衝撃のデビューは、「農民兵士」論争であった。戦後、『きけわだつみのこえ』(岩波文庫、一九四九年)の戦没学生の美化の風潮に対して、いくつかの反発が生まれてきたなかで、岩波新書の『戦没農民兵士の手紙』(一九六一年)は、絶賛をもって迎えられた。東大の荒瀬豊さんは、日本の「『よみびとしらず』の表現の伝統」とまで賛美し、作家の阿川弘之さんや評論家の佐伯彰一さんらも、これに同調した。

この過剰な賛美の嵐に対して、秋田県の林業従事者であった野添さんは、「あの手紙を読んでダラシナク参ってしまうのは、知識人が農村農民をぜんぜん知らないからだ」という痛烈な知識人批判の一文(「知識人は何をなすべきか」『思想の科学』一九六年一一月号)を書いている*1。私は、六月に「わだつみ会」の創始者の一人、岡田裕之さんの聞き取りを行ない、一橋大学大学院の山内明美さんに助けてもらって原稿を起こし、大学の編集委員に渡してきたばかりであった(拙稿「占領下の学生運動と『わだつみ会』(Ⅰ・Ⅱ)」『商学討究』六〇巻二・三、四号、二〇〇九・二〇一〇年)。野添さんの文章には感動させられたが、その後も「花岡事件」についての膨大な著書を書かれ、今またサハリンに来て、朝鮮人の虐殺や秋田からの樺太移民のことを調べている情熱には、ただただ頭が下がるだけである。しかし、野添さんのいびきはうるさく、意志薄弱な私は、帰りの列車では部屋を別にしてしまった。

アレクサンドロフスクは、美しい町であった。チェーホフの記念館を見学し、海岸で出会った老夫婦の家におしかけて、ロシアの年金生活者の暮らしの一端を見た。彼らは、日本の生活から見ると貧しいかもしれないが、自分たちで家を造ったり修理しながら、海藻を取ったり、野菜を作ったりして、日本よりもはるかに商品経済に巻き込まれない生活している。

しかし郊外のドゥエという田舎町の廃鉱跡では、酔っぱらいの男女に出会ったり、アレクサンドロフスクでも図書館の見学の帰りに、ティモフスクの駅まで急いで出発しようとしている時、突然、中年の女性が乗り込んできて、大声で話し出して、バスを降りないというような小事件にあったりしている。ロシアのなかでもサハリンは、特にアルコール依存症の人が多く、男性の平均寿命は五〇歳そこそこだという話であった。とにかく昼間から酔っぱらっている人は多かった。

最後に戦前の日本は、北カラフトを二度占領している。一度目は、日露戦争の末期に、日本軍はサハリン全土を占領しようとして、北カラフトに侵略し、「サハリン戦争」を引き起こしている。また二度目は、「尼港事件」*2の報復として、一九二〇年七月から二五年五月の約五年間、北樺太を統治下においている。「サハリン戦争」については、大江志乃夫さんは、「ここでたいした戦闘もなかった作戦の歴史について紹介するのはやめよう」(『日本植民地探訪』新潮社、一九九八年)と書いているが、目下、原暉之さんの編で『日露戦争とサハリン島』という画期的な論文集が編纂されている(北海道大学出版会、二〇一一年刊行)。この本が出れば、従来の日露戦争史も大きく修正されるであろう。

大江さんの前掲書のなかでも、サハリン戦争に参加した、新屋新宅という兵士の手紙が紹介されている。そこでは、一九〇五年八月一七日、真岡に上陸した中隊は、「二百余名の山賊的の敗残兵を殲滅する目的をもって」、ノタサン川をさかのぼり、三〇日正午に「ナイブチ川上流にて件の敵に衝突して、約三時間激戦ののち、彼らは進退きわまりて、百八十名の者一同に白旗を揚げて降参せり。また翌日捕虜残らず銃殺せり」と書かれている。一八〇名余りの捕虜を、翌日には銃殺したというのである。大江さんも指摘してるように、この事実を司馬遼太郎さんが知っていれば、『坂の上の雲』での捕虜を優遇した日本軍という「神話」は、果たして書けたのだろうか。この事件は、サハリンでは有名だが、日本では原さんが、松山大学のシンポで触れている（松山大学編『マツヤマの記憶』成文社、二〇〇四年）以外、ほとんど日本の日露戦争史では無視されている。サハリンには、このサハリン戦争の戦跡などが、無数に存在している。来年はそれも見たいと、野添さんらと話していた。

四　ユジノ・サハリンスクとコルサコフ

ユジノに戻ってからは、博物館、コリアン・センター、ハングル語の新聞社、日本領事館、そしてなにより宿泊先のサハリン国立大学の博物館など、実に多くの所をまわった。私以外には、文書館で仕事をしていた人や、図書館に行って調査していた人もいたが、夕食は一緒にとることにしていた。まわった所の話をすべて書く余裕はないので、サハリンの博物館についてだけ少し書くことにする。

サハリン州郷土（誌）博物館は、昨年に続いて二度目の訪問であったが、いつ見ても興味深い建物である。ユジノの建築物については、井澗《いたに》裕（北海道大学スラブ研究センター研究員）さんの『サハリンのなかの日本』（東洋書店、二〇〇七年）というブックレットがあるが、これはサハリンの最良の観光案内書でもある。また近く彼の学位論文をまとめた大著が、刊行される予定である。この日本の城郭を似せた植民地時代の建築は、樺太庁の建築技師貝塚良雄によるものである。貝塚の人物や建築の歴史的意味については、井澗さんの著書に譲りたい。

博物館に入ると、正面に向かって西側の日露戦争の時に使われた大砲、左側に樺太時代に使われていた奉安殿が移築されている。最近は、国内でもこれほど見事な奉安殿を見ることはない。奉安殿といっても若い人には、わかりにくいかもしれないが、戦前ならどこの学校にもあり、式の時に校長が白手袋で、このなかから御真影（天皇の「写真」）と教育勅語と取り出し、勅語を恭しく朗読した。戦後、どこでもいち早く奉安殿を破壊しており、今では少数の学校でしか残されていない。

博物館の展示で圧倒的なのは、樺太アイヌやニヴフ、ウイルタなどの少数民族の資料の展示である。この資料の初期の収集者が、プロニスタウ・ピウスツキである。ピウスツキは、ポーランド生まれの貴族であったが、弟J・ピウスツキと、在学中の一八八七年にロシア皇帝アレキサンドル三世の暗殺未遂事件を起こし、サハリンに一五年間の流刑になった。弟は五年間のシベリア流刑になった。弟は来日もしているが、第一次大戦後のポーランドの初代大統領になり、「建国の父」と呼ばれている。弟は兄のB・ピウスツキは、流刑以来一九年間を沿海州、日本などで過ごし、樺太アイヌ、ニヴフ、ウイルタなどの研究を行なっている。彼は調査で蝋管蓄音機を使い、アイヌなどの生の声を残してくれた（大江前掲書、他）。

博物館では、調査仲間の井澗裕さんのご紹介で、タチアナ・ローン館長にお会いした。彼女はロシアのウイルタ研究の第一人者で、ウイルタの集落に住んで研究したこともあるという。彼女の特別な配慮で、ソ連時代の古い写真を見せてもらうことができた。ソホーズやコルホーズなどで働く朝鮮人や少数民族の写真が興味深かった。是非、このような写真も公刊してもらいたい。

半日、これも井澗さんの案内で、私や野添さんは、コルサコク（大泊）に行った。丘の上から港を見たが、野添さんなどは、これが戦前、樺太移民や出稼ぎ者や朝鮮人が歩いた埠頭かと、興味深く眺めていた。この丘には、最近、朝鮮人の望郷の碑というモダンなモニュメントが建てられていた。ここにも「植民地遺産」を見る思いがした。

おわりに

私はここ数年、ひんぱんに韓国やサハリンに行くようになって、日本の「植民地責任」の重さに驚き、どれだけ「解決」に努力してきたか、疑問に思う機会が多くなった。

一九九〇年代からは「従軍慰安婦」問題など日本の「植民地責任」の問題が叫ばれるようになった。それは被害者たちが、高齢化してきたという問題もあるが、ソ連などが崩壊して、「冷戦」体制が一応、終結したという問題が大きい。戦後、中国が早々と日本の戦争賠償金を放棄したため、台湾や韓国も請求できなかった。正式に請求したのは、ビルマ（ミャンマー）、フィリピン、インドネシア、ベトナムで、合計一〇億ドル余の請求を受けている。これだけの金額で済んだのは、日本経済にとっては好運であった。

しかも、インドネシアなどに対する賠償は、「ヒモつき援助」と言われるように、ホテルやデパートなど、戦争行為による被害と直接関係のないものも多く、間にはいった政治家の汚職も激しく、日本の経済侵略の先兵と言われるものも多かった。岸信介内閣は、戦前果たせなかった「大東亜共栄圏」の夢を、ODAを使って果たそうとしていたという意見もある。

しかし、「従軍慰安婦」の問題にはじまり、七三一部隊細菌戦国家賠償請求訴訟、重慶大爆撃訴訟など、日本の戦争賠償・戦後補償に関する裁判が、各地で起こっている。国家レベルのパワー・ゲームで決められた「賠償」が、真の賠償にならないのは明らかである。それにしても、サハリンの朝鮮人の問題への関心が弱いが、中国の延辺（旧満州国）にも、「帝国臣民」から中華人民共和国の「朝鮮族」に変わった人々がおり、次は延辺の「朝鮮族」の調査にも行きたいと考えている。私の「植民地責任」を考える旅は、しばらく続くであろうが、彼・彼女らの年齢を考えれば、いそがなければならない旅である。

注

（1）この論争については、最近福間良明さんが、『「戦争体験」の戦後史』（中公新書、二〇〇九年）のなかで、優れた整理を行なっている。

（2）シベリア出兵中の一九二〇年三月、ロシア人・中国人・朝鮮人のパルチザン軍四〇〇〇人によって、ニコライエフスク港（尼港）の日本陸軍軍守備隊と日本人居留民、約七〇〇名弱が虐殺され、五月に日本軍が援軍を送ると、捕虜と一般市民一〇〇〇〇人以上（五〇〇〇〇人説もある）を虐殺して逃走した事件。この事件によって、日本国内の排外主義は一気に高揚し、日本は北カラフトへの侵略を容易にした。第一次大戦後の民衆の「厭戦ムード」は崩れ、大正デモクラシーという時代の終焉を早めた（原暉之『シベリア出兵』筑摩書房、一九八九年）。

【付記】 この後の二〇一〇年には、中国の旧「満州」地域の大連—延吉—ハルビン、翌年の一一年は、ウラジオストック、ハバロフスクに行き、「植民地責任」の旅は今も続いている。延辺での聞き取りは、第七章を参照。なおこの「はしがき」は、『「植民地責任」への旅』（『アリーナ』第八号、二〇一〇年）に加筆・訂正したものである。

序章　樺太・サハリンの朝鮮人

はじめに

今西一

二〇一一年三月一一日の東日本大震災は、日本の政治・経済・社会に大きな転換をもたらす事件となった。テレビなどで、「がんばろう日本」というスローガンが叫ばれて、ナショナリズムが喚起されているが、被害にあっているのは、当然、「日本人」ばかりでない。二〇一〇年の「外国人登録者」では、在日中国・台湾人は六八万七〇〇〇人となり、在日朝鮮人の一二万人を、はるかに超えている。この内、多くの女性が東北の農家に嫁いでおり、東北には、多くの外国人労働者もいるのである。それなのに、彼・彼女らのことが殆ど報道されないというのも奇妙である。詩人の金時鐘《キムシジョン》は、次のように語っている*1。

私の家の郵便受けは「金時鐘」という表札が大きく掛かっています。ところが、この固有名詞を、「キンジショウ」と呼んでくれる人はめったにいません。アルバイトの郵便屋さんとか、来つけない酒屋さん、または配達してくれる人のほとんどは「きんときさん、きんときさん」と呼びます。私は被差別の最たる者といわれている在日朝鮮人のひとりですが、個々の日本人はかくも愛すべき人達なのです。(中略)ですが、疑いもなく「きんときさん」と呼んでいられる生理そのものに、ときたまスーッと隙間風が走ります。この町内に朝鮮人がいるという発想そのものがからっきしないのです。

「日本に日本人以外は住んでいるのは〝西洋人〟だけだという認識」になり、朝鮮人（中国人）は、「見えない人間（ラルフ・エリスン）」として暮らさなければならないのである。そのことが、今回の東北大震災でも、よく現れている。

しかも政府＝民主党は、一昨年の春から実施した高等学校の授業料免除から、朝鮮高級学校を除外している。政府の学識経験者の審議会からさえ反対意見が出ているのに、文部科学省の意見を無視して、拉致関係者を交えた審査会を作るそうである。しかもその審議会も、一昨年一一月二三日の北朝鮮からの韓国の大延坪島《テヨンピョンド》攻撃によって、審議を「停止」されている。

これは事実上の朝鮮学校の解体政策である。戦後の朝鮮学校は、戦前の「皇民化政策」のなかで母語や民族性《エスニシティ》を奪われた在日朝鮮人が、政府から何の援助も受けず、自ら立ち上げたものである。そればかりか、一九四七年、GHQと日本政府は、朝鮮学校での朝鮮語教育を否定し、翌四八年には朝鮮学校を閉鎖してしまった。この時の理由が、「一九四六年一一月以降、在日朝鮮人は占領当局に「日本国籍保有者」として、日本の法制下に統治されるようになったため、民族学校にも新たに制定された日本の教育基本法、学校教育法が適用されることになった」ためである*2。ここでは在日朝鮮人は、「日本人」であるから「民族教育」は許さないという論理であった。

これに反対して、四八年四月二三日から二六日にかけて、神戸や大阪で朝鮮人や日本の労働者とGHQ・警官隊が対峙する、「阪神教育闘争」が起こっている。この闘争では、不幸なことに、デモに参加した一六歳の少年金太一《キムテイル》が銃殺され、在日本朝鮮人連盟の兵庫県の本部委員長朴柱範《パクチュボム》が投獄の過労から逝去している。そして軍事裁判によって、全逓大阪地域協議会の村上弘会長（後に日本共産党衆議院議員）に重労働五年、日本人八人に同三年、朝鮮人五人に同二年などの判決が出されている。もちろん朝鮮人は、刑期満了後、韓国に強制送還されている*3。なおこの事件は、二〇一〇年七月二五日のNHKスペシャルで放送されたが、金太一の銃殺については言及されたが、金柱範の死については触れられなかった。

そして近年の日本では、二〇〇七年五月二四日、「在日特権を許さない市民の会（在特会）」という団体が作られ、外国人の地方参政権などへの反対運動はもちろん、二〇〇九年の一二月四日には、京都朝鮮第一初級学校に押し入り、「スパイ養成学校だ」、「朝鮮人を日本からたたき出せ」と罵声をあびせかけ、力ずくで校内に押し入ろうとした。鵜飼哲の言うように、「在日」一世の方たちが、「日本社会はこれまでで今が一番酷いと感じている人がかなり」いる、というのも共感できる*4。今日、在特会は会員が一万人を超え、日本全国で署名運動をはじめ、さまざまな運動を展開している。日本では、不況の長期化ということもあって、「韓流ブーム」の影で、排外主義、レイシズムが強まってきている。本章では、この問題を樺太史のなかでも考えてみたい。

一　研究史の問題―朝鮮史を中心に

日本の植民地史研究のなかで、近年、最も活発な論争を展開しているのは、朝鮮史だと言えるので、そこでの幾つかの議論を紹介しておきたい。ひとつは、近年の日本では、「強制動員・強制連行」という概念があまり使われなくなり、「移民史」という言説が積極的に使われるようになってきていることである。これは「強制動員・強制連行」という概念が拡大して使われ、戦前の日本にいる朝鮮人・中国人が、すべて「強制動員・強制連行」で連れてこられたかのような誤解を生む記述のあったことへの反発によるものであろう。

しかし坂本悠一の作成した図一を見ればわかるように、「日本史」「朝鮮（韓国）史」というような枠で括れないほど、一九三〇年代の日本人、朝鮮人は、東アジアの歴史・地理空間を移動している。また「日本史」や「朝鮮（韓国）史」といった、一国史の枠組みでは括れないほど、一九三〇年代の日本人、朝鮮人は東アジアの歴史・地理空間を移動している。帝国日本では、一国史の枠を超えて、人、モノ、金、情報は動いている。

日本人は、朝鮮に五三万人弱と一番多いが、その次は樺太の二八万人余で、台湾や関東州をさえ抜いている。これに対して、朝鮮人は、「満州」に五八万人余と多く、日本「内地」の四二万人弱を超えており、また旧ソ連（極東地域）にも一九万人余と意外に多い。勿論、定量分析では見えてこない問題、例えば「在満」朝鮮人たちは、日本人の下位には置かれるが、「帝国臣民」として現地の人たちの上に立つという複雑な関係（「差別の重層性」）などがある。しかも、樺太史からすれば、この表では、ロシア極東から樺太に流れてくる朝鮮人が入っていない（逆も存在する）、という問題点がある。しかし、この表をつくり、概観を示してくれた坂本の努力には敬意をはらいたい。

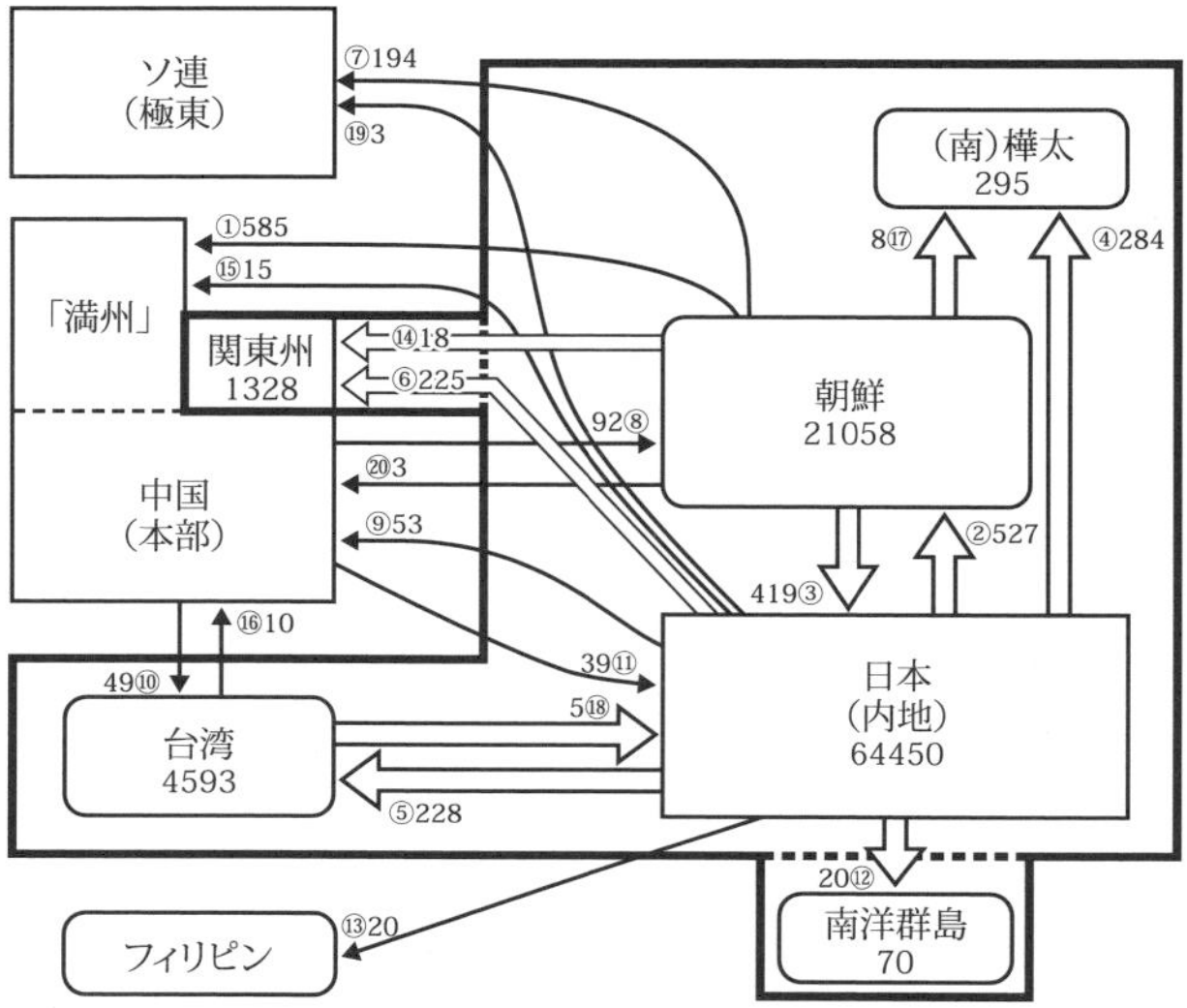

図1　「大日本帝国」と東アジア諸地域の移住人口（1930年）

注：矢印と数字は当該国・地域出身者（国籍・民籍別）の現住人口（2,500人以上，現地出生者を含む）を示す。〇数字（人数順）は出典番号，各地域内の数字は国勢調査による総人口（単位はいずれも1,000人・四捨五入）。「関東州」には満鉄付属地を含む。ソ連在住朝鮮人はソ連国籍の者を含むと推定。

出典：①30年12月／外務省亜細亜局『支那在留邦人及外国人人口統計表（第23回）』1931年
②30年10月／『（昭和5年）朝鮮国勢調査報告』全鮮編・第1巻・結果表，1934年
③30年10月／内閣統計局『（昭和5年）国勢調査報告』第1巻，1935年
④30年10月／樺太庁『（昭和5年）国勢調査結果表』1934年
⑤30年10月／台湾総督府『（昭和5年）国勢調査結果表』全島編，1934年
⑥30年10月／『（昭和5年）関東庁国勢調査結果表』第1巻，1933年
⑦32年 末?／朝鮮総督府警務局『最近に於ける朝鮮治安状況（昭和8年）』
⑧30年10月／『（昭和5年）朝鮮国勢調査報告』全鮮編・第1巻・結果表，1934年
⑨30年12月／外務省亜細亜局『支那在留邦人及外国人人口統計表（第23回）』1931年
⑩30年10月／台湾総督府『（昭和5年）国勢調査結果表』全島編，1934年
⑪30年10月／内閣統計局『（昭和5年）国勢調査報告』第1巻，1935年
⑫30年10月／南洋庁『（昭和5年）南洋群島島勢調査書』第3巻，1933年
⑬30年10月／『（第51回）日本帝国統計年鑑』1932年
⑭30年10月／『（昭和5年）関東庁国勢調査結果表』第1巻，1933年
⑮30年12月／外務省亜細亜局『支那在留邦人及外国人人口統計表（第23回）』1931年
⑯30年12月／外務省亜細亜局『支那在留邦人及外国人人口統計表（第23回）』1931年
⑰30年10月／樺太庁『（昭和5年）国勢調査結果表』1934年
⑱30年10月／内閣統計局『（昭和5年）国勢調査報告』第1巻，1935年
⑲30年10月／『（第51回）日本帝国統計年鑑』1932年
⑳30年12月／外務省亜細亜局『支那在留邦人及外国人人口統計表（第23回）』1931年

出典：坂本悠一「福岡県における朝鮮人移民社会の成立」『青丘学術論集』第13集，1998年，192頁。同「「日本帝国」における人の移動と朝鮮人」『朝鮮史研究会会報』第158号，2005年も参照。

帝国日本の移民については、矢内原忠雄以外は[5]、非勢力圏への移民と区別して、植民地・勢力圏への移民を「植民」と呼んできた。戦前には、それを「植民学」「植民政策」として講義する講座まで創られていった（北海道大学がその最初である）。一九九〇年に木村健二は、植民地・勢力圏の植民と、非勢力圏の移民を区別し、政策的には植民地・勢力圏の植民が推進的であるのに対して、非勢力圏の移民は抑制的であるとした。前者は中小の商工業者の移民が多いのに対して、後者は労働移民が中心だと特徴付けた。また前者が差別する側に立ち、後者が差別される側に立つとした。そして植民地・勢力圏の植民者は、敗戦とともに、一部の留用者を除いて、殆どが引き揚げたとしている[6]。

しかし、このような単純な二元論は、九〇年代以降のサバルタン・スタディーズやポスト・コロニアリズム研究の前に、木村自身も認めているように、有効性を失ってきている[7]。また移民した人々のコミュニティと、先住民のコミュニティとが、どのような矛盾・対抗と共存をくりかえすのかを考える場合、杉原達の言うような「対面空間」を研究することも重要になってきている[8]。先述したように、「満州」や南洋諸島での朝鮮人の問題、台湾や南洋諸島における「沖縄人」の問題、樺太での朝鮮人、アイヌ、ニヴフ、ウイルタ等々の問題などを考えると、とても支配／被支配、差別／被差別を二元的に考えるわけにはいかなくなってきている。

さらに非勢力圏への移民研究も進んできて、坂口満広は、近代日本において同時並行ですすめられる勢力圏と、非勢力圏の移民研究とを密着させる必要を説いている[9]。そして岡部牧夫は、移民先に、（1）アメリカ・ブラジルなど独立の主権国家、（2）東南アジア諸地域などの外国の植民地・勢力圏、（3）日本の植民地・勢力圏の三地域を設定して、その移民の区別を説いている[10]。今日では、勢力圏・非勢力圏の両者の移民研究の総合が必要であり、そこに、蘭信三編著『日本帝国をめぐる人口移動の国際社会学』（不二出版、二〇〇八年）らの共同研究の意義がある。しかし、帝国のグローバル化というのは、当然、軍事占領と結びつくことが多く、そのため敗戦によって、一挙に六三〇万人以上が「難民」化して引き揚げるという事態が生まれてくる。これだけの人が、土地も財産も捨てて移動するということは、日本の歴史のなかでも初めてのことである。

また朝鮮史では、「植民地近代化」論、「植民地近代性」論などの議論が活発に展開されている。前者は、植民地での工業化が戦時体制下でも進展し、戦後のアジアNIEsの前提となったという議論で、京都大学経済学部の中村哲、堀和生らによって説かれ、ソウル大学経済学部の安秉直《アンビョンジョク》、李榮薫《イヨンフン》らによって発展させられている。後者は、フーコー理論などの影響を受けており、身体の規律化や訓練を重視するものであるが、東京大学農学部の松本武祝らによって提言され、若い研究者の支持を得てきている。

前者の「植民地近代化」論に対しては、許粹烈《ホースヨル》の実証的な批判があり、特に一九四五年の解放前の経済と解放後の経済との断絶が説かれている。後者の「植民地近代性」論に対しては、趙景達《チョウキョンダル》から植民地性、民衆史の欠如という厳しい批判がある＊11。私は、「植民地近代性」論に一定の共感を持っていたが、強制徴用が進み、労働力不足が慢性化するなかで、「植民地公共領域」が拡大して、植民地議会の設立など、「植民地国家」の自立化が進む、といった議論まで登場するようになって、いささか「植民地近代性」の議論には呆れている＊12。戦時体制というものをどう考えているのであろうか。金哲《キムチュル》の言葉を借りれば、「同化政策、特に内鮮一体政策が被植民者に帝国の一員としての権利と資格を約束する代わりに彼らの血と生命を求めるものであったことは明らかだ＊13。

最後に近年、「植民地責任」論が論議され、文化財問題の返還問題などとともに、樺太の「残留韓国・朝鮮人問題」なども議論されるようになってきている。これは今後の大きな政治問題になっていくであろう。樺太史を見る場合でも、戦時下の「強制動員・強制連行」の問題は無視できないものがある。

二　樺太の『朝鮮人関係警察資料集』に見る朝鮮革命運動

樺太は、国境の植民地でありながら、一九〇五年のポーツマス条約によって、日ソ両国が「軍隊」を置けない島であった。そこで警察が樺太の警備に当たるが、それは彼ら自身も不安であった。「樺太庁警察務要覧」（一九二六（大正一五）年六月三〇日、警察部警務課調査）によると、元泊分署では、巡査一人で、一三二平方㎞の土地を統括し、二、八九七人を監視しなければならないのである。しかも、交通は不便、通信手段もとぼしいのである。特に「本島（樺太）は赤化主義を綱領とせる、「ソヴィエト」聯邦と接壌し、我国の治安と相容れざる過激主義の宣伝あり」と、共産主義の脅威をといている（長澤秀編『戦前朝鮮人関係警察資料集』緑蔭書房、二〇〇六年、以下、同資料による。ただこの資料集のもとになった、国立サハリン公文書館の資料は、五十嵐広三によると「焼却処分」になったものもある＊14）。

この共産主義への脅威と、朝鮮人への〈まなざし〉が、密接に結びついている。「豊高秘第七六号／昭和五年一月十五日／豊原警察署長／（要報告）／管内一般巡査殿」には、次のように書かれている。

「不逞計画鮮人に関する風評調査の件」として—

「本籍釜山府草梁町四〇四番地／戸主方士圓《ベンサウォン》「子息」／玄龍範《ヒョニョンボム》「二十四年」／李在和《イジェファ》「二十年」の「両名が、不逞計画のために、いずれも内地（日本）へ渡航し、京都、大阪方面に立ち回りおりて、数名の朝鮮人と共謀し、高位高官の写真を撮影し、上海に在る朝鮮独立仮政府に送付し、なんらかの不穏計画を企て居るがごとき状態なりと（後略）」」。朝鮮独立政府から送られてきた、二人のテロリストにより、政府の高官暗殺計画がすすめられているというのである。

また「豊特高秘第三四五号／昭和七年二月一日／豊原警察署長（印）／管内一般巡査殿」には、「在上海不逞鮮人僑民団一派の不穏計画に関する件」として、次の事件が書かれている。

「上海に根拠を有する「不逞（朝）鮮人」僑民団においては、桜田門外における不敬事件を勃発せしめたるが、彼等は更に、第二第三の直接行動を敢行せんとする計画中のものの如く。一月七日付布告第一号を以て、別添写の如き民団政務委員を選任し、同月十日第十日第一次政務委員会を開催し、団長金九《キムク》が警務委員長となり、直接行動を担任し、更に「韓国独立党宣言」と題し、大韓民国十四年一月十日、韓国独立党と記載したる原漢文の印刷物を以て、李奉昌《イボンチャン》の不敬事件を記載せる不穏印刷物を作製、各方面に撒布したる情報に接したるに付、彼等一味のものは、更に内地潜入を企て、何時渡来するやも計り難きに付、相当注意あいなりたい」。

李奉昌の「不敬事件」とは、一九三二年一月八日に、彼が昭和天皇を暗殺しようとして、桜田門で天皇の行列に手榴弾二個を投げつけ、「大逆罪」で死刑になった事件である（「桜田門事件」と言われている）。現在の韓国では、「独立三義士の一人」と言われているが、実像は「女遊びと麻雀」の大好きな人間であった、とも言われている。

金九（本名は金昌洙《キムチャンス》）は、韓国では最も有名な政治家で、後述するように、一九四〇年大韓民国臨時政府の主席になると、蒋介石ら国民党と反日活動を展開するようになる。「第二第三の直接行動」としては、やはり金九の指導のもとに、尹奉吉《ユンボンギル》が、一九三二年四月二九日に上海の虹口公園で、天長節（天皇の誕生日）の記念式典に爆弾を投げつけ、多くの死傷者をだしたのは有名である。この事件で、駐華公使重光葵が右足を失い、海軍大将野村吉三郎も片目を失った。李奉昌《イボンチャン》、尹奉吉《ユンボンギル》らのこの事件は、朝鮮人＝テロリストというイメージを、日本の政府と民衆に焼き付けた。

「豊特高秘第六〇二号／昭和七年二月二十六日／豊原警察署長（印）／回覧　管内一般巡査殿」を見ても、「拘留執行停止又は保釈出所中の治安維持法違反被告鮮人所在不明手配に関する件」で出てくる、「朴均《パクキュン》こと朴得鉉《パクドゥギョン》／明治三九年四月六日生」、「朴烱採《パクユンチェ》こと朴魯珀《パクノバク》／明治三十六年二月三日生」らは、「右両名はいずれも秘密結社高麗共産青年会に加盟、首題違反被告として」追われている。高麗共産青年会は、当時の日本では、最も過激な共産主義団体であるが、警察が追跡する朝鮮人の多くは、犯罪者より共産主義者、無政府主義者、民族主義者に重点が置かれている。

樺太に係わってくる大きな事件としては、「豊特高秘第七〇一号／昭和十年四月二十六日／豊原警察署長／取締管内一般巡査殿」として出される、「満州国皇帝陛下御訪日に際し、在露不逞鮮人の不穏計画に関する件」という、満州国皇帝愛新覚羅溥儀《アイシンギョロプーイー》の暗殺計画であった。「最近露領より帰国鮮人蔡《チェ》某は、首題の件に関し取調たるに、左記事実申立てたる趣、咸鏡北道知事より通報ありたる旨、警察部長より通牒これありそうろうじょう候条、現住鮮人に付、厳密内査取締てあいなりたく相成度。右通達す。」

として――

一、在露一般鮮人間には、満州国皇帝の訪日は日帝召喚に依り、自己の意志に反し、やむなく渡日することとなりたるものにして、侮辱も甚しく。両国は表面攻守国盟を締結しおれるも、事実は日帝の為め奪取併合されたるものにして、皇帝の訪日後は必ず中華民国及「ソ」聯の進攻に一進展を見るに至るべく云々との流言盛に行はれあり。

記

二、在浦塩《ウラジオ》不逞鮮人巨頭金河錫《キムハソク》、全萬謙《チョンマンギョム》等を始め重要鮮人幹部十数名は、三月上旬浦塩スターリン倶楽部に集合し、満州国皇帝渡日の機会にこれを殺害し、日満両国親善の裏面に存在する、満州側の不平を爆発せしめ、国際問題化せしむべく、次の決議をなしたり。

一、上海方面より派遣すべき義烈団員と策応し、在露鮮人パルチザン分子中より、最も意思の強固なる前衛分子を選抜、これを数組に分ち、日本内地に潜入せしむること。

二、これら派遣隊員には、特に日本語の堪能なるものを選び、出漁船に便乗せしめ、北海道又は樺太方面に上陸せしめ、漸次南下して東京又は京都方面に集合、事を決行すること。

三、目的達成後は、官憲の逮捕に先立ち、現場において悲状なる街頭演説を為したる上自殺すること。

四、同志の一人において目的を達したる場合は、他の者は日本在住鮮人の群に投じ、同志の獲得、日本要人暗殺、今後の連絡に足る同志を選求することの何れか一つの成功を遂げ、帰露すること。」

溥儀は、一九三四年の満州国皇帝（康徳帝）に即位すると、翌三五年に訪日している。これには、昭和天皇も気遣って、東京駅まで出迎えるという異例の歓迎をしている。しかし、「皇帝の訪日後は必ず中華民国及「ソ」聯の進攻に一進展を見る」というのは鋭い指摘で、その後の歴史が証明している。

溥儀を暗殺することによって、「満州側の不平を爆発せしめ、国際問題化せしむ」というのが、暗殺の目的である。しかし、その暗殺団が、「北海道又は樺太方面に上陸」する、というので樺太の豊原警察署は、慌てている。「豊特高秘第七〇九号／昭和十年四月三十日／豊原警察署長／手配す　管内一般巡査殿」として、「満州国皇帝陛下御来訪警戒密航鮮人手配の件」という手配書が出され、朝鮮人だけでも「密航者名簿」が一六人、「未発見」が二七人という、密航者狩りが行なわれている。

最後に「豊特高秘第八四四号／昭和十年五月十七日／豊原警察署長　／回覧　管内一般巡査殿」として、「在外鮮人秘密結社状況に関する件」という記事を紹介しておきたい。「福岡県移動警察において左記事実探知したる趣、警察部長より通牒これあり候条、取締上参考に資せられ度」として――

記

秘密結社「革聯社」

鮮人を主体とする支満鮮（中国・満州・朝鮮）人の反満抗日団体「革聯社」なるもの結成せられ、国民党中央部より莫大の経費を受け、日鮮満支の各重要地区に人員を配置し、日満両国の離間および日鮮満要人の暗殺、鮮満支人の煽動工作に任じつつあり。

（イ）組織経過

不逞鮮人金九一派の朴元峰《パククオンボン》（新義州出身、年令五〇、米国留学生にして民国二十一年中国に帰化したるもの）は尹奉吉《ユンボンギル》と共に、上海において白川大将暗殺事件に参加し、事件後南洋に逃れ、民国二十三年三月帰国し、金九に協力して、抗日反満運動従事しありしが、中国々民党要人陳立天、熊式輝、呉敬恒等の支援を得て、昨年九月一日、満韓革聯社を組織し、金九を社長に朴元峰が副社長となれり。

（ロ）目的

日満両国の離反工作および暗殺団を組織し、かつ且吉林、延吉附近に於て中韓国際革命軍を組織し、反満軍事工作を行はんとするにあり。

（ハ）組織内容

国民党中央部および藍衣社中央部総部カ直接従事し、顧問委員会及特務委員会の委員は、大半国民党中央より人員配当もあり、しかし日満支三国の重要地に支部を設置し、これらよりの通信を、支那本国のおける排日通信社に誇大に報道せしめつつあり。

（ニ）経費

国民党中央部より毎月十万元、外軍事費・武器購入費等は特別に支給す。」

金九と国民党とは合体していくが、彼らは「日満両国の離反工作および暗殺団を組織」し、吉林、延吉付近で革命軍を組織するようになってくる。このように、革命運動も北東アジアの人的ネットワークのうえに形成されてくるようになる。

三　朝鮮人「強制連行」

日本敗戦の直後、ソ連軍の侵攻のなかで、上敷香の警察署で、スパイ容疑で逮捕された朝鮮人一九人中一八人が警察で殺される。また瑞穂村では、朝鮮人二七人が、日本人によって殺される（うち三人の女性と、六カ月の赤ん坊と一二歳の少年を含む）、この事件は林えいだいによって明らかにされた*15。敗戦の混乱や「朝鮮人はソ連のスパイだ」という流言蜚語の問題など、いくつかの問題を考えなければならないが、私はこの事件の前提に以下の問題を考えたいと思っている。

樺太の朝鮮人移民は、徹底して「労働移民」型だということである。樺太の朝鮮人人口を見ると、一九二五年　三二〇六人（女子八八二人）→三五年　七〇五三人（同二五三二）→一九四〇年　一六〇五六（同四三九五）→一九四三年　二五七六五人（同七五五二人）である（各年次『統計書』）。一貫して女性の人口比率が少なく、「家族」を構成するのが困難だという問題である。季節労働などで、出稼ぎに来る労働者なども多く、男子労働力が多かったということもあったが、それにしても豊原（現ユジノサハリンスク）などの都市形成が進んでも男女格差が大きい。これは樺太の朝鮮人移民のひとつの特徴である。

ただ本書の第一章で三木理史は、一九二〇年代に朝鮮人が急増するのは、ロシア革命の東漸と北サハリンの日本軍の占領解除（一九二五年の日ソ基本条約）が、樺太の朝鮮人の急増に結びついたとしている。彼らは新興工業都市の知取、恵須取、敷香などの西海岸に居住し、「家族単位の移住者」が多かったとする*16。この「ロシア系の朝鮮人」は、戦後も「零細企業ではあっても、それなりに海産物加工業、毛皮販売の店、雑貨商などを経営して」、「比較的裕福な生活をしていた」*17。これは、サンリンの朝鮮人移民のなかでは、特異なタイプである。

このような移民も存在したが、問題は一九三八年に制定される国家総動員法の下で、翌三九年の企画院の「昭和一四年度労務動員実施計画綱領」をもとに、同年から政府は重要産業部門への朝鮮人移入を決定する。これが「強制連行」の開始である。そして四二年二月一三日に閣議決定された「朝鮮人労務者活用関する方策」があり、これを受けた四二年の朝鮮総督府は、「朝鮮人内地移入斡旋要綱」を制定する。後者では「二年」という時期を設けているが、実質的には殆ど意味のない「強制動員・強制連行」であった。

表一では、一九三九年からの国家総動員法のものであるが、樺太の場合は計画は一万九五〇〇人で、渡航者の実数は、一万六一一三人である。しかし、この数は過少であり、一九四四年は一年間の数字ではなく、樺太は渡航者数を把握していないし、四五年数字を除外している。一般的な傾向を知るためにここに掲げた。しかし、準戦時・戦時体制下に樺太の朝鮮人人口が急増しているが、これは国防の問題からも考える必要がある。

しかし、この「強制連行」による朝鮮人労働者の急増は、樺太庁にとっても脅威であり、一九四四年、同庁は「之等労働鮮人ハ一般的ニ純朴ナル農民ナリト謂トモ、多類人中ニハ思想上或ハ防諜上危険人物ノ潜入ナキモ保シ難ク、一般労働者モ亦稍モスレバ民族的偏見ニ陥リ易ク、結果共産主義者或ハ民族運動者等ニ乗ゼラレ、因ッテ危険思想ヲ抱懐スル処尠カラズ」という文書を出している*18。「強制連行」してきた朝鮮人は、先述してきたように、日本警察にとって、ゲリラ、スパイと結びつく、〈危険な民族〉として刷り込まれてきた歴史がある。北東アジアの民族運動、共産主義運動の激化のなかで、朝鮮人を危険視する「関係の絶対性」（吉本隆明）はますます強まったと言える。

表 1　朝鮮総督府鉱工局勤労動員課「内地樺太南洋移入朝鮮人労務者渡航状況」（1944年12月）

年度	地域区分	国民動員計画による計画数	渡航数 石炭	金属	土建	工場他	計
1939	内地	85,000	32,081	5,597	12,141	—	49,819
	樺太	—	2,578	190	533	—	3,301
	計	85,000	34,659	5,787	12,674	—	53,120
1940	内地	88,800	36,865	9,081	7,955	2,078	55,979
	樺太	8,500	1,311	—	1,294	—	2,605
	南洋	—	—	—	—	814	814
	計	97,300	38,176	9,081	9,249	2,892	59,398
1941	内地	81,000	39,019	9,416	10,314	(1) 5,117	63,866
	樺太	1,200	800	—	651	—	1,451
	南洋	17,800	—	—	—	1,781	1,781
	計	100,000	39,819	9,416	10,965	6,898	67,098
1942	内地	120,000	74,098	7,632	160969	13,124	111,823
	樺太	6,500	3,985	—	1,960	—	5,945
	南洋	3,500	—	—	—	2,083	2,083
	計	130,000	78,083	7,632	18,929	(2) 15,207	119,851
1943	内地	150,000	66,535	13,763	30,635	13,353	124,286
	樺太	3,300	1,835	—	976	—	2,811
	南洋	1,700	—	—	—	1,253	1,253
	計	155,000	68,370	13,763	31,611	14,606	128,350
1944	内地	290,000	71,550	15,920	51,650	89,200	228,320
	樺太	—	—	—	—	—	—
	南洋	—	—	—	—	—	—
	計	290,000	71,550	15,920	51,650	89,200	228,320
合計(3)	内地	814,800	320,148	61,409	129,664	122,872	634,093
	樺太	19,500	10,509	190	5,414	—	16,113
	南洋	23,000	—	—	—	5,931	5,931
	計	857,300	330,657	61,599	135,078	128,803	656,137

出　典：『第八六回帝国議会説明資料　四　労働市場」（戦後補償問題研究会編・刊『戦後補償問題資料集』第2集,1991年,29−30頁）
原本注：昭和19年度分は12月末迄に送出すべき割当員数とす。
昭和19年度計画数290,00人の外更に100,000人の追加要求あり。
編者注：(1) 原表記載の数字は2,117である。これは明白な誤植なので,訂正した。
(2) 原表記載の数字は13,207である。これは明白な誤植なので,訂正した。
(3) 1939−1944年度の産業分野別の合計の欄は原表にはなく,編者が算出したものである。
出　典：山田正次他『朝鮮人戦時動員』（岩波書店,2005年）69頁

四　朝鮮人の帰国問題

戦後の樺太は、日本人を帰したが、なぜ朝鮮人を「内地」に戻さなかったのかという「残留朝鮮人」の問題がある。本書第五章の玄武岩《ヒョンムアン》論文は、それを詳細に検討している。敗戦時の樺太には、旧ソ連の資料では三六万人弱の「日本人」（樺太生まれを含む）と二万三五〇〇人の朝鮮半島出身者がいた（第三章天野尚樹論文参照）。彼らもまた「帝国臣民」であったが、一九四六年に締結された「ソ連地区引揚米ソ協定」によって、二九万二五九〇名の日本人は引き揚げた。ところが「解放」されたはずの朝鮮人には、引き揚げを認めなかったのである。もちろん作家の李恢成一家のように、「日本人」に化けて引き揚げてきたり、後述のインタビューでもでてくるが、密出国で北海道に来た人もいる。しかし、その理由を、国会図書館の所蔵文書に見ると、ある程度の想像はできる。

「ＭＧＦＡＦ」の「第二付属文書」には、次のように書かれている。

一九四八年二月二四日

在朝鮮米軍軍政部司令部

在朝鮮米軍司令官

一、戦争終結後、南朝鮮への帰国者・避難民は二八〇万人以上と見られ、彼らの帰国は食料・衣服・家屋についての現在の供給能力を超えている。こうした朝鮮経済の非常な消耗は、今後の相当数の避難民の流入によって、とくに冬期に向かってさらに深刻化するものと思われる。それゆえ、現時点において三八度線以南に居住していたサハリンおよびクリル諸島残留の数千人の人々を南朝

鮮に受け入れることを言明することは望ましくない。（国会図書館文書番号#二六〜二七、以下同）
まず強固に反対したのは、南朝鮮の米軍軍政部である。現在の統治―食料不足、民衆の騒乱のなかで、「数千人」の樺太・クリル諸島の朝鮮人を受け入れるのは、難しいという返事を出している。ここでは在留朝鮮人の正確な数も把握されていないのである。

サハリンからの朝鮮人帰国について外交局は、「参謀総長宛」に、次のような文章を出している（一九四八年三月九日）。

三、一九四八年二月二四日、在朝鮮米軍は現時点においてこれら朝鮮人の帰国を申し入れることに反対し、南朝鮮出身で日本軍の保護の下に当該地域へ送られた朝鮮人の数に関しては対日理事会ソ連代表へ情報提供を求めるよう要請した（付属文書D）。在朝鮮米軍司令官は、この情報は南朝鮮の現在の国内情勢の一定局面を取り扱う助けとなると述べる一方、このことは帰国についての言質を与えることなく行われるように求めていることに注意を払われたい。（#二五）

米軍は「帰国についての言質を与えること」なく、ソ連に「強制連行」された朝鮮人の数を調べるように要請している。

一方、ソ連側の意図としては、G三の「外交局宛て」、「参謀総長宛」文書であるが――

一九四七年一一月二二日（前略）日本政府はサハリンからの日本人引揚者の話として、ソ連側は日本人引揚による労働力不足のため多数の朝鮮人を労働者・農民として北朝鮮から移入していると述べたと報告している。（#三四〜三五）

と語っている。南朝鮮の米軍は、食料事情や社会情勢から考えても、樺太からの引き揚げ者を受け入れる余裕はなかったし、ソ連は日本人引き揚げによる労働力不足で、北朝鮮から大量の労働力移民を受け入れている時に、先住朝鮮人を手放すことはなかった。南朝鮮の米軍統治がいかに困難であったかは、マーク・ゲインの『ニッポン日記』の朝鮮版があり、そこによく描かれている。四八年の四月三日の済州島での民衆蜂起では、島民の五分の一にあたる六万人が、米軍によって虐殺され、村の七〇%が焼き払われるという「四・三事件」まで起こっている。

また、よく問題になるのは、「ソ連赤十字社ディミトリーD・ベネディクトフ社長から日本赤十字社社長宛の書簡」というもので、一九八七年四月二八日、五十嵐広三衆議院議員が、一九九一年二月二二日の衆議院予算委員会で取り上げたものである。その内容を紹介すると――

一九四五年から一九四八年に日本国籍の人々は日本に引揚げましたが、朝鮮籍の日本人については、日本当局はポツダム宣言の条文を引用して、かれらは最早日本人とみなさないよう公式に要請しました。

というのである*19。日本側からポツダム宣言に照らして「かれらは最早日本人とみなさない」と言ってきたというのは、苦しまぎれのデマであろう。今まで何人かの人々が、この日本側文書を探しているが発見できない。そもそも一九四六年の米ソのサハリンからの引き揚げ交渉に、日本側が介入できたとは考えられない。

むしろ問題なのは、国会の政府側答弁で、残留朝鮮人の数はコロコロ変わるし、衆議院予算委員会第二分科会で、島上善五郎衆議院議員の質問に答えて、河野鎮雄厚生事務官（引揚援護局局長）は次のように答えている（一九五八年二月一七日）。

実は第三国人を引揚者というふうな観念で考えますことは非常に無理でございます。（中略）朝鮮におる人を徴用して樺太に持っていったという例はないはずだと思います。一応募集という形式をとっております。

ここまでくると歴史の偽造であり、「募集」であって「強制連行」ではなかったというのである[20]。「募集」という形はとっても、強制的な徴用は行われており、「二年間」という契約期間さえ反古にされ、給料を強制貯金させられて帰る金がなくて労働期間を自動的に延長され、タコ部屋生活を強いられてきたことを、多くの人びとが語っている。

五　朝鮮人への〈まなざし〉

戦後になっても日本の政治家たちが、朝鮮人をどう見ていたかは、水野直樹が紹介した「清瀬一郎文書」が有名である。清瀬は、一九四五年一〇月二三日の閣議決定が、「「在住」といふ事実に依り、今次の総選挙に於ける選挙権、被選挙権を有せしむ」としたことに、次のような反論を述べている[21]。

（六八）九月に出された緊急勅令で選挙人名簿の登録について居住期間の用件を廃止したが、これによれば「内地居住の鮮台人」二百万人に選挙権を認めることになる。しかも彼らは都市および鉱山地区に集中しており、大選挙区制の下では「此等の者が力を合すれば最小十人位の当選者を獲ることは極めて容易なり。或はそれ以上に及ぶやも知るべからず。我国に於いては従来民族の分裂なく、民族単位の選挙を行ひたる前例なし。今回此事を始めんとす。もし此の事が思想問題と結合すれば如何。その結果実に寒心に堪へざるものあらん。次の選挙に於て天皇制の廃絶を叫ぶ者はおそらくは国籍を朝鮮に有し内地に住居を有する候補者ならん。

このように「多くの朝鮮人議員が生まれ、「民族の分裂」が生じるのみならず、天皇制に対する危機が強まる」というのが、清瀬が朝鮮人の参政権に反対する理由であった。朝鮮人・台湾人の日本国籍も離脱せよという清瀬の意見は、即政府・内務省で受け入れられたわけではないが、清瀬の「政治的見地・治安対策的観点からの参政権保持反対論は次第に政府側に影響を及ぼして」いった。

しかも、一一月には、「戸籍条項」が制定され、「戸籍法ノ適用ヲ受ケザル者ノ選挙権及被選挙権ヲ当分ノ内停止」した。そして、一二月一七日に公布された衆議院議員選挙法中改正法の全国知事宛の「通牒」では、「戸籍法ノ適用ヲ受ケザル者即チ朝鮮人、台湾人及樺太土人（アイヌ人ヲ除ク）ハ選挙権及被選挙権ヲ有スルモ当分ノ内停止」されている。樺太（サハリン）の先住民（ウィルタ、ニヴヒなど）も「戸籍法の適用を受けない点では朝鮮人・台湾人と同じ法律的地位にある者として、選挙権・被選挙権が停止」されている*22。

また四六年六月二五日、「政府は貴族院令の一部をする勅令案を貴族院に提出した。それは、樺太の多額納税議員および朝鮮・台湾からの勅令議員に関する規定を削除するためのものであった。総理大臣吉田茂は、「「ポツダム」宣言受諾後、朝鮮、台湾及ビ樺太ニ於テ統治権ヲ行使シ得ザル実際ニ鑑ミマシテ、是等ノ規定ヲ削除スルヲ適当ト考ヘタ次第デアリマス」と説明している。しかし、水野も指摘しているように、新憲法が公布され、貴族院が廃止されれば、朝鮮、台湾、樺太の植民地議員は自動的に消滅する。「政府・議会は「統治権」を行使し得ない地域から選ばれた議員を少しの間でもその地位にとどめて置くことを避けようとした」のであろう*23。しかしそれにしても、冒頭で書いた阪神教育闘争では、朝鮮人は「日本国籍」であるから「民族教育」をしてはならないと言って「民族学校」を閉鎖したが、その「日本国籍」を持っている朝鮮人から選挙権・被選挙権を奪うという無茶苦茶な施策をやったのである。

吉田首相の朝鮮嫌いは徹底しており、一九五一年のサンフランシスコ講和条約の時にも、アメリカのダレスは、条約当時国に韓国を加えてはどうか、と吉田に持ちかけた。すると吉田は、「在日朝鮮人は非合法活動をしており、日本政府はこれを憂慮していること、本国に送還したいがマッカーサが反対したこと、下山事件の犯人は朝鮮人だと確信していること等々、朝鮮人に対する差別感情を露わにして、ダレスの申し出を断った」*24。勿論、一九五一年は、朝鮮戦争下であり、日本共産党の武力闘争の最中でもあって、一九五二年の吹田・枚方事件のように*25、その先頭にかなりの在日朝鮮人が立っていた。吉田は戦前に奉天総領事を経験しており、「朝鮮人=テロリスト」というイメージを強く抱いていた政治家であった。これは、彼のイメージだけの問題ではなく、一九六〇年代の『警備警察全書』には次のような文言がある*26。

外国人が外事警察の問題になるのは、その外国人が、国内革命運動の遂行乃至は助長を目的として、国内革命勢力—組織の内外においては、または、国際革命勢力—組織の一端として活動する場合であって、この場合、外事警察は明らかに警備警察の一環としての任務をもっている。わが国の場合は、朝鮮人の多くがこれに該当する。(中略)

外国人としても特殊な地位にあり、少数民族として共産主義運動と結合する可能性のきわめてつよい在日朝鮮人、特に北朝鮮系在日朝鮮人の革命的組織活動の実態把握は、戦後の外事警察に負荷された新たな任務である。

一九五〇年代の公安委員会の『調査月報』を読んでいても、まず日本共産党の活動、次に右翼団体の活動、そして外国人団体の活動と続いている。だが、外国人団体の活動のほとんどは朝鮮総連の活動であり、特に在日朝鮮統一民主戦線（民戦）の活動である。民戦は消滅し、「冷戦」は無くなったが、公安警察の意識は変わっていない。いやむしろ、共産党が革命路線を放棄しただけに、総連や朝鮮中高級学校への危険視は、ますます強まっていくであろう。

おわりに

最後に戦後サハリンの「残留」朝鮮人の生活史についても触れておきたい。詳細は第三章の天野論文、第四章のディン・ユリア論文、六・七章の聞き取りを読んで欲しい。そこでまず「残留朝鮮人」は、どのぐらいいたのであろうか。「四万三〇〇〇人」説というのがあるが、これはサハリン裁判で、朴魯学が主張した数字である。半谷史郎が、モスクワの党文書を使って推定しているが、沿海州から来たソ連系朝鮮人（「高麗人」と呼ばれていた）が約二〇〇〇人（五一年）、北朝鮮系が一万一七〇〇人（五二年）から八七四八人（五六年）、先住朝鮮人が二万七三三五人（五二年）から二万一一五一人である。州全体では、五一年に四万二九一六人、五九年に四万二九三七人という数字がわかっている＊27。「四万三〇〇〇人」という数字は、すべて朝鮮人の総数に近いものである。五〇年代の北朝鮮系の激減は、明らかに朝鮮戦争によるものであろう。

このように朝鮮人社会が三つに分断され、わずか人口比五％のソ連系朝鮮人が「支配エリート」となる。朴亨柱《パクヒョンジュ》の前掲書『サハリンからのレポート』は、よくその実態を伝えている。「一九五〇年代にはいり、先住朝鮮人は、半チョッパリ、一番粉と呼び、ソ連系朝鮮人をオルマウヂャ（俄馬牛子）、二番粉と呼び、（北朝鮮からの）派遣労働者朝鮮人をパキョンノム（派遣奴）とそれぞれ呼んで相互に揶揄し軽蔑しあった」*28。

その後の三つの朝鮮人の差別の実態は、インタビューにある通りで、賃金から休暇、教育などでも大きな差別があった。戸籍も、最初は北朝鮮戸籍を奨励したり、帰国を勧めたが、一九六〇年代の中ソ論争で、北朝鮮が中国側につくと、朝鮮学校も閉鎖し、ソ連への「同化」を推進していった。しかし、ソ連国籍はなかなか与えられず、「無国籍」として移動の自由も制限され、大学進学や企業での昇進さえ妨げられた人が、人口の一〇％以上いた。

ソ連系の朝鮮人は、戦前の抗日パルチザンや大祖国戦争を経験した人たちである。彼らからみれば、日本の植民地下で「皇国臣民」として暮らしてきた樺太の朝鮮人たちは、「負け犬」である。まして樺太には、共産党はおろか抵抗組織さえ作れなかったのである。戦後の「冷戦下」では、日本語のできる先住朝鮮人たちは、スパイになる危険性がある。それが年配者にソ連国籍を与えなかった、理由のひとつとなっている。彼らが、喜んで日本語のインタビューに答えてくれたのは、戦後のサハリンへの批判が強かったからである。現在、ソ連崩壊後も、サハリンは本当に自由な社会になったのか、もう少し考えてみたい。東アジアで新「冷戦」時代を迎えようとしている時、常に「戦争」の最前線にあった樺太・サハリンの歴史を振り返ることが重要である。

奇しくも本書を編集している時、二〇一一年三月一一日の東日本大震災、一二月一七日の金正日《キムジョンイル》総書記の死亡という二つの大きな事件に挟まれた。大震災では二万人の死者・行方不明者、五〇万人の「難民」という事態に遭遇した。福島の原発の事故は続いており、これからどれだけの原発「難民」がでるかわからない（現在も三〇万人以上の「難民がいる」）。北朝鮮も崩壊の速度を速めており、一昨年中国の研究者とも話していたが、二〇〇〇万人以上の「難民」がでた時、日本はその「植民地責任」を含めて他人事ではすまされないであろう。新たな「難民」、「ディアスポラ」問題が生まれる中で、本書が何らかの問題提起になれば幸いである。また本書が、「嫌韓流」といった朝鮮人レイシズム、北東アジアの「新冷戦」への警鐘の一助となれば幸いである。

注

1 金時福『「在日」のはざまで』（平凡社ライブラリー、二〇〇一年）一三八頁。
2 金賛汀《キムチャンジョン》『非常事態宣言一九四八』（岩波書店、二〇一一年）一七頁。
3 西村秀樹「阪神教育闘争と吹田事件」（小此木政夫監修『在日朝鮮人はなぜ帰国したのか』現代人文社所収、二〇〇四年）。なお「阪神教育闘争」については、金慶海《キムキョンヘ》編『在日朝鮮人民族教育擁護闘争資料集 Ⅰ』（明石書店、一九八八年）参照。
4 鵜飼哲ほか「外国人差別制度・在特会・ファシズム」（『impaction』第一七四号、二〇一〇年）三五頁。
5 矢内原は、植民学者のなかで、例外的に「植民」を「帝国主義」の問題として議論しているが、今日では帝国日本の植民政策の体制内改良主義者として評価されている（若林正丈編『矢内原忠雄「帝国主義下の台湾」精読』（岩波現代文庫、二〇〇一年）他、参照）。最近、和田春樹は、矢内原・鈴木武雄の戦後の言説を取り上げて、「帝国主義者の方法的反省であって、帝国主義そのものの反省ではありません。同化主義の反省にすぎない」と厳しい批判をしている（『日本と朝鮮の一〇〇年』平凡社新書、二〇一〇年、一五二頁）。

6　木村健二「近代日本の移民・植民活動と中間層」（『歴史学研究』第六一三号、一九九〇年）一三五～一一四三頁。なお同「近代日本の移民研究における諸論点」（『歴史評論』第五一三号、一九九三年）参照。

7　同「旧植民地・勢力圏への移民史研究の動向」（『ユーラシアと日本：交流と表象』人間文化研究機構、二〇〇六年）九七頁。

8　杉原達『越境する民』（新幹社、一九九八年）。

9　坂口満宏「移民研究の射程」（『日本史研究』第五〇〇号、二〇〇四年）。

10　岡部牧夫『海を渡った日本人』（山川出版、二〇〇二年）。

11　拙編著『世界システムと東アジア』（日本経済評論社、二〇〇八年）参照。

12　「植民地公共性」、「植民地国家論」については、並木真人「「植民地公共性」と朝鮮社会」（渡辺浩他編『「文明」「開化」「平和」』慶応大学出版会、二〇〇六年）参照。昨年、韓国でも、尹海東《ユンヘドン》編著の『植民地の公共性』（本と共に社、ハングル）が出版され、「植民地公共性」をめぐる議論は、活発になってきている。

13　金哲「同化あるいは超克」（酒井直樹他編『「近代の超克」と京都学派』以文社、二〇一〇年）二一四頁。

14　一九九一年一二月四日の衆議院沖縄及び北方問題に関する特別委員会で、五十嵐広三委員は、次のように語っている。

一つは、サハリンの国立公文書館に旧樺太時代の公文書等を中心にして約二万五千点ぐらいの資料が保管されているわけですね。実はことしの八月、それからついこの前十二月の中ごろ、私も参った折に見てまいりました。約四分の一ぐらいは向こうで整理をしているんですが、四分の三ぐらいは未整理のままですね、段ボールに詰め込んで、縛って、公文書館の三階に積み上げているのであります。中には、例えば豊原の郵便局における郵便貯金台帳、何かこれも貴重なものなんですが、これがやはり湿気だとかカビで正常な保管に耐えず、向こうでは調査会を設けて、それぞれの資料についての方針を決めて、今の郵便の台帳などは焼却処分にしているんですね。非常に問題だと思うのですね。

…（中略）…実はこの前、十一月の十四日でありますが、サハリン州議会のアクショウーノフ議長に会いましたときに、ぜひひとつこれをできれば日本側に譲渡してもらいたい、そのことについて御要請いたしましたところが、非常に好意的なんですね。…（中略）…当面共同で整理していこうということのための、やはり日本語なものですから日本側の協力だとかあるいはコピー機だとかあるいはそういうものの棚だとか、こういうことについての協力もしてほしいなどという話もあって、これは外務省ロシア課の方にもよく報告してあるのでありますが、ぜひこの機会に外務省としても実務レベル具体的に交渉を進めて、この貴重な資料を譲り受けることができるように御努力いただきたい。(サハリン残留韓国・朝鮮人問題懇談会編『サハリン残留韓国・朝鮮人問題と日本の政治』(同会、一九九四年)二七八〜九頁。

15 林えいだい『証言・樺太朝鮮人虐殺事件』(風媒社一九九一年)。なお崔吉城《チェキルソン》『樺太朝鮮人の悲劇』(第一書房、二〇〇七年)参照。

16 初出は、三木理史「戦間期樺太における朝鮮人社会の形成」(『社会経済史学』第六八巻五号、二〇〇三年)。ただし、ロシアの沿海州から朝鮮人が樺太に来たのは、シベリア出兵による日本軍の朝鮮人虐殺やパルチザンのサハリン逃亡など、さまざまな問題がある(原暉之「ウラジオストックの新韓村・再考」『セーベル』第二三号、二〇〇六年)を参照。なお沿海州での朝鮮人の動きについては、本書第二章の石川亮太論文を参照。

17 朴亨柱《パクヒョンジュ》『サハリンからのレポート』(御茶ノ水書房、一九九〇年)八頁。

18 樺太庁「朝鮮人取締ニ要スル経費要求理由書」(『昭和十九年度　予算要求書』〔樺太庁文書〕)、国立国会図書館所蔵)。同史料については、三木理史の御教示による。

19 前掲『サハリン残留韓国・朝鮮人問題と日本の政治』三九四頁。

20 同右、六六・六七頁。

21 水野直樹「在日朝鮮人・台湾人参政権「停止」条項の成立」一・二(世界人権問題研究センター『研究紀要』一，二号、一九九六・九七号)。

22 樺太アイヌが除外されているが、高木博志は、一九三三年に「日本国籍」を付与されている、としているが(「アイヌ民族への同化政策の成立」歴史学研究会編『国民国家を問う』青木書店、一九九四年、一七八～一八〇頁)、これは水野直樹の言うように「法的地位が「外地籍」(あるいは無籍状態)から「内地籍」に変更されたと解するのが正確であろう」(同右一，六五頁)。すべての先住民を、そう簡単に「国民化」したわけではない。

23 水野同右二，六九～七〇頁。

24 古関彰一『「平和国家」日本の再検討』(岩波書店、二〇〇二年)一〇三頁。なお公開された、この吉田発言の載っている外務省の原史料には、「個人情報保護法」によって白い紙が貼ってある。

25 脇田憲一『朝鮮戦争と吹田・枚方事件』(明石書店、二〇〇四年)、西村秀樹『大阪で闘った朝鮮戦争』(岩波書店、二〇〇四年)参照。

26 『警備警察全書』(警備警察研究会、一九六二年)二二三頁。

27 半谷史郎「アハリン朝鮮人のソ連社会統合」(『スラブ・ユーラシア学の構築』北海道大学スラブ研究センター、報告集第五号、二〇〇四年)七四頁。

28 朴亨柱前掲書、一五頁。

(付記)本稿は、二〇一〇年八月の延辺大学での研究会、九月のサハリン・チェーホフ・シンポ、一二月の九州大学韓国研究センター開設一〇周年シンポで話したものである。コメントをいただいた、延辺大学の権哲男教授、北海道情報大学の原暉之教授、延世大学の白永瑞教授、東亜大学崔吉城教授をはじめ、参加者の方々に感謝する。

なお本序章は、「樺太・サハリンの朝鮮人」(小樽商科大学『人文研究』第一二一輯、二〇〇一年)の前半部分に加筆したものである。

第一部　日本帝国崩壊以前の北東アジア朝鮮人

第一章　戦間期樺太における朝鮮人社会の形成

三木理史

はじめに

本章の課題は、日本人移住者誘致が停滞するなかで、樺太の人的資源確保の槓杆となった朝鮮人の移入と、それによって形成された朝鮮人社会の特徴を明らかにすることにある。

ところで、「在日」朝鮮人＊1とは、一般に日本に居住の本拠を置く朝鮮人を指してきた。そして、その存在を歴史的所産と規定し＊2、その歴史性を明らかにした研究は少なくない。しかし、その空間性を問うた成果は意外に少なく、「在日」朝鮮人史研究では歴史性と併せ、「在日」の指す地域の範囲や意味を議論する必要があろう。

西成田豊『在日朝鮮人の「世界」と「帝国」国家』（東京大学出版会、一九九七年）は、「在日」朝鮮人労働を東アジアにおける労働市場形成の一環とする視点に立ち、体系的に在日朝鮮人史を分析した代表的成果の一つである。同書は、世界システム論的な「『帝国』国家」概念を提起して、彼らの出身地朝鮮半島と渡航地日本の関わりを描写している。同書二頁に朝鮮と日本・中国（含「満洲」）・ソ連・フィリピン（アメリカ植民地）を相対化した図を提示し、それら地域間の労働力移動から「『帝国』国家」概念の説明を試みているが、そこにはいくつかの問題点を含んでいる。まず、対象とする国家領域（以下、領土）の時期規定の不明確がある。つぎに、「在日」朝鮮人史を世界システム論的に分析するとしながら、その空間概念が必ずしも領土を相対化した地域を前提としたものに昇華されてはいない。そのため同書は、新たな概念を導入しながら、領土に馴染まない境界地域の朝鮮人の存在を照射しえなかった。なお、ここでの領土を相対化した地域とは、バウンダリーとしての国境（後述）によって形式的に区切られた範囲（領土）に対し、国境を跨いで実質的な連続性を有するそれを指している。

本章において特に重要な後者の問題点は、西成田の著書のみならず、これまでの「在日」朝鮮人史研究の地域認識に対する批判としても一般化できるように思われる。日本の「在日」朝鮮人史研究は、一九六〇〜八〇年代に戦中期強制連行批判に重点を置きつつ、二〇年代の日本の産業化との関わりを論点としつつ進行した*3。そして、一九九〇年代以後には、労働のみならず移住過程や生活を含む社会史的視点や世界的な労働移動論的視点が導入されてきた*4。しかし、それらは、概ね「在日」に込められた日本を領土とし、しかも戦後日本国の範囲を前提に議論を重ねてきた。その一因は、「在日」朝鮮人史研究が現代的問題意識を発端とするゆえであろうが、歴史的には日本国と大日本帝国の空間的相違に関わる植民地（以下、外地）の朝鮮人や境界地域に居・移住した朝鮮人との関係や比較に関する視点が不可欠なはずである。

大日本帝国の領土は、現在の日本国の領土にほぼ相当する内地と、外地から構成されていた。植民地の意味や範囲にも広義と狭義の解釈があるが、台湾・朝鮮・樺太の公式植民地は大日本帝国の領土の一部と見なされてきた。しかし、既往の「在日」朝鮮人史研究では、台湾・樺太を内地と合わせて考えるのか、逆に日本以外の地域と合わせて考えるのか、さえ明確にせぬまま議論を重ねてきた。

ところで、日本統治下の土地調査事業や産米増殖計画により、多くの朝鮮人が朝鮮半島からの移住を余儀なくされたが、その際渡航先を日本ではなく、中国東北地方やロシア沿海州に求めた者も少なくなかった*5。当時、中国東北地方が日本の半植民地で、ロシア沿海州もシベリア出兵時に日本軍の軍事占領を経験しており、日本周辺地域の朝鮮人と「在日」朝鮮人との関係は単に空間的近接性のみならず、日本統治に関わる地域という同質性も有することになる。

また、外地のうち台湾の朝鮮人人口は少ないが、樺太は現代のサハリンに至るまで朝鮮人人口の多いことが知られ、日本における樺太朝鮮人史研究は未見ながら、戦後のサハリン残留朝鮮人問題との関わりからの言及は多い*6。しかし、それらの大半が樺太の朝鮮人（以下、在樺朝鮮人）を戦中期の強制連行によると説明し、それ以前からの朝鮮人居住にはほとんど触れていない。異説も見られるが、終戦時の在樺朝鮮人人口を約四三、〇〇〇人とすれば、一九二六年一二月末の調査時に樺太には既にその約一割に相当する四、三八七人が居住した*7。したがって、サハリンの朝鮮人史を、強制連行期を起点に語ることは史実に忠実ではない。一方、戦後サハリンにおける朝鮮人史研究は、一九九〇年代以後に進展したが*8、ここでも旧ソ連領内での朝鮮人問題と関連づけはあっても、国境を越えた日本領内での朝鮮人問題との関係に関する指摘はない。朝鮮人の跨境性が指摘されながら、日ロ（ソ）の朝鮮人史研究は共に国民国家的思考に立つものが多い。しかし、一九世紀以後国境問題と不離の関係にあった樺太の地域史研究には、国民国家的思考では解明困難な課題を含んでおり、在樺朝鮮人問題もその一つといえよう。

本章は、樺太の地域史を地域の連続性にも着目しつつ考察することで、樺太が潜在的にもつフロンティア性との関係を炙り出す。同時に大日本帝国のもつ重層的地域構成の中における内地（内国植民地）と外地の関係も射程に入れる。それらを踏まえた在樺朝鮮人社会の実態解明によって、本章は「在日」朝鮮人史研究と北方地域史研究の双方に新たな地平を開く糸口としたい。

なお、本章では、在樺朝鮮人の実態を、函館市立函館図書館（現・函館市立中央図書館、以下、旧館名で表記）所蔵の樺太庁警察部『昭和二年十月　第三輯　樺太在留朝鮮人一班』＊9を基礎にしつつ解明する。この史料は、後述のように樺太が朝鮮人社会化する危惧の中で樺太庁警察部の実施した調査資料で、既に桑原真人によって解題され＊10、また後述の阿部論文でも一部が利用されてきた。しかし、これを用いて在樺朝鮮人の実態を本格的に解明した研究は未見であり、本章は当該史料を軸に、一九二〇～三〇年代の『樺太日日新聞』の関連記事や外務省外交史料館および防衛庁防衛研究所の所蔵文書等を併用して考察を深めることにする。

一　植民地樺太と朝鮮人

（一）樺太の地域的特徴と朝鮮人の位置

日本時代初期の樺太では、定着民確保を目的に農業拓殖の方針が採られたが、厳しい気候条件と内地とは異なる農業条件に阻まれて行き詰まり、その打開策として一九一〇年代以後産業化によってパルプ・製紙工業が成立した。一九一〇年代の樺太の産業別生産額を見ると、一六年以降工業が漁業を追い抜いて首位に立ち、一五年を分界点に樺太は漁業依存から木材パルプ工業主体に移行した。それに伴い漁業中心で西海岸の沿岸漁村集落を主体に構成されてきた地域構造も、パルプ中心の拠点都市を主体としたものへと転換し、人口も樺太全体に分散した。

一九一〇年段階で樺太は、外地の中にあって唯一日本人*11が人口比の九〇％を越えていた。それは、日露戦後に大半のロシア人が帰国し、先住北方民族人口が少数であったためで、そうした民族構成は他の植民地より内国植民地北海道に類似していた。樺太の民族別人口変化を見ると（図1）、一九二〇年代には日本人が順調に増加したが、朝鮮人を除くそれ以外の民族には顕著な増減が見られなかった。樺太の植民地経営では、先住民族人口が少ないため、日本人の勢力拡張という政治的意義にとどまらず、労働力確保において日本人移住者の誘致と定着促進が重要であった。しかし、日本人の移住者誘致と定着は思うにまかせず、その結果代替労働力として朝鮮人や中国人に目が向けられた*12。

そして、一九二〇年代に急増したのが朝鮮人で、二五年以後樺太第二位の人口を有する民族となった。一九一〇年と三〇年の間で朝鮮人人口は実に約二五〇倍強の急増を示し、そうした傾向は逆に樺太庁の危機感を煽り、「朝鮮人は近き将来に於て南樺太に於ける人口の大部分を占むるに至り折角拓殖計画成り人口増殖事業を遂行せりとするも其の時は既に樺太は朝鮮人を以て充足せられ内地人を容る丶の余地なきに至る」（『一班』一二〜一三頁）と慨嘆させた。

ところで、植民地間において被支配民族の地域間移動が非常に少ない点は、日本の外地にも概ね該当していた（図2）。そうした中で樺太と関東州の朝鮮人の比重増加は例外的であったが、関東州（南満洲鉄道附属地を含む）は面積の僅少な特殊な植民地で、他の外地と同列に扱うことは難しい。かか

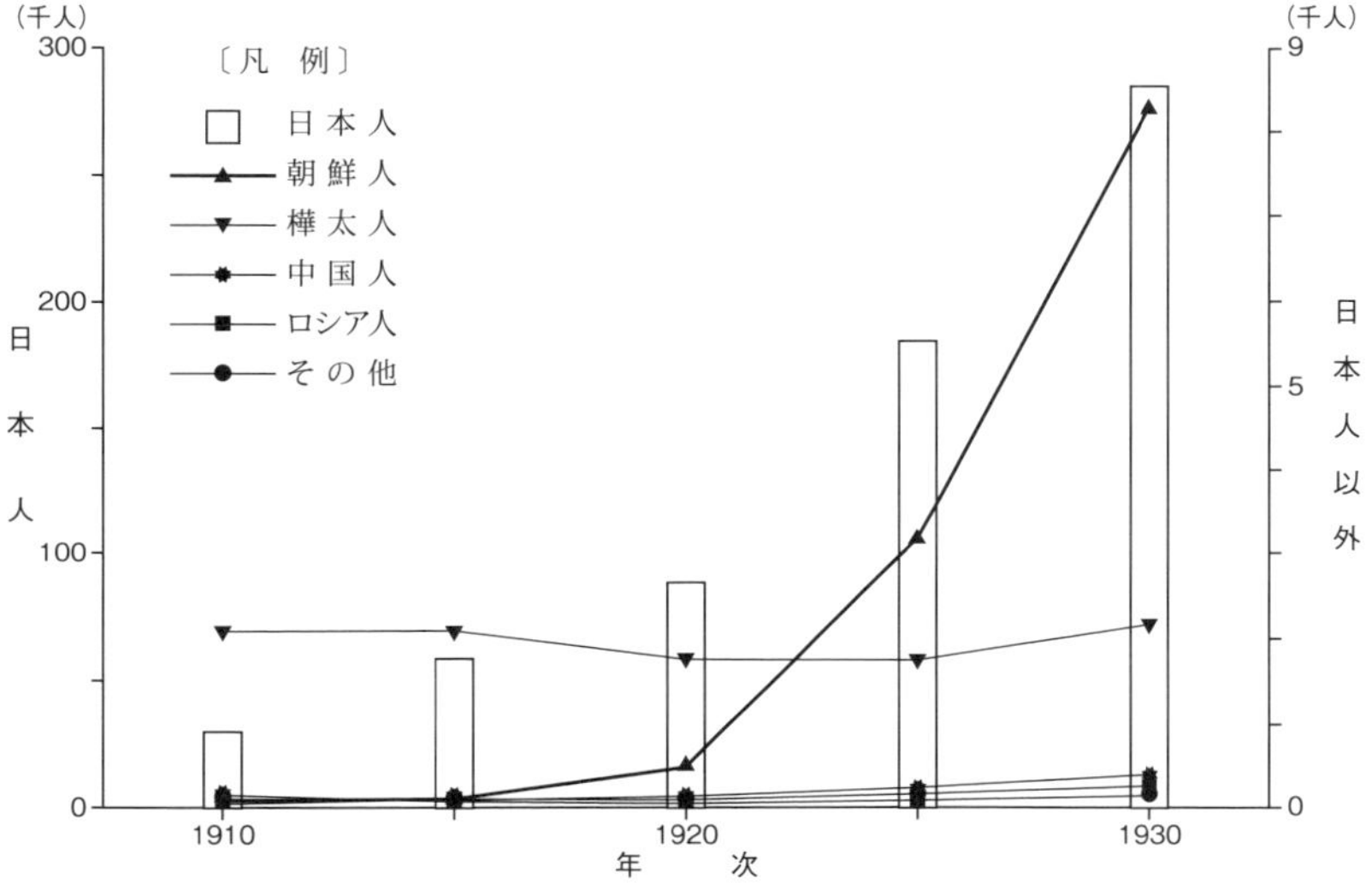

図１　樺太における民族別在住人口の変化(1910〜30年)
注）1910〜25年は各年末,1930年は10月時点の数値。
樺太人とは,アイヌ,ウイルタ,ニヴフ等の北方民族を指す。
資料）1910〜25年は樺太庁編『樺太庁治一斑』(各回),1930年は樺太庁『昭和五年国勢調査結果表』によって筆者作成。

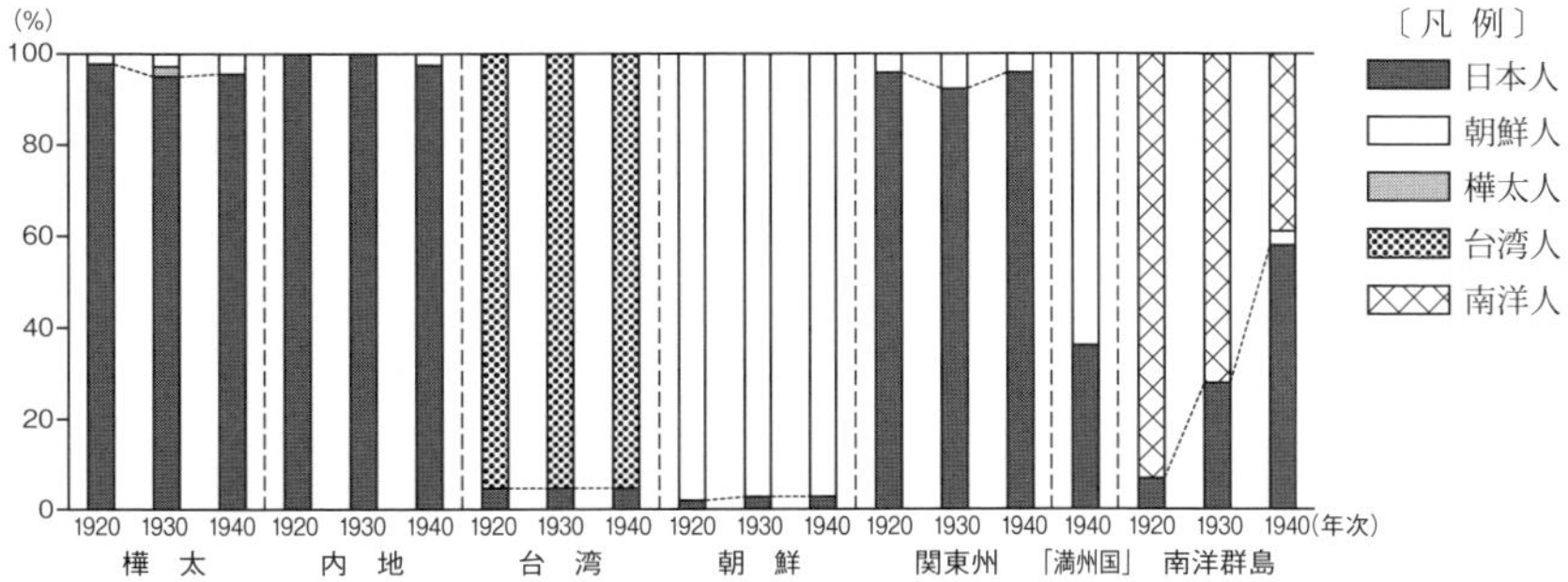

図２　日本植民地における日本人・外地人の人口比（1910〜30年）
注）樺太人は図1に同じ。台湾人は中国本土からの渡来中国人と日本人が「高砂族」と呼称した現地人を含む。南洋人は南洋群島の島民を指している。
南満洲鉄道附属地の人口は1920〜30年が関東州に，1940年が「満洲国」に各々含まれている。
資料）溝口敏行・梅村又次編『旧日本植民地経済統計―推計と分析―』(東洋経済新社,1988年)，表A−1によって筆者作成。

る特殊性は関東州と「満洲国」の比率差からも明らかで、中国東北地方への移住朝鮮人の大部分は関東州以外に居住していた。むしろ樺太に比較的近いのは一九四〇年代の南洋群島で*13、その朝鮮人比率が樺太に近づいたのは強制連行期の一九三〇年代後半以後であった。樺太の特殊な人口構成に起因する労働市場に着目し、中国人労働政策との関係を解明した阿部康久は、原則的に外国人労働を禁止していた日本において樺太のみ中国人の労働が許容されたのには、一九二〇年代の朝鮮人増加と、それに対する樺太庁の危機感が背景にあったことを明らかにした*14。しかし、樺太の労働市場を的確に捉えた阿部の労作も、在樺朝鮮人の実態解明は充分ではない。筆者がその実態解明を強調するのは、その点が樺太における中国人と朝鮮人の本質的差違にもとづくからで、すなわち中国人は季節的かつ集団的労働に従事し、政策の解明で実態も一定の解明が可能である。ところが、朝鮮人は、定住的かつ非集団的労働に従事し、政策的来島より、募集や縁故による場合が多く、島内での居住も分散的で、政策的背景より実態の解明こそが重要と考えるからである。

また、来島した中国人はほぼ男性で占められ、彼らは主に炭鉱や建設労働に従事したため「労働」の枠内での議論が可能なのに対し、朝鮮人も男性の炭鉱や建設労働者が多いとはいえ、女性や年少者も相当数含まれたため生活内容が多様で、「労働」を含む「社会」にまで分析枠を広げる必要がある。さらに、中国人は中国本土から集団で傭船によって来島し、また同様に帰国したが、在樺朝鮮人は非常に多様な経路と経緯で来島していた。一方、同じ北方地域に属した北海道の朝鮮人史研究は、一九七〇年代に戦時強制連行の批判的解明に重点を置いて着手され*15、その後八〇年代には北海道開拓に朝鮮人労働を位置づける成果が現れ*16、その労働は炭鉱、土工、木材積取夫等を中心としたことが明らかになった。北海道の朝鮮人には北サハリンや沿海州からの移住者を含むことが指摘されてきたが[17]、山丹交易以来の北方地域の地域的連続性に準じたかのような彼らの移住理由や経緯に着目した追究のないまま現在に至っている。それは、北海道の朝鮮人史研究といえども、「在日」の空間的範囲や意味を問題とせず、国民国家の領域内での議論を受容したためと考えざるをえない。

(二) 在樺朝鮮人の系譜と鉱工業都市の形成

一九一〇年代以前の在樺朝鮮人は、中国人やロシア人と共にごく少数が居住するに過ぎなかったが、日本時代初期樺太の朝鮮人につぎのような報告[18]がある。

> 清国人及韓国人ノ現住者ハ、何レモ十数年前、漁業ノ目的ヲ以テ、浦塩斯徳ヲ経テ、西海岸ニ来住セシモノナレトモ、概ネ無教育、無資産ノ徒ニシテ、独立ノ業務ヲ営ムモノ少ク、多クハ他ニ雇ハレテ労役ニ従事シ、別ニ帰国ノ念ヲモ有セサルモノ、如シ。

一九〇七年末の樺太における朝鮮人は四七人(戸数一〇、男三五人・女一二人)で、中国人二五人(戸数一八、男二一人・女四人)を凌ぎ、ロシア人一九七人(戸数六一、男一三二人・女六五人)につぐ外国人集団であった[19]。引用文中の初期の朝鮮人は、中国人と共に漁業を目的に沿海州経由で来島し、男性比の高い労働者集団的人口構成で、島内の居住地域も西岸マウカ(真岡)支庁管内が大半を占めた。一方、ロシア人は帝政ロシア領時代の残留者で、「永住ノ希望ヲ有スルモノハ殆トナク、何レモ帰国ノ意思ヲ以テ準備ヲナシ」*20、男女比の開きも小さく、居住地域もウラジミロフカ（豊原）支庁管内を中心に比較的幅広く、その範囲も朝鮮人・中国人のそれらとは大きく異なっていた。

つぎに、これら各民族の一九一五～二五年の夏・冬期別現住人口変化*21を五年おきに見ると、当初各民族共に季節差は僅少だが、二五年に中国人の夏・冬期の人口差が大きくなった。それは、一九二五年以後夏期に季節集団労働者として中国人苦力が多数来島するようになった状況を示唆するものであろう。朝鮮人も一九二五年には夏・冬期現住人口に若干の差が生じ、中国人とは対照的に冬期人口が多くなり、それは杣夫等への従事を示していた。

一九一〇～三〇年代における朝鮮人、中国人、ロシア人の居住地構成の変化を見ると、経年的にロシア人の居住地は豊原支庁域・大泊支庁域に当たる鈴谷平野を中心に島内に比較的万遍なく広がっていた*22。逆に中国人は居住地構成の変化が最も顕著で、当初は真岡支庁域のみで、徐々に名好支庁域が増加し、一九二五年には敷香支庁域を、三〇年には名好支庁域を、各々首位として各支庁域に広がった。朝鮮人は、ほぼ両者の中間にあたるような変化を示し、当初は中国人と同様に西海岸に限られていたが、人口急増期の一九二〇年代頃から豊原支庁、ついで名好、敷香各支庁へと居住範囲が拡大した。そして、その居住範囲の拡大は中国人の場合に比較的類似していた。

樺太の民族別職業構成を見ると、日本人は農林業、水産業、工業が三大業種であった。朝鮮人は一九二〇年には鉱工業従事者が多かったが、三〇年には農林業従事者の比重が高まり、その就業構造の細目では、比重の高い農林業では伐木夫が、同様に鉱業では採炭夫等が、工業では土工等が、商業では旅館業等使用人が、交通業では車夫・運搬夫等が、そして日雇労働が、各々相当割合を占めた*23。

すなわち、産業化にともない需要の増加する底辺労働力の多くは朝鮮人が支えていたことになる。

ところで、樺太の産業化を担ったパルプ・製紙工場は、一九一〇年代には島内南部に分布したが、第一次世界大戦によるヨーロッパからの洋紙・パルプ輸入激減で予想外に樺太産パルプの需要が増加し、製紙資本各社は樺太に第二、第三の工場建設を進めた。先発の王子製紙に対し、後発の富士製紙や樺太工業は原料を得る森林の払下域の関係から、北部でより未開の知取や恵須取への進出を余儀なくされた。その結果、樺太北部に大規模な工業都市が出現し、その典型は知取と恵須取であった(図3)。

東海岸に位置する知取*24は、当初敷香支庁管内東知取村と称する戸数八八、人口一八三人の漁業者のみの寒村であったが、一九二〇年に栄浜を起点とした東海岸縦貫道路（軍用道路）開通と、二四年の富士製紙知取工場建設および登帆炭礦知取鉱開坑によって人口が急増し、二六年一〇月に町制施行して知取町となり、さらに二七年には樺太鉄道が知取まで延長された。また、西海岸に位置する恵須取*25も、当初名好支庁恵須取村と称し、一九二三年には戸数一〇四、人口五九四人の寒村であったが、二四年の樺太工業恵須取工場建設および大平炭鉱の開坑によって人口が急増し、二九年七月に町制施行を実施して恵須取町となった。

これら二都市の形成は、一九一〇年代までの東西両海岸の寒村が、二〇年代にパルプ・製紙工場とそれに付帯した炭鉱開発によって人口が急増した点で共通している。上記二都市に見られるように、樺太の工業都市は未開地ゆえ、道路建設や鉄道建設等の基盤整備から進める必要があり、その建設に関わる多数の建設・土木労働者が不可欠であった。そして、パルプ・製紙工場の増加は、当然森林伐採量とそれに従事する杣夫を増加させた。また、パルプ・製紙工場の工程上必要な電力は、内地工場

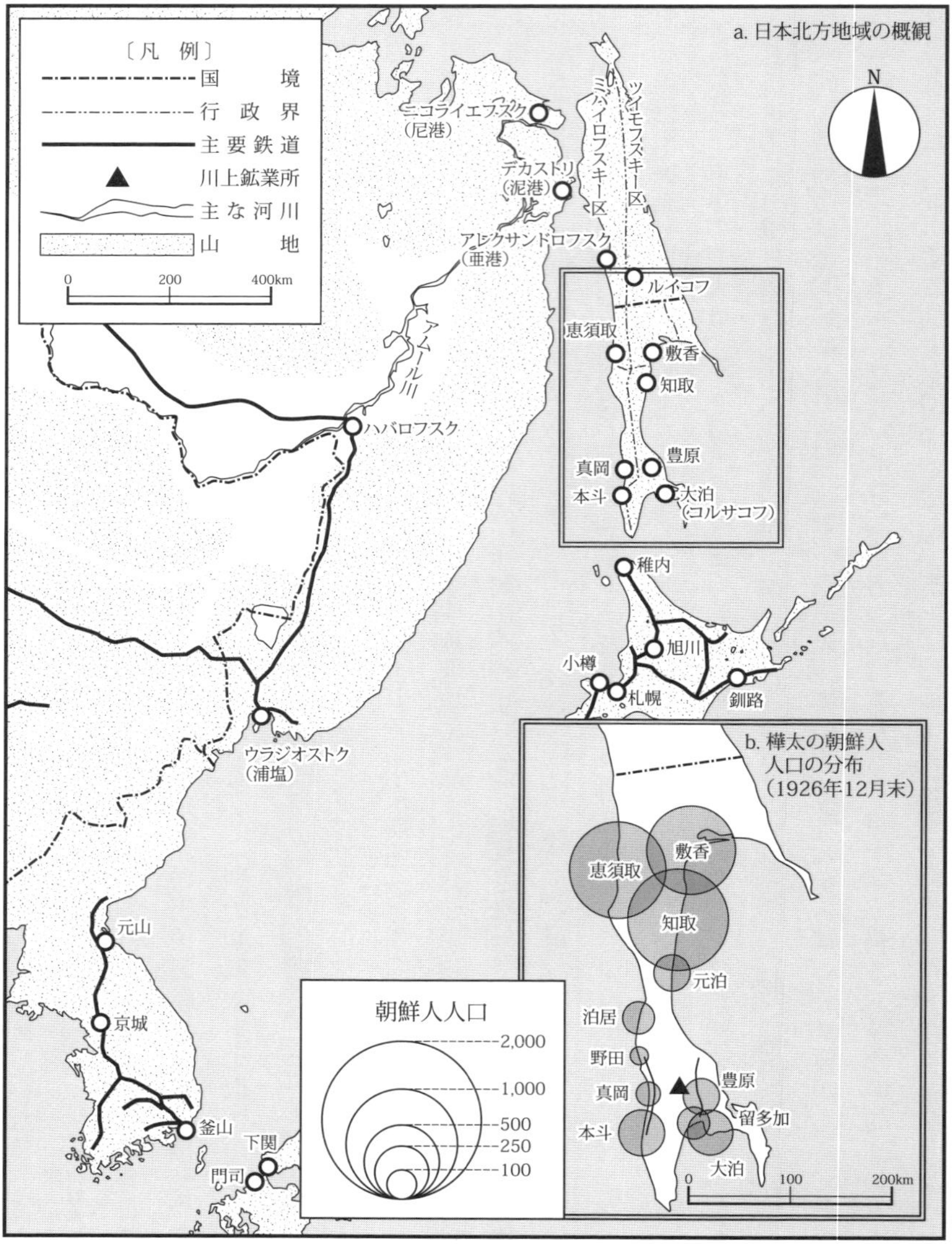

図 3 日本の北方地域の概観と在樺朝鮮人人口
資料）bの朝鮮人人口は樺太庁警察部『昭和2年10月　第三輯　樺太在留朝鮮人一班』，69～70頁によって筆者作成。

では水力発電に頼っていたが、水力の乏しい樺太では石炭燃料による火力発電で代替し*26、その燃料炭を供給するために付帯した炭鉱開発が不可欠であった。その結果、工業都市の労働者は製紙・パルプ工場の労働者にとどまらず、炭鉱労働者を相当数含むことになり、実態は鉱工業都市を兼ねるものが多かった。一九二〇年代の樺太の特徴は、一〇年代から継続していた産業化を背景に朝鮮人の増加と鉱工業都市の成長に象徴されていたといえよう。

(三) 樺太の労働市場と在樺朝鮮人の変化

在樺朝鮮人の本格的増加は、一九一七年に内地での多数の坑夫募集に困難を感じた三井鉱山株式会社川上鉱業所(以下、川上鉱業所)が、朝鮮に募集員を派遣して一一〇名の坑夫を募集使用したことにはじまる(『一班』三九頁)*27。但し、当時の朝鮮人労働は朝鮮総督府の諒解の下で使用期間を一ヶ年に限定した期間契約労働であった。「在日」朝鮮人は通説的には一九一〇年の日韓併合以後に本格的に増加したとされ*28、また北海道の朝鮮人増加の契機も一九一六年の北海道炭礦汽船の炭鉱労働者募集であったとされている*29。

川上鉱業所は、一九一六年に三井鉱山が買収し、大泊工場で操業していた王子製紙が豊原工場建設決定の際に、三井鉱山と王子製紙の共同事業へ移行したものである*30。第一次世界大戦後の増産需要増加のなかで樺太のパルプ製造には石炭利用を前提に、川上鉱業所の坑夫増員が不可欠で、それが朝鮮人導入の直接的契機になっていた。

当初、こうした在樺「朝鮮人中其の最も多きは労働者」で、「労働者中日稼労働者最も多く杣夫、流送夫、坑夫、土工夫之に次く」（『一班』六五頁）肉体労働が大半を占めた。しかし、朝鮮人労働者は「喧騒するを常とし作業能率甚た挙らさりき」ため、「各事業家は一般に朝鮮人労働者の使用を好ま」（『一班』八四頁）なかった。その要因の一つは言語不通による日本人労働者や雇主との意思疎通困難で、後に日本語に長じた朝鮮人人夫頭を使用して対処し（『一班』八五頁）、指揮統制を図って作業能率の向上に努め、朝鮮人労働力の重要性が高まった。

一九二〇年代の「在日」朝鮮人労働者への期待は、民族差別による日本人との賃金格差、すなわち低賃金労働にあった。在樺朝鮮人の賃金水準は詳らかではなく、断片的状況のみしか明らかにできない。しかも、そこでも一見民族間の無格差や、性的格差の大きさが目につく（表1）。しかし、大泊調の民族間の賃金格差はほぼ同時期の大阪府の民族間賃金格差＊31にほぼ相当し、樺太でも朝鮮人導入の一因を低賃金労働に求めることは可能であろう。来島した朝鮮人は、「作業能率の如きも漸次低下し」て契約期間満了を待たずに逃亡や脱落が増加した上に、残留者も帰還を希望しないため「該会社としては、一名も送還したる者なく」（『一班』八〇頁）、在樺朝鮮人増加の端緒となった。その後も同鉱業所の朝鮮人募集は継続し、一九一九年末の五〇〇人を最高に以後日本人使用へと転換した。

当時、朝鮮―樺太間には直通定期航路が開かれておらず＊32、朝鮮―北海道・大連線による小樽乗継か、あるいは内地経由で来島したと推定される。そのため一九二〇年代以前の朝鮮半島からの直接雇用労働者は、一応集団で来島して上陸地に近い樺太南部地域へ流入する場合が多かった。しかし、もはや外国人ではない朝鮮人が、中国人苦力のように集団で政策的に帰国させられることはなかった。ところが、そうした在樺朝鮮人の傾向は、一九二一年を境に「露領沿海州及北樺太より渡来する者漸次多きを加へ」(『一班』三九頁)て一変した。それは、一九二〇年七月の日本軍の北サハリン保障占領とその後の撤兵に伴い、多数の朝鮮人が北サハリンから樺太へと南下したからである。「大正十一年西比利亜駐屯の皇軍撤兵以来当時同地方在住の吾等鮮人《ママ》*33は過激派の為に脅迫を受け生活の安定を失ひて当樺太に避難したる者現在(一九二七年一〇月―引用者)五千余人を算する」(『一班』一五四頁)と指摘される樺太への避難朝鮮人によって、在樺朝鮮人社会は拡大と同時に、その分布に大きな変化を生じた。さらに北サハリンからの移住朝鮮人は後述のように家族移住が多く、その結果として在樺朝鮮人の男女比は一九二〇年一〇月の二五―一から三〇年一〇には一三―五へと変化し、その人口も自然増加と見なされる世代の割合が三・三%から二〇・二%へと増加した*34。

表1　樺太労働者の平均賃金

民族／区分	豊原調		大泊調	
	男	女	男	女
内地人	2.50	1.50	2.50	1.50
朝鮮人	2.50	－	2.00	－
支那人	2.50	－	－	－

注)表中の－は記載なしを示す。
資料)『樺太日日新聞』1925年11月27日付によって筆者作成。

二　日本軍の北サハリン占領と朝鮮人

(一)　沿海州とサハリンの朝鮮人

朝鮮半島と境界を接する沿海州への大規模な朝鮮人移住は、一八六〇年代の朝鮮の飢饉前後から本格化し、以後一九一〇年の日韓併合時、一九年の三・一独立運動時、二二年の極東ソビエト政権樹立の四期が画期であった*35。そして、これらの地域への移住朝鮮人の特徴として、単純労働のみならず、農業開拓への多大な貢献がある*36。しかし、一方で越境して相次いで移住して来る彼らは、当時の帝政ロシアにとっても頭を抱えさせる存在でもあった。

帝政ロシアは、一八六〇年代以来沿海州へのロシア人農業移民の招致を進めていたが、一九〇〇年代まで低迷し*37、沿海州のロシア人人口は伸び悩み、その代替労働力として朝鮮人に期待した。その中心都市の一つであるウラジオストク市の民族別人口構成を見ても（表2）、ロシア人の優位が確立するのは日露戦後で、それまでは中国人との拮抗が激しかった。朝鮮人は比率こそ高くないものの、その数は一九一〇年代まで確実に増加していた。沿海州における朝鮮人は、一八六九年の朝鮮半島北部の飢饉によって約七、〇〇〇人が移住したのを契機に、ロシアの厚遇によって一八九〇年頃には約三〇、〇〇〇人に、一九一〇年代には約一〇数万人にまで各々増加し、朝鮮との国境近くでは最多人口の町村もあった*38。

一方、帝政期のサハリン島は、当初一島でサハリン州を構成し、アレクサンドロフスクに政庁を置き、郡を省略して島内をアレキサンドロフスク・ツイモフスク・コルサコフの三区に区分していた*39。一八九七年の総人口約二八、〇〇〇人中に朝鮮人はわずか六七人で、全員が後年日本に割譲されるコルサコフ区に居住し、職業は漁・猟師五三人、農民九人、その他五人の内訳であった*40。この状況は日本時代初期の記録にもほぼ対応し、サハリン朝鮮人の大半が南部居住で、北部居住者は僅少であった。帝政期のサハリン開拓は、先住民族の使役が困難なため、石炭産業等での労働力不足の補塡には香港から中国人苦力の導入を余儀なくされ*41、朝鮮人はそれを補う存在であった*42。

一九〇五年以後、コルサコフ郡割譲で領域の縮小したサハリン州は、〇八年と一五年の行政区画変更で西部が対岸の沿海州ニコラエフスク付近に併合されてミハイロフスキー区に、東部がツイモフスキー区に、各々帰属した（図3参照）*43。

一九一五年末北サハリンの民族構成はロシア人約五、〇〇〇人、北方民族約一、四二〇人、朝鮮人と中国人が合計約六〇〇人、日本人は僅少であった*44。

表 2 ウラジオストク市の在住者構成

年次	ロシア人	中国人	朝鮮人	日本人	その他	原 典
1886	6,222	3,019	354	412	87	黒田清隆『環游日記』
1893	16,500	22,000	2,600	750	93	矢津昌永『朝鮮西伯利紀行』
1901	15,974	11,637	1,518	1,244	474	角田他十郎『浦塩案内』1)
1913	53,957	26,787	8,994 2)	1,830	3,363	済軒学人『浦塩斯徳事情』
1922	76,345 3)	31,478	4,985	3,843	―	『浦塩日報』1922年2月

注） 1）原典の出所は1900年沿海州統計局調査。 2）朝鮮人には「帰化朝鮮人」を含む。
3）「洋羅巴人」としての集計値で,その中の細分は不明。

資料）北海道北方博物館交流協会編『20世紀夜明けの沿海州―デルス・ウーザラの時代と日露のパイオニアたち―』（北海道新聞社,2000年）,16～17頁によって筆者作成。

表 3 北サハリン主要都市の在住者構成

都市名	年 月	ロシア人		日本人		朝鮮人		支那人		その他	
		男	女	男	女	男	女	男	女	男	女
アレクサンドロフスク	1921年1月	677	673	742	402	437	162	198	2	10	2
亜 港	1922年2月	613	686	1,673	1,113	450	134	327	20	0	0
	1922年6月	572	633	2,602	1,460	548	145	545	30	0	0
	1924年2月	883	826	1,323	1,216	657	296	1,317	39	0	0
ルイコフスコエ	1921年1月	487	416	32	7	46	22	5	0	0	0
ルイコフ	1922年2月	464	390	22	10	24	5	12	0	0	0
	1922年6月	472	400	15	13	24	4	20	0	1	1
	1924年2月	730	615	19	34	28	7	93	0	0	0
尼 港	1922年6月	4,479	3,155	725	304	1,983	549	4,144	113	0	0
泥 港	1922年3月	22	9	315	132	54	3	24	0	0	0
	1922年6月	22	9	556	273	82	25	45	0	0	0

資料）1921年 1月は「北樺太戸数人口表」（外務省『薩哈嗹州占領地施政一件 第二巻』 所収），22年2・3月は「北樺太人口表」（同『同 第三巻』所収），6月は「薩哈嗹州占領地内戸数人口一覧表」（同前），24年 2月は「大正十二年度 北樺太統計表」（『同第四巻ノ一』所収）によって筆者作成。所蔵はいずれも外務省外交史料館。

日本はシベリア出兵に関わる一連の軍事行動のなかで北サハリンを保障占領した。一九二〇年三月のニコラエフスク（尼港）事件に対する報復措置の占領は、シベリア出兵に関わる一連の出兵とは異なるとされた＊45。ところが、その後尼港事件自体がシベリア出兵に関係して発生し、北サハリン占領をシベリア出兵に関わる一連の軍事行動と見ることが一般化してきた＊46。一九二〇年七月に北サハリンを占領した日本軍は、ルイコフ、デカストリ（泥港）、ニコラエフスクの三ヶ所に軍政署を、その他枢要地に軍政支署を設置した＊47。その際、一九一五年末と比べた人口増加は日本人と朝鮮人にあり、「客年亜港（アレクサンドルフスク―引用者）占領ノ際ハ渡航者ニ制限ヲ加ヘサリシカ其ノ数非常ニ増大セシノミナラス越年ニ莅ミ交通杜絶シ為ニ物資ハ著シク欠乏シ従テ物価ノ暴騰ヲ招来シ…（中略）…経験ニ鑑ミ今回尼、泥港方面渡航許可ニ関シテモ主トシテ人員ノ適切ナル制限ニヨリ前轍ヲ踏マサラン」＊48として、一九二一年から日本人と朝鮮人を主対象に渡航制限を実施した。

北サハリン占領後、日本軍は慈恵院等の救恤施設と一九二一年一一月から日本人小学校に加え、朝鮮人普通学校を開設した。この地域の朝鮮人は、「直接朝鮮本土ヨリ渡来セル者ニ非スシテ浦潮西伯利亜等ノ各地ヲ経由シ既ニ永ク故山ヲ離レ転々遂ニ極北ニ放浪シ中ニハ二重国籍ヲ有シ又ハ露西亜名ヲ名乗ル者モ少カラス」＊49といった状況であった。特に朝鮮人は「事業界不況ノ為失業者少カラス…（中略）…多クハ何等特有ノ技術ヲ有スル者ナク真ノ労働者」であり、「各地共最劣等ナル生活ヲ」＊50余儀なくされていた。治安安定に伴い、一九二二年三月限りで北サハリン以外の民政地への渡航者取締規則を廃止した＊51。

(二) 北サハリン撤兵期の朝鮮人

日本政府は、一九二一年五月にシベリアからの撤兵政策を決定してはいたが、原敬内閣はその完了期日の明示を回避しつづけ、ようやく加藤友三郎内閣が二二年六月から撤兵に着手し、同年九月中には北サハリンを除いて撤兵を完了した。撤兵期の北サハリンは、「対岸大陸方面撤退ノ影響ヲ受ケ内地人及露、支、鮮人ノ来島スル者多ク亜港ニ於テハ一時住宅難ヲ惹起シ労働者ハ過剰トナリ…(中略)…樺太対岸地方ニ対シテハ渡来スルモ職ナク徒労ニ終ル旨宣伝スルト同時ニ之カ出入ヲ厳ニ監視」する状況にあったが、来島「朝鮮人中ニハ労働者多キモ相當ノ労銀収入ニ依リ…(中略)…相當ノ生計ヲ営」*[52]む者もあったという。日本軍政期一九二二年六月末の北サハリンの総人口は一五、一二七人で、うち朝鮮人一、〇六三人と記録されているが*[53]、逆に沿海州ウラジオストク市の朝鮮人人口は一九一三~二二年間で約五五%にまで減少しており(表2参照)、革命の東漸と日本占領に伴って朝鮮人の沿海州から北サハリンへの移動が相当数に及んだ(表3参照)。

しかし、一九二五年一月に日ソ基本条約が調印され、二月に北サハリン占領解除が声明されると、今度は「北樺太居住者ニシテ南下スル者陸続タル状況ニシテ、其数邦人(内地人)三七三名、鮮人四四五名、露国人二五名、支那人二五名ニシテ是等ハ将来ニ於ケル政情不安ヲ考慮シタルモノト被認」(読点—引用者)状況で、南下朝鮮人は「北樺太ヨリ東知取及恵須取ニ入込ミ…(中略)…尚近ク一〇〇名南下ノ模様アリ」*[54]とも報告されていた。朝鮮人の多くがいち早く樺太避難を選択したのは、一つに彼らが「対岸撤兵後却テ露国官憲ヨリ圧迫セラレタル結果ヲ熟知セルヲ以テ内心将来ヲ憂慮シツツアリテ大部分ハ南樺太又ハ鮮本土ニ引揚ノ希望ヲ有シ」*[55]たためであった。むしろ、日本人が「亜港ニ土地家屋ヲ有スル者ハ何レモ日露條約ニ対スル細目協定ノ結果有利ニ展開セハ其ノ状況ニヨリ再ヒ渡航ノ企図ヲ有スル者多数アルカ如シ」*56として、革命下ロシアの実状に疎い分、危機感を欠いて土地や財産に執着した者が多かった。

そして、いま一つに朝鮮人は、ロシア人と共に引き揚げに救恤を要する者の割合が高かった*57。「北樺太在住引揚ノ際戸籍明ナル邦人朝鮮人ニシテ無資力ノ者ニ限リ旅費等貸与ノ件閣議決定」*58してはいたが、多額の旅費を要する朝鮮や内地への渡航費を負担できないため、安価な樺太への移住を余儀なくされた者も少なくなかったと考えられる。一九二五年五月の報告によれば、「既往ニ於ケル引揚民数ハ、邦人九百二十六名、朝鮮人五百十二名、露国人十九名、支那人五名、計千四百六十二名（読点―引用者）」で、「内露国人ハ東海岸航海ノ便ヲ待チ半数ハ上海ニ向フ予定」であったが、それ以外の「大多数ハ名好郡恵須取村，元泊郡東知取村ニシテ一部分大泊及真岡ニ上陸（読点―引用者）」*59した。恵須取や知取への避難民増加は、前述の渡航費負担が関わっていたと考えられる。

三　在樺朝鮮人社会の形成

（一）　避難朝鮮人の流入と島内居住の変化

北サハリン撤兵に伴う樺太への朝鮮人避難民の移住によって、在樺朝鮮人の居住地分布に大きな変化が生じた。その移住が一段落した一九二六年一二月末における在樺朝鮮人の分布状況を考察すると

（図3参照）、当時の全般的傾向は、樺太北部の新興鉱工業都市の知取、恵須取、そして敷香が在樺朝鮮人の三大居住地域となり、逆に開発が早くかつ初期に朝鮮人居住の見られた西海岸中部の真岡、野田、泊居等への居住者が少なくなっていた。

知取　居住朝鮮人の約七〇％が一九二五年北サハリン撤兵後のシベリア方面から亜港経由の引揚者で、残る約三〇％が北海道、朝鮮からの労働目的の来島者で構成されていた（『一班』五九頁）。居住朝鮮人には単身出稼ぎ労働者ではない家族単位の移住者が多かった。

男性では日雇、杣夫、農夫が中心で、女性では酌婦が相当数におよんでいた。朝鮮人増加は、そうした北サハリン撤兵と知取における富士製紙知取工場の建設時期が合致し、建設労働者需要が多く、しかも同工場への供給炭を採掘する登帆炭鉱知取坑でも坑夫需要が高まっていたことによる。そして、知取が比較的日ソ国境に近かったことも一因であろう。朝鮮人は、一九二五年末村内人口の約八・四％を占め*60、松ヶ枝町が集住地区となり*61、後述の三つの朝鮮人団体が設立されて在樺朝鮮人社会の拠点地域の一つを形成した。

恵須取　一九一八〜一九年頃に北サハリンからの南下朝鮮人が居住しはじめ、夏期は漁業・農業、冬期は造材杣夫等として日本人に雇用されていたが、さらに二四年五月からの北サハリン撤兵時に七〇〇余人が加わった（『一班』五六〜五八頁）。日雇労働従事者が多いのもそうした就業形態の反映であろう。知取と同様に、北サハリン撤兵と樺太工業恵須取工場建設時期の合致が朝鮮人移住者増加の要因で、一九二五年末の村内人口の約一三・九％を占めていた。

恵須取では、居住朝鮮人の出身地が唯一「咸境南北両道の者最も多く、其の他慶尚南北両道、平安南北両道、全羅南北両道の順序」(『一班』五七頁)で、北部出身者が多かった。「渡来の事由を聞くに本国に於ける生活難を厭ひ、併て他郷に於ける安楽を求むへく本国を出発し、漸次北進して満洲、西伯利亜を経て遂に北樺太に渡り、再ひ南下して南樺太に入」った者が多く、「彼等の中には露国民族に属する朝鮮人あるか如きも真偽不明」(『一班』五七〜五八頁)であった。朝鮮人は、女性比率の低さを除き知取のそれに類似し、より男性労働者集団的であった。一九二六年以降係累者が朝鮮半島から渡来し、益々朝鮮人人口が増加した。

敷香　知取や恵須取と同様に北サハリン撤兵に伴う南下朝鮮人が多数で、一九二四年に一〇余名に過ぎず、二五年四月末には一挙に三九八名に達した(『一班』六三頁)。「当時敷香方面は連年相当好漁なりしと且異状なる木材の需要ありし為」(『一班』六二頁)に移住し、一九二五年末の村内人口の約七・三%を占めた。就業形態は、杣夫人口が際立って高く、建設・坑夫労働主体の知取や恵須取とは異なっていた。それには敷香の本格的工業化が一九三五年の王子製紙全額出資の日本人絹パルプ敷香工場の操業開始によるもので*62、撤兵に伴う朝鮮人移住の時期と約一〇年の時差のあることが、そうした対照性を生んだ要因といえよう。

亜庭湾沿岸・鈴谷平野・東海岸南部　川上鉱業所を含む地域だが、この時期には北部に比べて朝鮮人人口は少なくなっていた。北サハリンからの南下朝鮮人には遠隔感に加え、逆に労働者需要に応じて知取等へ移動した朝鮮人も多く*63、また当初の来島者の年期契約終了による帰郷もあって減少した(『一班』五二頁)。朝鮮人人口は大泊を筆頭に、就業形態も分散的で顕著な特徴は見出せない。大泊では一九二二年七月に築港工事の人夫として、元樺太庁巡査部長笹森勝蔵が釜山から一一五名を集団募集して入島させており*64、二〇年代になっても樺太南部では中国人苦力に近い雇用形態での朝鮮人の募集集団労働が継続していた。また、大泊は、知取と並んで朝鮮人料理屋が多く、酌婦の多い地域でもあったが、一九二五年末の町内人口比は約〇・五%にとどまった。

西海岸南部　真岡ではいち早く一八八一年四月に咸境南道出身朝鮮人が沿海州より来島し、彼らをロシア人が漁夫として雇用したが（『一班』五二頁）、一九二〇年代には朝鮮人僅少地域であった。西海岸は南部の開発が早く、労働力需要の乏しさと、避難朝鮮人の遠隔感が要因であろう。就業形態も分散的であった。比較的来住者が本斗で多かったのは、一九一六年度以来の築港土木工事（『一班』五四～五六頁）や朝鮮人経営農場によるが、二五年末の町内人口比は約一・五%にとどまった。

（二）　朝鮮人と「醜業」

家族移住によって在樺朝鮮人女性が増加した結果、「労働者に亜きて其の多数を占むるは、料理営業者及之に附随する芸妓、娼妓、酌婦」（『一班』一一〇頁）という状況となった。女性労働では家事使用人や農業を抑えて「醜業」*65が最多を占め、「其の名儀は酌婦なるも其の行為は全く娼妓と異なることなく，其の客を遊興せしむる方法全く遊郭と異なることなし」（『一班』一一二頁）とされた。

樺太の朝鮮人遊郭は、「北樺太より来れる者にして、大正十一年末朴達守なる者始めて北樺太より家族を同伴して大泊に来り料理屋営業を開始し」（『一班』一一一頁）、その増加は北樺太からの家族移住が発端であった。そして、一九二〇年代前半の朝鮮人遊郭の増加は、「其の遊興費は最低三円五十銭の安価なるを以て、本邦人労働者に迎へられ、本邦人酌婦に比し、多数の遊客を吸収し」（『一班』一一四頁）た。日本人遊郭との遊興費の史料的比較は不可能ながら、民族差別的な遊興費の安価が増加を促進したと考えられる。特に知取と大泊に朝鮮人遊郭および売春婦の比率が高かった。

ところが、樺太庁では、皇太子行啓を一ヶ月後に控えた一九二五年七月に朝鮮人売春婦の営業許可制限を実施して新たな出願の不許可を決定した。当時、知取で四四人、大泊で二五人の無許可営業者が存在し（『一班』一三五頁）、その制限に対して同年八月には樺太各地の朝鮮人遊郭営業者約二五人が大泊で会合し、樺太庁の対応に遊郭営業者の窮状を訴え、「吾々も併合以来均しく日本人なれば、朝鮮人に対し外国人扱の感あるは実に遺憾に不堪次第なり」として、「内地人同様とは願はさるも外国人扱は除外せられん事を哀願する旨」（『一班』一一八頁）を申し合わせた請願書を提出した。

これに対して樺太庁は、ⅰ経済不況のための営業拡張抑制の必要、ⅱ既往の許可基準の甘さ、ⅲ朝鮮来島者の身元不明瞭、の三点を理由として、朝鮮人と日本人の差別的待遇はないとして取締を継続した。その解除を求める運動はその後も継続し、一九二六年三月に知取朝鮮料理屋任熙聖が中心となって樺太庁警察部に出頭して請願したが、樺太庁の方針は変わらなかった。それは、「本島に朝鮮人酌婦の営業を許可するに於ては、之に伴ひて多数朝鮮人の渡来を招致するの結果となる」（『一班』一三三～一三四頁）からであった。

これらの事実は、前述の朝鮮人労働者急増に対する樺太庁の危惧が鉱工業や日雇労働者のみならず、売春婦にまで向けられ、また朝鮮人＝日本人とする「一視同仁」が朝鮮や内地にとどまらず*66、他の外地でも矛盾を露呈していたことを示している。そして、樺太労働市場の特殊性に関わって、つぎのような背景も推察できよう。すなわち、朝鮮人の建設・炭鉱労働への就業を禁止すれば、産業化や開拓の停止・遅滞化に直接つながるため、中国人労働者を代替導入することで労働市場を埋め合わせて、朝鮮人労働者の間接的排除を図った。一方、醜業は、産業化や開拓に直結しないうえに、風紀上拡大が好ましくないため直接的禁止措置が講じられたものと考えられる。

ところが、一九二八年四月に樺太庁は朝鮮人醜業の禁止措置を緩和し、再び所轄警察署への届出により一定条件下で許可することとした。それには「一視同仁」政策に対する矛盾に加え、「鮮人の数もやうやくその数を減少し」*67てきたことなどをあげていた。

まとめ―北方地域と朝鮮人

樺太（サハリン）の地域史は、フロンティアとバウンダリーという二つの国境概念*68の双方に密接な関わりをもつ。しかし、これまでの在樺朝鮮人問題は、バウンダリーを意識して日本・ロシア（ソ連）共に戦後の彼らの残留問題を焦点とし、日本では彼らを「在日」朝鮮人から切り離して考えてきた。本章では、樺太が大陸と北海道の間の通路を成すフロンティア性をもつことに着目して在樺朝鮮人史を読み直し、「在日」朝鮮人史が在樺朝鮮人を介した沿海州のそれとの連続性を指摘した。

日本時代以前の在樺朝鮮人は、中国人同様に少数の漁民が西海岸に居住したに過ぎなかったが、樺太の産業化に伴い人口は一九一〇～三〇年間で実に約二五〇倍強にまで急増した。その実態について本章で明らかにできた内容は以下の四点に要約できる。

一．在樺朝鮮人は、一九一〇年代に川上鉱業所の増産体制を支えるため朝鮮半島からの募集により来島し、日雇労働や杣夫等に就業範囲を拡大したが、当初の分布は樺太南部に限られた。

二．植民地期前後に朝鮮半島を逃れて北へ向かった朝鮮人は、ロシア革命の東漸に伴い沿海州から避難する者が相次ぎ、彼らは日本軍の撤兵で、まずは北サハリンへ、ついで一九二五年の北サハリン撤兵時にはさらに樺太への移住者が相当数におよんだ。

三．恵須取や知取等の鉱工業都市では、産業化に伴うパルプ工場建設の時期と北サハリンからの移住の時期が一致したため朝鮮人人口が増加した。さらに樺太南部から北部へ移動する朝鮮人も見られ、在樺朝鮮人の分布に変化が生じた。

四．在樺朝鮮人の増加を危惧した樺太庁は、産業化や開拓に直結した労働では中国人労働者によって労働市場を埋め合わせて間接的排除を講じたが、産業化や開拓に直結しない醜業では直接的禁止措置を採った。

在樺朝鮮人の実態から、炭鉱地域では坑夫、都市部では職工（女工）等の内地の「在日」朝鮮人の既成像＊69と異なり、また地域性や産業構造が類似した北海道の朝鮮人史研究で指摘された坑夫や土工中心の既成像＊70とも異なる、売春婦、農業従事者等が浮き彫りになった。それらが北サハリン撤兵時の朝鮮人避難民とすれば、彼らが「在日」朝鮮人史の中で在樺朝鮮人を特徴づけたことになる。

日本軍の北サハリン占領は、日本のバウンダリーの北進を意図しつつも、フロンティア的占領にとどまったが、それによって一八七五年以来バウンダリーで区切られた北方地域という空間が一時的とはいえ再び連続した。そして、樺太は日本時代の朝鮮半島から一旦南北に分かれた民族が再会する稀有な場所ともなった。かつて山丹交易において北方民族が構築してきた地域的連続性を、北からの朝鮮人移動は一時的に再現するものであったともいえよう。

しかし、そうした変化は戦間期にとどまらず、戦後東西冷戦時代にも見られた。戦後のサハリン朝鮮人社会には朝鮮民主主義人民共和国（以下、北朝鮮）とソ連との蜜月関係によって北朝鮮からの移住朝鮮人が加わった。彼らと在樺朝鮮人の間には思想・文化等に大きな溝が存在し、それが容易に埋まらない傾向はあるものの、戦間期と戦後期において北からの朝鮮人移住がサハリン（樺太）朝鮮人社会に変化をもたらす要因となった点は共通しているといえよう。

これまでの「在日」朝鮮人史研究は、現代の朝鮮人問題を起点に、朝鮮人移住が対馬海峡経由で南（西）からのものを自明としてきた。それが、北方地域の連続性を基礎にした北からの朝鮮人移住や、「在日」朝鮮人問題の空間的思考さえも遮蔽してきたことは否めない。戦間期の在樺朝鮮人社会の形成は、サハリン（樺太）の地域史研究が国民国家的思考の枠組には収まりきれないことの裏づけにとどまらず、「在日」朝鮮人史研究が在樺朝鮮人をはじめとした外地およびその周辺地域の朝鮮人史を交えて再構成されるべきことをも示唆している。

注

1　現状に関する民族呼称としては韓国・朝鮮人とすべきだが、本章では第二次世界大戦前を対象とするため「朝鮮人」で統一する。

2　例えば、尹健次『「在日」を考える』（平凡社ライブラリーね平凡社、二〇〇一年）一頁。

3　松村高夫「日本帝国主義下における植民地労働者―在日朝鮮人・中国人労働者を中心として―」（慶應義塾大学『経済学年報』第一〇号、一九六七年）、一〇七～一九一頁、戸塚秀夫「日本における外国人労働者問題について」（東京大学社会科学研究所『社会科学研究』第二五巻第五号、一九七四年）一一七～一五九頁など。

4　山脇啓造『近代日本と外国人労働者―一八九〇年代後半と一九二〇年代前半における中国人・朝鮮人労働者問題―』（明石書店、一九九四年）、西成田『在日朝鮮人の「世界」と「帝国」国家』、杉原達『越境する民―近代大阪の朝鮮人史研究―』（新幹社、一九九八年）。

5　「満洲」を中心に中国領への移住については、鶴嶋雪嶺『中国朝鮮族の研究』（関西大学出版部、一九九七年）を、ロシア領への移住についてはアナトリー・T・クージン著、田中水絵訳『沿海州・サハリン近い昔の話―翻弄された朝鮮人の歴史―』（凱風社、一九九八年）を参照。

6　朝鮮人強制連行真相調査団編『朝鮮人強制連行強制労働の記録―北海道・千島・樺太篇―』（現代史出版会、一九七四年）三四七～四三二頁を皮切りに、戦後のサハリン残留朝鮮人問題については大沼保昭『サハリン棄民』（中公新書一〇八二、中央公論社、一九九二年）などのいくつかの著作がある。

7　終戦時の人口は前掲『サハリン棄民』一〇～一一頁、一九二六年の人口は後述の『樺太在留朝鮮人一班』六九～七〇頁による。因みに、その人口は一九二五年の「在日」朝鮮人人口全国合計値（西成田『在日朝鮮人の「世界」と「帝国」国家』四三頁）の約三・四％を占めた。

8 管見の限りでは、一九八〇年代以後のサハリンにおける朝鮮人史研究としては、БОК ЗИ КОУ 'САХАЛИНСКИЕ КОРЕЙЦЫ—ПРОБЛЕМЫ И ПЕРСПЕКТИВЫ' ИМГИГДВО АН СССР,1989, БОК ЗИ КОУ 'КОРЕЙЦЫ НА САХАЛИНСКИЕ' ЮЖИНО-САХАЛИНСКИЙ ГОСУДАРСТВЕННЫЙ ПЕДАГОГИЧЕСКИЙ ИНСТИТУТ, 1993, АНАТОЛИЙ КУЗИН 'ДАЛЬНЕВОСТОЧНЫЕ КОРЕЙЦЫ: ЖИЗНЬ И ТРАГЕДИЯ СУДЬБЫ' ДАЛЬНЕВОСТОЧНОЕ КНИЖНОЕ ИЗДАТЕЛЬСТВО, 1993（邦訳—田中訳『沿海州・サハリン近い昔の話』）, 'САХАЛИНСКИЕ КОРЕЙЦЫ:ИСТОРИЯ И СОВРЕМЕННОСТЬ, 1880–2005'САХАЛИ НСКОЕ ОБЛАСТНОЕ КНИЖНОЕ ИЗДАТЕЛЬСТВО, 2006 等がある。

9 以下、本史料は『一班』と略記し、引用では原則脚注とせず割注として頁数等を記す。

10 桑原真人「樺太庁警察部『樺太在留朝鮮人一班』（一九二七）」（在日朝鮮人運動史研究会『在日朝鮮人史研究』第八号、一九八一年）七五～一二五頁、桑原「樺太庁警察部…（続）」（前掲『在日朝鮮人史研究』第一四号、一九八四年）一〇七～一四〇頁。

11 当時、日本人の範疇に朝鮮人も含んでいたが、両者を峻別する必要のある本章では、日本人を当時の「内地人」の意味とする。

12 「労働者供給問題」『樺太日日新聞』（以下、『樺日』）一九二八年一月一日付。

13 外地の朝鮮人に関する実証的成果は僅少で、管見の範囲では南洋群島の朝鮮人についての、今泉裕美子「朝鮮半島からの『南洋移民』—米国議会図書館蔵南洋群島関係史料を中心に—」（文化センター・アリラン『アリラン通信』第三二号、二〇〇四年）一～一一頁があげられる程度である。
14　阿部康久「一九二〇年代の樺太地域開発における中国人労働者雇用政策」（人文地理学会『人文地理』第五三巻第二号、二〇〇一年）一～二四頁。
15　朝鮮人強制連行真相調査団編『朝鮮人強制連行強制労働の記録』。
16　桑原真人『近代北海道史研究序説』（北海道大学図書刊行会、一九八二年）二〇九～三四七頁。
17　桑原『近代北海道史研究序説』二五四頁。
18　樺太庁編『明治四十一年九月　樺太要覧　完』（隆文館、一九〇八年）六二頁。
19　樺太庁編『樺太要覧』六〇～六一頁。
20　樺太庁編『樺太要覧』六一頁。
21　樺太庁編『樺太庁治一斑』（各年版）からの集計結果による。
22　樺太庁編『樺太庁治一斑』（各年版）および樺太庁編『昭和五年　国勢調査結果報告』による。
23　樺太庁編『大正九年十月一日現在　第一回国勢調査結果表』および樺太庁編『昭和五年　国勢調査結果表』による。
24　加藤喜三郎編『昭和十年版　知取商工名録』（知取商工会議所、一九三五年）（大分大学経済研究所所蔵）一～二頁。
25　大塚国太郎編『恵須取商工案内』（恵須取商工会、一九三五年）（北海道大学附属図書館北方資料室所蔵）一五～四五頁。

26　安藤鏗一「樺太のパルプ・製紙工業の立地論的考察」(京都帝国大学文学部地理学教室編『地理論叢　第六輯』古今書院、一九三五年)一三～一四頁。
27　なお、『一班』七九頁では一九一七年の朝鮮人募集人員は約三〇〇人とある。
28　西成田『在日朝鮮人の「世界」と「帝国」国家』四一～四三頁。一方で、「日韓併合」以前から相当数の朝鮮人労働者の存在も指摘され、その実態や背景は小松裕・金英達・山脇啓造編『「韓国併合」前の在日朝鮮人』(明石書店、一九九四年)を参照。
29　桑原『近代北海道史研究序説』二二二～二三五頁。
30　成田潔英『王子製紙社史　第四巻』(王子製紙株式会社、一九五九年)二二八頁。
31　西成田『在日朝鮮人の「世界」と「帝国」国家』一一〇～一一一頁。
32　直通航路は、一九二七年四月に神戸島谷汽船が釜山―門司―伏木―小樽―大泊―真岡間に開設した(「朝鮮樺太間航路」『樺日』一九二七年二月二七日付)。
33　「鮮人」、「支那人」等は差別用語であるが、本章では全編(図・表を含む)を通して引用文中に限り、史料用語として(ママ)を付記して存置した。
34　樺太庁編『第一回国勢調査結果表』および樺太庁編『昭和五年国勢調査結果表』による。なお、在樺朝鮮人の出生地統計が不明のため、自然増加と見なされる世代を各年の全朝鮮人人口に対する一九一〇年以降生まれ(一部推定を含む)の人口割合で示した。
35　クージン『沿海州・サハリン近い昔の話』二一一～二一六頁。
36　クージン『沿海州・サハリン近い昔の話』二二六～二三三頁。

37　南満洲鉄道株式会社社長室調査課編『露領沿海地方及北樺太』調査報告書第一二巻（南満洲鉄道株式会社社長室調査課、一九一二年（国立国会図書館所蔵））一〇二～一〇三頁。

38　南満洲鉄道株式会社『露領沿海地方及北樺太』一一二～一一三頁。

39　薩哈嗹軍政部『（部外秘）北樺太』（薩哈嗹軍政部、一九二三年）（函館市立函館図書館所蔵）八一～八二頁。

40　クージン『沿海州・サハリン近い昔の話』一七一頁。

41　ジョン・J・ステファン著、安川一夫訳『サハリン—日・中・ソ抗争の歴史—』（原書房、一九七三年）九二頁。

42　クージン『沿海州・サハリン近い昔の話』一七二頁。

43　薩哈嗹軍政部『北樺太』八二頁。

44　鵜澤憲三『極北事情　薩哈嗹州案内』（日露洋行出版部、一九二一年）、一五頁。

45　菅原佐賀衛『西伯利出兵史要』（信山社、一九九二年。原著—偕行社、一九二五年）一五九頁。

46　原暉之『シベリア出兵—革命と干渉　一九一七—一九二二—』（筑摩書房、一九八九年）。

47　南満洲鉄道株式会社『露領沿海地方及北樺太』一五六頁。

48　「尼、泥港方面渡航許可方針」（外務省『薩哈嗹州占領地施政一件　第一巻』外務省外交史料館（以下、外務省）所蔵所収）。

49　薩哈嗹州派遣軍司令部「自大正十年五月　至同十年十月　薩哈嗹州派遣軍施政概要」（外務省『薩哈嗹州占領地施政一件　第三巻』所収）。

50　「自大正十年十一月　至大正十一年三月　薩哈嗹州派遣軍民政施政ノ概要」（外務省『薩哈嗹州占領地施政一件　第三巻』所収）。
51　前掲「薩哈嗹州派遣軍民政施政ノ概要」。
52　「自大正十年十月一日　至大正十二年三月三十一日　薩哈嗹州派遣軍施設ノ概要」（外務省『薩哈嗹占領地施政一件　第四ノ一巻』所収）。
53　太田篠吉『従軍中視察記　サガレン案内』（豊文堂出版部、一九二三年）（個人蔵）、四頁。
54　「日露協約成立後ノ住民動静ニ関スル件（高秘第八四七号）」（外務省『薩哈嗹占領地施政一件　第五巻』所収）。
55　「北樺太住民動静ニ関スル件（高秘第一一五〇号）」（外務省『薩哈嗹占領地施政一件　第五巻』所収）。
56　前掲「北樺太住民動静ニ関スル件」。
57　一九二五年一月末調によれば（以下、括弧内は各民族の全退去者に対する割合）、自費退去者は日本人四三六人（二二・一％）、朝鮮人四四人（九・八％）、中国人五〇人（二〇・〇％）、ロシア人一二人（六・七％）であった（薩哈嗹州派遣軍司令部「退去住民予想人員表」陸軍省『大正十四年　西密大日記　弐冊之内其二』（防衛庁防衛研究所図書館所蔵）所収）。
58　「薩哈嗹撤兵ニ関スル件」（前掲『西密大日記』所収）。出航地亜港からの運賃は、恵須取一〇円、真岡一八円、大泊二〇円、知取二四円、小樽二一円、元山三五円（いずれも一人当）であった（「運賃定額表」（陸軍省『西密大日記』所収））。知取はオホーツク海廻航を要するために高額で、知取への実際的経路は時間と経費のかかる海路より、陸路利用と思われる。

59 「北樺太住民引揚ニ関スル件（高秘第一一六五号）」（外務省『薩哈嗹占領地施政一件　第六巻』所収）。
60 樺太庁編『第拾八回　樺太庁治一斑』（樺太庁、一九二六年）。以下、同年末の人口比は同資料による。
61 「知取町の鮮人」（『樺日』一九二七年二月一七日付）。
62 星野定司「樺太におけるパルプ産業（二）」（日本水処理技術研究会『水処理技術』第二九巻第三号、一九八八年）一七七頁。
63 例えば、豊原警察署管内の朝鮮人人口は一九二四年末に数百人であったが、知取の発展にともなう移動によって二七年四月には二六三名にまで減少した（『一班』五一～五二頁）。
64 「朝鮮人夫築港へ」（『樺日』一九二二年七月一二日付）、「朝鮮人夫続々逃走」（『樺日』一九二二年七月二二日付）。
65 本章は、引用箇所を除き、料理営業等と表現される売春従事業を当時の一般的呼称「醜業」（便宜上、以下では鍵括弧を省略）、遊興施設を遊郭、それへの従事者を売春婦、で用語を統一する。これらの呼称の歴史的意味は、倉橋正直『新装版　北のからゆきさん』（共栄書房、二〇〇〇年）一五～二〇頁を参照。
66 「一視同仁」の矛盾は、小熊英二『〈日本人〉の境界―台湾・アイヌ・朝鮮植民地支配から復帰運動まで―』（新曜社、一九九八年）、一九五～二一四、三六二～三九一頁を参照。
67 「鮮人酌婦の営業」（『樺日』一九二八年四月一〇日付）。図1によれば、実際には樺太の朝鮮人人口は減少してはいない。しかし、この時期には北部鉱工業都市の成長にも歯止めがかかったのと同様、朝鮮人労働需要にも翳りが生じていたのであろう。

68　二つの国境概念については、ブルース・バートン『日本の「境界」―前近代の国家・民族・文化―』（青木書店、二〇〇〇年）を参照。

69　西成田『在日朝鮮人の「世界」と「帝国」国家』九一～一〇九頁。

70　桑原『近代北海道史研究序説』二一六～二二一頁。

〔付記〕本章は、三木理史「戦間期樺太における朝鮮人社会の形成―『在日』朝鮮人の空間性をめぐって―」（社会経済史学会『社会経済史学』第六八巻第五号、二〇〇三年）二五～四六頁の内容を、編者指定の文字数に合わせて圧縮・改変したものである。そのため割愛を余儀なくされた内容については、旧稿を参照頂きたい。

第二章　二十世紀初頭の沿海州における朝鮮人商人の活動

――崔鳳俊を中心に

石川亮太

はじめに

ロシアは一八六〇年に沿海州を獲得し、一八七一年にシベリア小艦隊の主港をウラジオストクに移した。ヨーロッパ・ロシアから遠く、人口も希薄なこの地域では、必要な労働力や物資を調達するうえで、中国や朝鮮、日本など隣接地域との関係が極めて重要なものとなった。あたかも東アジアでは、開港場を拠点とする地域内交易が急速に活発化していた。沿海州をはじめとするロシア極東は、この「東アジア交易圏」の中に組み込まれることによって、経済的に存立できたのである*1。

一八六〇年代前半から本格化した朝鮮人の沿海州への移住も、こうした流れの一環と考えることができる*2。その多くは農民であり、露朝国境に近接するポシェット湾周辺から始まって北方へ続々と新しい村落を形成し、増大するこの地域の食糧需要に応じた。加えて少数ながら有力な朝鮮人商人も出現し、出身地である朝鮮半島の東北部（以下では当時の行政区画の名称をとって咸鏡地方と言う）との交易をロシア領の側から支えることになった。本章ではそのような移住朝鮮人商人のうち、崔鳳俊（一八六二～一九一七年）という人物を取り上げ、彼の事跡を復元しつつ、その歴史的な背景を考えてみることにしたい。

崔鳳俊は幼少期の一八六〇年代末、家族と共に沿海州に移住した。いわば沿海州の朝鮮人社会の「草分け」であり、ウラジオストクを主な拠点として商業や海運業に従事するようになってからも、朝鮮人団体のリーダー的存在の一人として重んじられた。日露戦争後の沿海州では、朝鮮を植民地化しようとする日本への抵抗運動が盛り上がったが、崔鳳俊の名前はそうした抗日運動の後援者として記憶されている*3。一方で崔鳳俊の商業活動そのものを取りあげた研究はほとんどない*4。本章では、咸鏡地方と沿海州を結ぶ地域間交易の担い手として、移住朝鮮人がどのような役割を果たしていたかという視点から、彼の活動に注目したい。

崔鳳俊自身が残した史料は確認されていないが、移住朝鮮人の発行した新聞に複数の伝記記事が見られる。崔鳳俊の存命中に発表されたものとして、ウラジオストク発行の『海朝新聞』に掲載された「本社主崔鳳俊公歴史」（一九〇八年三月二六日）がある。後述のようにこの新聞は、崔鳳俊自身が発行に関与したものである。また彼の死後には追悼記事がアメリカ発行の『新韓民報』に発表された（「同胞の悲しみ、極東の偉人崔鳳俊氏が長逝」一九一七年一一月一日、「崔鳳俊」一九一八年七月一一日、一八日*5）。崔鳳俊を顕彰するという記事の性格から誇張は免れないとしても、履歴の大略を知ることはできよう。またこうした記事の存在自体、崔鳳俊が当時の移住朝鮮人社会で持っていた存在感を窺わせる。また日本官憲の側も崔鳳俊を抗日運動に連なる可能性のある「要注意」人物として注目していた。その記録から得られる情報も、監視・弾圧する側の視線に含まれるバイアスに留意すれば、有用である。一方でロシア側の史料について今回は利用できなかった。後考を待ちたい。

一　崔鳳俊の出生と沿海州移住

上述の「本社主崔鳳俊公歴史」によれば、崔鳳俊は一八六二年（朝鮮哲宗一三年）*6、咸鏡道慶興郡（現在の朝鮮民主主義人民共和国羅先市、穏徳郡）に貧農の子として生まれた。慶興郡は朝鮮半島の東北端、豆満江を隔てて清国領・ロシア領と対面する位置にある。崔鳳俊が数え八歳となった一八六九年、咸鏡道一帯は水害に起因する深刻な飢饉に見舞われ、一家はロシア領に移住することとなった。この年の飢饉は数年前から始まっていた朝鮮人の沿海州移住を本格化させるきっかけとなった。移住者数には諸説あるが、短期間に六、五〇〇～八、〇〇〇人が沿海州に移動したという*7。

この時期の朝鮮で沿海州への移民が増えた原因としては、このような自然災害や、地方官の苛斂誅求などを挙げるのが一般的である*8。しかしより根本的な要因としては、一八世紀からの朝鮮で見られた人口増加を挙げなければならない。

この時期の朝鮮では全国的に人口増加のペースが上がり、これに伴う農地の過剰開発は山林を荒廃させる原因の一つとなった。このことはさらに洪水の増加と水利施設の破壊をもたらし、農業生産力の低下につながったとされる*9。寒冷で山がちな咸鏡地方はもともと人口密度の低い地域であったが、この時期には他地域よりもむしろ高い人口増加率を経験し*10、度重なる禁令にも関わらず山間地での人参採掘や採鉱、焼畑農業が拡大した。それによる自然破壊も顕著であり、咸鏡地方の首府咸興では市街に流れ込む河川の上流域で焼畑が拡大したため、一八世紀半ばから頻繁に洪水に襲われるようになった*11。また一九世紀になると国境近辺でも木材不足が深刻化し、薪炭木を得るため豆満江を「犯越」する人の流れが絶えないようになった*12。一九世紀半ばから咸鏡地方を繰り返し襲う水害に押されるように農民の国外移住が増加したのは*13、こうした環境変化の帰結であり、偶然ではなかったと考えられる。

さて「本社主崔鳳俊公歴史」によれば、崔鳳俊の一家は沿海州に入った後、まず地新墟に定着し、ロシア政府から穀物の給与を受けつつ荒蕪地を開墾することになった。地新墟はポシェット湾岸にあり、沿海州で最初に形成された朝鮮人の集落である*14。朝鮮人集落はこの後、一八七〇～八〇年代に急増し、一八九〇年には沿海州・アムール州を通じて三五か村を数えることになった*15。崔鳳俊自身も一五歳のとき地新墟からそれほど離れていない煙秋（ノヴォキエフスキー、現クラスキノ）の近郊に移って農地の開墾に従事した。二一歳の時にはその地の「民長」に選出されたといい、移住民社会の中で若くして頭角を顕したことが推測される。

こうした朝鮮人の移住と農地開発について、ロシア当局は、駐留する軍隊等が消費する食糧を現地で調達する考えから、当初は好意的な態度を取った。例えば一八六一年のアムール州・沿海州移民規定では、両州への自費入植者に内国人・外国人を問わず一〇〇デシャチナ（約一〇〇ヘクタール）の土地用益権と二〇年間の地租免除の特権を認めた*16。また崔鳳俊が恩恵を蒙ったように、困窮した朝鮮人に穀物を支給したり、匪賊・盗賊から保護するために兵士を派遣するといった方策も採られた*17。朝鮮人農民の増加により、従来清国領の琿春から穀物を輸入していた国境地帯のロシア軍は、一八七四年までに全ての穀物を地元で調達できるようになったという*18。

またロシア当局は、これらの移住朝鮮人に一定の自治を認め、自治団体を形成させた。自治団体のリーダーは、ロシア当局に代わって徴税や住民登録、犯罪者の逮捕や衛生管理などの業務を行うこととなった*19。崔鳳俊が就いた「民長」もそうした地位であったと考えられる。そこで培われたロシア当局との関係は、後に触れる崔鳳俊の事業活動にも大きな意味を持ったと考えられる。

なおロシア当局は一八八四年に露朝修好通商条約、八八年に露朝陸路通商章程を締結した後、沿海州への移住朝鮮人を現状以上に増やさない方針を採り、それまでの移住者については「ロシア化」を進めることとした。その一環として一八八四年までに移住した者についてはロシア国籍を取得させることとし、一八九五年以後その作業を本格化した。一八九七年の国勢調査時点では、検討中の者も含めて、ロシア国籍への編入者が一四、〇八四人に達していたという*20。明確な証拠はないが、崔鳳俊もこの時にロシア国籍を取得したと考えられる。

二　崔鳳俊の商業・海運活動

再び「本社主崔鳳俊公歴史」によれば、崔鳳俊は三四歳の時、煙秋のロシア軍の用達商として牛肉を納入することになった。彼の生年から日清戦争後の一八九七年頃のことと思われる。義和団事件の際にはロシア軍に従って前線まで赴いたという崔鳳俊は、三九歳の時に本拠地を煙秋からウラジオストクに移した。彼はウラジオストクでもロシア軍の用達商を続け、日露戦争でさらに蓄財した結果、同港でも有数の商人として知られるようになった。彼の商店はウラジオストクに本店を置くほか、煙秋と朝鮮の元山・城津に支店を置き、清・日・露人を含め数百名を雇用していたという。誇張されているとしても、相当規模の事業を展開していたことが窺われる。

このような崔鳳俊の活動は、沿海州と咸鏡地方を結んで活発に行われていた地域間交易を背景としたものであった。以下ではこの地域間交易を概観した上で、崔鳳俊の商業活動をその中に位置付けてみたい。

(一) 地域間交易の成長*21

既に述べたように咸鏡地方では一八世紀以後、朝鮮の他の地域よりも速いペースで人口が増加した。山間地の開墾や鉱山開発を通じて膨張した人口を支えるには地域外との交易が不可欠であり、国内の他地域に向けて麻布やスケトウダラの干物（明太、北魚）などの特産物を移出する一方、米穀や綿製品などの消費財が移入されるようになった。また清との間では会寧・慶源の二か所で国境交易が行われた。これはもともと清朝が満洲の軍隊を維持するため実施させたものであったが、時代が下るにつれ商業的な性格が強くなった。この交易は朝鮮政府に重い財政負担を強いる一方で、商人の中にはこれに乗じて蓄財する者も現れ、地域全体に奢侈の風が指摘されるようにさえなった*22。咸鏡地方は辺境でありながら（あるいはそれゆえに）域外交易との関係が深い土地柄だったのである。

このような咸鏡地方の人々にとって、ロシアの主導で沿海州の開発が進んだことは、新たなビジネス・チャンスの出現に他ならなかった。咸鏡地方の沿海州との交易経路には、朝鮮側の国境にあたる慶興から豆満江を越える陸路と、沿岸各港からの海路とがあった。陸路での交易は早くから行われていたと考えられるが、先に触れた一八八八年の朝露陸路通商章程によって公認された。海路については咸鏡地方の開港場である元山（一八八〇年開港）や城津（一八八九年）、清津（一九〇七年）とウラジオストクを結ぶ定期汽船航路が次第に整備されていったほか、未開港地を含む沿岸諸港から毎年数百隻に上る在来船がウラジオストクとの間を往来した。これらは旅客や商品の輸送にあたるほか、一部は春から秋の間ウラジオストクに止まって港内の荷役や沿海州の沿岸輸送に従事した。朝鮮人に加えて中国人も在来船を持ち込んでおり、これらは沿海州南部の重要な交通手段となった＊23。

朝鮮からの輸出品として特に重要だったのは牛と穀物である。朝鮮では役畜として牛を広く用いるが、これをロシアでは軍人を始めとするヨーロッパ系住民の食料として利用した。ウラジオストク方面での牛肉の消費高について一九〇七年の調査では、「駐屯軍隊の多寡に依り大に増減ある」としつつも、一日に三〇〇プード（四、九〇〇キログラム程度）と見積もっている＊24。先述のように崔鳳俊は一八九七年頃から煙秋のロシア軍への牛肉納入を請け負うようになったとされるが、朝鮮や清との国境に近い煙秋には一八八〇年代の露清関係の悪化をきっかけに陸軍部隊が常駐しており、その需要に応じるため朝鮮からの肉牛輸入が恒常化していた＊25。ロシア極東の牧畜業が十分に成長していない中で、朝鮮は重要な肉牛の供給地となったのである。

朝鮮牛は基本的に生きた状態で運ばれた。当初は陸路国境を経由して運ばれていたが、後には海路でも運ばれるようになった。これについては後に改めて触れよう。その正確な数量は不明だが、一九〇一年頃の推計では海陸あわせて年に二万五千頭程度が運ばれたという＊26。また穀物については軍馬の飼料となる燕麦が重要で＊27、慶興近辺では極東ロシアへの売却を目的として広く燕麦が栽培されるようになり、「畑圃山野至る所悉く燕麦を植付」ける状態であったという*28。農民も含む咸鏡地方の住民が敏感に輸出機会を捉えて対応していたことが窺われる。

一方で朝鮮への輸入品としては当初、イギリス製の機械綿織物をはじめとする軽工業製品が重要であった。ウラジオストクが自由港制を取っていたために、これらの輸入工業製品は朝鮮の開港場でよりも安価に購入することができたのである*29。ところがウラジオストクの自由港制が一九〇一年に廃止されると(日露戦争時に復活するが〇九年に最終的に廃止された)、同港から工業製品を輸入するメリットは薄れ、かわってルーブル紙幣が朝鮮に持ち込まれるようになった。ルーブル紙幣は朝鮮開港場で中国人商人によって買い集められ、彼らが輸入貿易を決済する手段の一つとして上海に送られた後、最終的には香港上海銀行や露清銀行などの国際金融機関に吸収された*30。この事例は、咸鏡地方と沿海州の地域的な交易が、東アジアの広域的な流通ネットワークの一環に組み込まれていたことを象徴的に示している。

このような交易の多くは両地域間を往来する朝鮮人商人の手によって担われた。日清戦争後の調査によれば、比較的資金規模が大きいのは牛商であり、一人で六〇～七〇頭、時には一〇〇頭以上の牛を連れて陸路国境を越える姿が見られたという*31。中小商人たちも資金を出し合って一隻の在来船を借りきったり、五～六人で組合を作って資産家の出資を仰いだりして交易に参加していた*32。また後述するように一八九七年には咸鏡道鏡城を本拠地とする商人らが天一会社を設立し牛の輸出を試みた。咸鏡地方の商人たちは、それまでの地域外交易の経験を背景としながら、沿海州のロシア領化によるビジネス・チャンスを積極的に掴もうとしたのである。

このように交易に従事する商人のほか、労働者として出稼ぎに向かう者も増加した。彼らがもたらす利益・賃金は、咸鏡地方の地域経済に大きな刺激を与えた。ある日本人は、咸鏡地方の北部に住む民衆が、厳しい自然環境にも関わらず一定の生活水準を維持している理由をウラジオストクでの所得に求め、北米や南洋華僑の故郷への送金になぞらえて説明している*33。また崔鳳俊の出身地でもある慶興地方では、男性の八割がロシアへの出稼ぎを経験しており、会話の中にはロシア語に由来する単語も入りこんでいた。ウラジオストクに行った経験がない者は田舎者扱いされていたともいう*34。これは最北端の慶興だけのことではなく、一八九二年の調査によれば咸鏡地方中部の端川でも「男女を論ぜず春夏秋の間浦潮に出稼すること追年多きを加へ」、「朝鮮人にして洋服を着するもの不少、就中漁業農業者中に於て洋服を着するものあるは奇観なり」という光景が展開していた*35。この地域の朝鮮人にとって沿海州は生活圏の一部といってもよい、極めて身近な場所だったのである。

（二）移住朝鮮人の商業活動と崔鳳俊

このように咸鏡地方と沿海州と間には、毎年多くの朝鮮人商人が往来していた。沿海州に定着した移住朝鮮人たちは、彼らを現地市場と結びつける上で重要な役割を果たした。例えば一九〇一年頃のウラジオストクには数十軒の「客主」がおり、朝鮮から来た商人らに便宜を図っていたという*36。客主は朝鮮の伝統的商人の一つで、売買双方の委託を受けて取引を仲介した者をいう。数十頭の牛を係留できるような牛小屋を備えた「牛商問屋」も二〇軒余り存在した*37。また朝鮮から陸路で輸入される牛は、国境に暫時留置して病気の有無を検査することになっていたが、そこでも牛の取引が行われ、ロシアに帰化した移住朝鮮人の仲買人が活動していた*38。

咸鏡地方からの商人が現地事情に明るい移住朝鮮人の仲介に頼ったことは当然ともいえるが、特に牛の場合は兵士の食料に充てられるという商品の性格上、ロシア当局とのコネクションを持つ仲介者が欠かせなかった。一九〇一年の城津日本領事館の報告によれば、ウラジオストクの生牛販売は「其筋の許可を得たるもの」だけが取り扱うことができ、牛の輸出を希望する者は「予め右許可商と売買約束をなし置くこと最も必要」であったという*39。

このことは崔鳳俊が商人として成功する上で重要な鍵となったように思われる。先述のように崔鳳俊の商業活動は煙秋のロシア軍への牛肉納入から始まった。かつて朝鮮人集落の「民長」としてロシア当局との折衝に当たっていた崔鳳俊は、その経歴を通じてコネクションを形成し、牛肉納入の権利を獲得したのではないかと思われる。彼はウラジオストクに移動した後も生牛の取扱業者として重要な地位を占め続けた。一九一〇年頃の元山税関の調査は、ウラジオストクの生牛業者として「クヅネツオーフ兄弟商会」「エチ、エー、ツインメルマン」と並んで「エヌ、エル、ツォイ（崔鳳俊）」を挙げ、彼らは「何れも冷蔵庫其他完全なる設備を有する大取引商にして、彼等の取扱高は全輸移入高の約九割内外を占む」と述べている*40。

ロシア軍への牛肉納入をきっかけに財をなした移住朝鮮人は崔鳳俊だけではなかった。そのうち最も著名な人物は崔才亨であろう。彼はロシア国籍の朝鮮人で、日露戦争後に抗日義兵将として活動、一九二〇年にシベリア出兵中の日本軍に殺害されたことで知られる。彼は一八六〇年に咸鏡道慶源に生まれ、崔鳳俊と同様に一八六九年の大飢饉の際、家族と共にポシェットに移住した。一八七一年からロシア人商人の下で働くようになり、七八年頃からロシア軍の通訳としても活動するようになった。一八九五年には煙秋地方の朝鮮人を代表する「都憲」となり、一方でロシア軍の建設工事や牛肉納入を請け負って多大の利益を挙げたという*41。

韓ルキーチ（朝鮮名不詳）も朝鮮北部から沿海州に移住し、ロシアに帰化した朝鮮人である。彼はウラジオストクで生牛販売に従事し、目抜き通りであるスヴェトランスカヤ街に居を構えたという。その子の韓益星（一九一一年当時五〇歳）はロシア名をエリセイ・ルキーチと称し、父の跡を継いで生牛・肉類をロシア海軍その他に納入した。またウラジオストクからアムール湾を挟んだ対岸に山林を借り、ウラジオストクに木材を供給した。彼は資産六〇万ルーブルを誇る富豪で、「家豊かにして装飾華麗に、自家用馬車を有」したという。また益星の弟は「アヂミ」の朝鮮人村落で長老を務め、崔才亨と同じく「都憲」を称した*42。

金秉学は牛肉商ではないが、ロシア当局の建築工事を請け負うことで蓄財した人物である。先述のように咸鏡道からは移住農民のほか季節的な出稼ぎ労働者も多数来港しており、金秉学は彼らを取りまとめる立場にあったと推測できる。金は一九〇六年当時、既にウラジオストクに「二十四五年来」の居住歴を持つ古株の住民であった。彼はまた「巧に露語を操り露国に国籍を有する者」であり、「市内に於て数棟の邸宅を構へ、全然欧人的生活を営み、露人間にも広く財産家（約六十万留と称す）として知られ」てもいた*43。

このように一九世紀末から二〇世紀初にかけて、沿海州・ウラジオストクではロシア当局への食料・労働力の提供を通じて成長した朝鮮人商人が少なくなかった。彼らの多くは崔鳳俊と同様にロシア国籍を取得していたと見られ、朝鮮人村落の代表者を務めた者も複数存在した。朝鮮人社会のまとめ役としてロシア当局と接触する中で利権を獲得し、企業家に転化するというパターンが存在していたと言える。

これらの移住朝鮮人は、それぞれがロシア当局と繋がる一方、相互にも密接な関係を維持していた。例えば崔鳳俊は崔才亭と「義兄弟」の誓いを結んでいたといい、また崔鳳俊が生牛の販売を開始するにあたっては、自己資本の六万ルーブルに加えて崔才亭から提供された四万ルーブル、他にウラジオストクの金学万からの七千ルーブルを元手とし、崔才亭の甥のレフ崔を番頭として雇用したとされる*44。崔鳳俊と崔才亭はほぼ同時期に沿海州に移住し、いずれも煙秋を拠点に活動していた時期があることから、接触があったことは十分に考えられる。また韓ルキーチは崔鳳俊の「名付け親」であったと伝えられるし*45、金秉学が一九一一年にウラジオストク南方のルスキー島でロシア軍の兵営工事を請け負った際には、保証金として入用な資金を調達するため、崔鳳俊所有の汽船を担保として借用したという*46。彼らが移住先で事業を展開するにあたり、こうした朝鮮人間のネットワークが重要な支えになっていたことは推測に難くない。

さて右のエピソードには崔鳳俊が汽船を所有していたことが現れるが、ウラジオストクに移った後の崔鳳俊は、朝鮮牛の取引のほか海運業にも参入した。沿海州への朝鮮牛の輸入は、もともと陸路を中心に行われていたが、日清戦争後になると汽船による海路輸出に重点が移っていった。一九一一年の朝鮮側の統計では陸路輸出が一、八二四頭であったのに対し、海路での輸出は一二、六五四頭であり、後者が圧倒的に重要になっていた*47。牛の輸送には東アジアの開港場間を結ぶ近海航路のほか、沿海州と朝鮮北部の間を往復する沿岸航路も立ち上げられ、利用された。こうした沿岸航路の開設には移住朝鮮人の企業家たちが関与しており、崔鳳俊もその一人であった。

汽船による生牛輸送の先駆けとなったのは先にも触れた天一会社である。同社は一八九七年、咸鏡北道鏡城の商人李丙筠が沿岸交易に従事する商人らを糾合して立ち上げたもので、官界の有力者にも後援を仰いでいた*48。同社はウラジオストクの有力商社シェヴェリョフ商会と提携し、汽船によるウラジオストクとの貿易を試みた。シェヴェリョフ商会は一八九七年前半に少なくとも三回、同社所有のウラジミール号や、仁川のドイツ人商会世昌洋行から傭船した潮州府号を咸鏡地方に送り、天一会社の仲介によって生牛の買付けや朝鮮人労働者の輸送などに従事した。

李丙筠に天一会社の設立を提案したのは、李と同じ鏡城出身でウラジオストクに住む金思心であった。金はもと元山海関の職員であり、ウラジオストクに渡航した後は豪商「ハグマ」に雇われていたという*49。金思心の経歴については異説もあり、鏡城ではなく仁川の出身で、幼少時にウラジオストクでロシア人の養子となってロシアに帰化した後、養父の汽船を受け継いで貿易商となったとする史料もある。それによれば金は多少の日本語とロシア語を解したという*50。また別の史料によれば、金は幼少時に長崎で英語を学んだ後、ウラジオストクで「ミハイルロボオ」の養子となり海運業に携わるようになったという*51。いずれにせよ、沿海州でのビジネスの経験を持つ金思心のような人物は、天一会社がシェヴェリョフ社と接触するうえで大きな役割を果たしたであろう。

天一会社の活動は長続きせず、開業後一年を待たずして中断してしまったようである。しかし一九〇一年六月には先にも見たウラジオストクの金秉学が日本汽船幸照丸を借り、一八九九年に開港したばかりの咸鏡北道城津とウラジオストクの間に定期航路を開設した。同船は四カ月間に一、一七八頭の生牛を輸出したという。金は翌年にはこの事業から撤退するが、この航路は城津最初の定期汽船航路となった＊52。

崔鳳俊の海運事業はこうした試みを引き継ぐものであった。彼はウラジオストクに拠点を移した後、一九〇三年四月から仁川の堀力太郎が所有する京畿丸（四二〇トン）をロシア人商人「ナバック」と共同で傭船し、城津・ウラジオストク間の生牛貿易に参入した。当初の予定では、京畿丸はウラジオストクと城津の間を毎月数回往復し、生牛一五〇～二〇〇頭を運ぶことになっていた＊53。一九〇三年九月に城津で同船の荷役労働者による傷害事件が発生したが、その時の記録では船に生牛二三七頭が積み込まれていたといい＊54、予定に近い形で事業が実施されていたことが窺われる。

なおこの時は崔鳳俊も居留地の土地購入のため城津に来ていたという＊55。三年後の一九〇六年にソウルの朝鮮語紙『皇城新聞』に掲載された広告によれば、崔鳳俊は城津に「日本材工百人」を呼び五万円余を費やして二階建ての店舗を設けていた＊56。また城津では崔鳳俊の一族である崔雲鶴・崔来俊が運送業や雑貨業に従事していたという記録もあり＊57、崔鳳俊が城津を朝鮮側の拠点として、故郷に残った縁者とのネットワークを活用しながら事業を展開していたことが窺われる。

京畿丸の運航がいつまで続けられたかは定かでないが、日露戦争後には崔鳳俊の単独事業として別の汽船が運航されるようになった。『皇城新聞』に崔鳳俊自身が掲載した広告によれば、彼は一、四〇〇余トンの汽船伏見丸をウラジオストクと元山・城津間に就航させ、週一回の頻度で生牛の輸出を予定していた（一九〇七年四月二九日）。当初伏見丸は日本船籍だったが、崔はこれを一九〇八年三月に買い取って韓国船籍に移し、俊昌号と改名した*58。

また崔鳳俊は在来船の活動にも関与した。先述のように咸鏡地方と沿海州の間には汽船のほか年間数百隻に上る在来船が往来し、重要な輸送手段となっていた。崔鳳俊は一九〇九年、その過当競争を防ぐという名目で数人の船主を糾合して「韓船会社」を設立した。会社は当面はウラジオストクでの荷役取り扱いとロシア語が分からない業者の手助けを行い、将来的には朝鮮北部へも事業を拡大する予定であったという*59。その結果は明らかでないが、彼が沿海州の現地市場と朝鮮人商人を仲介する立場にあったことがここからも分かる。

(三) 崔鳳俊の挫折とその背景

朝鮮銀行の調査によれば*60、咸鏡北道の生牛輸出頭数(城津港からの海路輸出頭数と思われる*61)は一九〇八年に三、一三八頭、〇九年に二、三三八頭だったのが、一九一〇年に九、六七二頭、一一年に一二、六五四頭へと急増したものの、一九一二年には二、七一四頭と急減した。これについて調査者は「城津より生牛輸出船主崔鳳俊破産の為め航海を中止したるに依る」と説明している。急速に事業を拡大してきた崔鳳俊が破産し、咸鏡地方からの生牛輸出に大きな影響を与えたことが分かる。

崔鳳俊が破産した直接の理由は不明だが、前年頃からその兆候はあった。一九一一年八月の日本領事報告は、崔鳳俊について、資産が多い反面で借金も多く、資金の出入が激しいと評している*62。また一九一二年一〇月の日本領事報告は、ウラジオストクで朝鮮からの生牛輸入を扱う商人として崔鳳俊と韓益星を挙げているが、それまで生牛輸入に参加していた「クズネッツオーフ商会」(前出の「クヅネツオーフ兄弟商会」と同一か）が破綻したため崔鳳俊の信用も揺らぎ、ロシアの銀行からの信用貸二二万ルーブルが引き上げられたという*63。

後者の史料からは、この時期に危機に瀕していたのが崔鳳俊だけではなかったことが推測される。沿海州をめぐる生牛供給の構造は二〇世紀初頭に大きく変わりつつあった。例えばウラジオストクでは、山東省から出稼ぎ労働者を運ぶために運航されていた船で、生牛や牛肉も輸入されるようになった*64。小規模ではあったが米国や豪州からの冷蔵船による牛肉輸送も見られるようになった*65。さらに沿海州やシベリアでの牛の飼育頭数も増えていた*66。一九一〇年頃の推計によれば、ウラジオストクに搬入される生牛・牛肉は年五万頭内外で、うち朝鮮からは一万六、五〇〇頭、山東省芝罘から一万五千頭、満洲・モンゴルから一万八千頭、シベリアからが一万六千頭であった*67。交通手段の発展とロシア極東自体の開発とにより、咸鏡地方の近接性は必ずしも絶対的な優位ではなくなっていたのである。

またロシア当局の政策転換も注目される。日露戦争後のロシア極東では、それまでのアジアに対する開放性を弱め、ロシア帝国内での連関を強める経済政策がとられるようになった*68。例えばウラジオストクでは、先述のように一九〇九年を最後に自由港制が廃止され、多くの商品に高率の輸入関税が賦課されるようになった。沿岸交易で大きな役割を果たしていた朝鮮在来船についても、一九一一年一月から外国船の沿岸交易が禁止されたため、急速に衰退した*69。

さらに一九〇六年にプリアムール総督となったウンテルベルゲルは「黄禍論」者として知られ、特に朝鮮人に対しては農民として定着する傾向が強いとして強い警戒感を抱いていたとされる。彼が提起した黄色人種の入国規制はそのまま実施されたわけではないが、朝鮮人の入国に対する管理体制は以前よりも厳格化した＊70。こうした政策の経済上の影響を検証するのは難しいが、咸鏡地方との商人や労働者の往来を抑制することで、彼らと沿海州の現地市場との間を取り持っていた移住朝鮮人にも打撃を与えたであろう。

一方で朝鮮側の条件も変化していた。一九一五年の朝鮮銀行の調査では、沿海州への生牛輸出が減少した原因として、もともと肉質が他産地に劣っていたこと、数年来の豊作で農家が牛の売却を望まなくなったことに加え、咸鏡地方の北部（咸鏡北道）で「政府諸事業が勃興」したため牛の役畜としての需要が増え、価格が上昇したことを挙げている＊71。保護国期以後の咸鏡北道では、国境沿いのこの地域に日本が高い戦略的価値を認めていたことを背景に、日本軍駐屯地の建設、清津の築港、道路工事などの土木事業が増加した。また日本人の人口も急増したことで域外に対する交易上の収支が赤字化し、国費投入でこれを埋めることになった＊72。朝鮮の植民地化に伴い、帝国内での政策的な資金配分が地域経済に大きな影響を与えるようになっていたのである。同時に沿海州の消費需要が咸鏡地方に及ぼす影響は相対的に弱まったであろう。こうした背景の下、沿海州への牛の輸出は、朝鮮農民にとって必ずしも魅力的な選択肢ではなくなっていったと考えられる。

この時期、朝鮮の対ロシア貿易は全体的には拡大傾向にあったが、朝鮮側の拠点は釜山をはじめとする南方諸港に移りつつあった＊73。上に挙げたような諸条件の変化は、生牛だけでなく、咸鏡地方と沿海州の地域間貿易そのものを縮小させる要因になったと考えられる。崔鳳俊の没落は、そうした広域的な市場環境の変化を反映した事件だったといえよう。

三　崔鳳俊の社会活動

煙秋近郊の農村で「民長」となった崔鳳俊は、商人として成功を収め、拠点をウラジオストクに移した後も、事業と並行して様々な社会活動に関与した。日本側の調査記録から得られる断片的な情報を手がかりに、彼がどのような立場からそうした活動に参加していたか考えてみたい。

ウラジオストクの朝鮮人は一八九三年、ロシア当局の伝染病対策の一環として、市街の西北郊外に設けられた区域に移転するよう命じられた。この区域は朝鮮人に開拓里、ロシア語ではコレイスカヤ・スロボトカと呼ばれ、一九一一年これよりさらに北のいわゆる新韓村に再移転させられるまで存続した。新韓村に再移転する直前の調査によれば、開拓里にはウラジオストクの朝鮮人の大半、約六、〇〇〇名が居住していたという*74。

日本領事館の調査によれば、ウラジオストクの朝鮮人住民が本格的な組織を形成したのは日露戦争後で、当初「排日派の頭株」である楊成春が民長を務めていた。しかし一九〇九年頃、住民の集会はこれを「韓人居留民会」に改組してロシア当局の公認を受けるよう決議し、新民長に崔鳳俊を選任した。副会長となったのはロシア軍の工事請負を通じて蓄財した金秉学である*75。崔鳳俊は翌一九一〇年には会長職を退いたようだが*76、ロシア当局とのコネクションを持つ有力者として、ウラジオストクの朝鮮人社会の中でも重きをなしていたことが推測される。

同時期の崔鳳俊の活動として著名なのは、沿海州最初の朝鮮語新聞として『海朝新聞』を創刊したことである。この新聞は一九〇八年二月に創刊号を発行し、同年五月まで総七五号を発行して終刊となった。主筆には民族主義的ジャーナリストとして知られる張志淵をソウルから招いた。張はソウルで刊行されていた『皇城新聞』の社長職にあったが、朝鮮の保護国化を決定づけた第二次日韓協約を批判する社説を同紙に掲載したことで（一九〇五年一一月）、一時投獄され社長職を追われていた。このような経緯から『海朝新聞』の発行は、海外での朝鮮民族運動の一画期と評価されている＊77。

ただし崔鳳俊自身の民族運動への態度については慎重な検討を要する。統監府当局の調査によれば、崔鳳俊は朝鮮に持ち込まれた『海朝新聞』が度々発行禁止処分を受けたことを憂慮し、元山警察署長から「国安を害する」との警告を受けたことをきっかけに創刊からわずか三カ月で自ら廃刊を決断したという＊78。その後ウラジオストクでは朝鮮語新聞『大東共報』が創刊されたが、崔鳳俊は自身の運航する俊昌号でこれを朝鮮に搬入するのを許さなかったとされる＊79。

この頃の沿海州では日本の朝鮮支配に武装抵抗する「義兵運動」が広がりつつあった。崔鳳俊と同様の経歴を持つ崔才亨がこれに参加したのに対し、崔鳳俊は批判的な態度を取り＊80、一九〇九年には移住朝鮮人に向けて日本への支持と義兵の鎮圧を訴える演説を行ったとされる＊81。これらの情報が事実だとすれば、崔鳳俊は抗日民族運動に少なくとも積極的な関心は持っていなかったことになる。

崔鳳俊がウラジオストクと咸鏡北道城津の間に運航していた汽船俊昌号についても多様な評価がある。崔鳳俊が日本船籍の同船（伏見丸）を買い取って韓国船籍としたことについて、先述の『皇城新聞』は二段抜きで取り上げ＊82、実業面での国権回復運動の成果として大々的に賞賛している。一方で日本領事報告は別の見方を示している。もし俊昌号をロシア船籍として登録すると、法令に照らして高級船員の四分の三はロシア人を雇用しなければならず採算に合わないため、あえて船籍を韓国に置き、所有名義人もロシア国籍の崔鳳俊ではなく親族の者としたというのである＊83。後者の見方にたてば、崔鳳俊が俊昌号を韓国船籍としたのは実業家としての利害判断に基づく選択であったということになる。

崔鳳俊が生牛貿易について日本の第一銀行と取引関係があったこと＊84、元山の代表的な日本人商人である吉田秀次郎と親交があり、『海朝新聞』に用いた活字や印刷機も吉田から譲り受けたものであったこと＊85等も伝えられている。日本支配下の朝鮮との間で貿易・海運事業を営む以上、日本人との関わりは避けられないものであっただろう。彼は一九〇九年に元山の日本理事官を訪れ、「露国よりは日探と云われ日本よりは露探と云はれ遺憾千万」と慨嘆したうえ、「露国に帰化せしは商業上表面帰化したる迄にて内実は日本人を歓迎し…日本に帰化するを希望」するとまで語ったという＊86。彼の真意を推し量ることはできないが、日本・ロシア双方に配慮しなければならない立場に置かれていたのは事実であろう。

さて崔鳳俊は先述のように一九一二年に破産し、ウラジオストクを離れ、友人の助けを借りてかつての居所である煙秋に戻った＊87。以後彼は事業活動から手を引いたようだが、朝鮮人社会の中では依然影響力を保っていた。例えば崔鳳俊は、ロシア籍朝鮮人を中心とする「勧業会」に一九一一年の創立当初から参加していたが＊88、煙秋に移ってからも同地の支会議事員として活動を続けた＊89。一九一四年には勧業会が主催する「韓人露領移住五〇周年式典」の発起人として崔才亨と共に名を連ねている＊90。

勧業会は一九一四年には支部一三箇所、会員八、五七九人を擁するに至った。その性格は多面的で、朝鮮の国権回復を目的とした啓蒙教育活動や義兵運動の支援の一方、ロシア当局の認可を受けたロシア籍朝鮮人の利益代表団体という性格も持ち、朝鮮人の帰化業務や労働斡旋などの業務も行っていたという*91。

同会の機関紙である『勧業新聞』に崔鳳俊が発表した「愛する同胞に懇切に申し上げる」（一九一四年）では*92、ロシア籍の朝鮮人が身分証明書を他人に転貸して用いさせている状況を非難し、規定どおりに所持すべきだと訴えている。崔鳳俊は他人の国に住む者はその地の法律を守るのが当然だとし、ロシア当局は朝鮮人の証明書転貸を防ぐため写真の添付を検討しているが、もしそのような「罪人同様」の扱いが実施された場合、我々は子孫までロシア人と同等の待遇は受けられないと警告している。現地に生活の基盤を置くロシア籍朝鮮人の利害を念頭に、黄色人種への警戒感を強めるロシア当局への対応を考えていたことが分かる。

崔鳳俊は一九一七年にはやはりロシア籍朝鮮人を中心とする高麗族中央総会の評議員に選出されるが、同年に五八歳で死去した*93。遺体は大主教の許しを得てロシア正教の教会堂に安置された*94。当時彼には三人の男子があったが、長男は「東洋大学校」（未詳）の学生で、ロシア軍士官として欧州戦線に出征していた。次男はウラジオストクの日本人小学校を卒業した後、東京の慶応義塾に留学中であった。三男はウラジオストクの中学校に在学中であったという*95。こうしたエピソードからも、ロシア極東の移住朝鮮人社会に足場を置きつつ、国家間関係の変動に目を配り続けた崔鳳俊の姿勢が窺われよう。

おわりに

一八六〇年にロシア領となった沿海州は、同時期に形成されつつあった「アジア交易圏」の一端に組み込まれることになった。その中で、隣接する朝鮮咸鏡地方から多くの朝鮮人農民が流入し、さらに両地域間の交易も活発化した。本章では、こうした地域間交易において移住朝鮮人の商人が果たした役割に注目し、その代表的な事例として崔鳳俊の活動を取り上げた。

一八六九年に咸鏡地方を襲った大飢饉をきっかけに沿海州に移住した崔鳳俊は、現地の朝鮮人社会の取りまとめ役として重きをなすようになり、さらに沿海州の経営に朝鮮人の力を借りざるを得なかったロシア当局ともコネクションを形成した。一方で崔鳳俊は、故郷である咸鏡地方との人的ネットワークも維持していた。このように多様な関係性の網目にいたことが、崔鳳俊に地域間交易のつなぎ手としての役割を果たさせる契機になったといえる。このことは崔鳳俊だけでなく、崔才亨や韓益星など、同時期の沿海州で台頭した朝鮮人商人にも当てはまる。

ただしこうした崔鳳俊らの活動は、沿海州をアジア交易圏に開放するロシア政府の政策を前提としていた側面があり、日露戦争後に沿海州を含む極東地域のロシア帝国への統合を図る政策が採られるようになると、困難にぶつかった。また咸鏡地方の側でも、日本による朝鮮の植民地化を契機に、沿海州との交易は衰えていった。二〇世紀に入り、東アジアでも経済の領域的な統合が重視されるようになったのと引き換えに、自由な地域間交易は打撃を受けたのであり、一九一一年の崔鳳俊破産はそれを象徴的に示す事件であった。その後の地域間関係がどのように変質していったかは、改めて検討すべき事柄である。

さて崔鳳俊は、ロシア当局と密接なコネクションを結ぶ一方、日本当局とも少なくとも表面的には良好な関係を結ぶよう努めていた。国際関係が激しく変動する中、国境を越えた交易の担い手として生き残るため、柔軟な態度を選択していたと考えられる。こうした崔鳳俊の政治的姿勢は、朝鮮本国の独立に重きを置くタイプの民族主義とは一線を画しており、強いて言えば彼の政治的関心の足場は、沿海州の移住朝鮮人社会そのものに置かれていたと見ることができよう。

こうした崔鳳俊の姿勢が、移住朝鮮人の中でどの程度一般化できるかは速断できない。ウラジオストクにはロシア国籍を取得していない、経済的にも貧しい暮らしを余儀なくされていた朝鮮人も多数存在していた。そうした中でロシアに帰化し、経済的にも成功した崔鳳俊らはむしろ少数派に属していたと考えられる。彼らが朝鮮人社会全体の中でどのような位相を占めていたかは重要な検討課題だといえる。

注

1　原暉之「近代東北アジア交易ネットワークの成立」左近幸村編『近代東北アジアの誕生―跨境史への試み』（北海道大学出版会、二〇〇八年）二九～三五頁。
2　沿海州への朝鮮人移民に関する同時代の研究として、グラーウェ『極東露領に於ける黄色人種問題』満鉄庶務部調査課、一九二五年（一九二九年に大阪毎日新聞社より再刊）があり今日でも参照される。これは日露戦後にロシア政府の実施した「アムール現地総合調査」の報告書を翻訳したものである。近年の日本での代表的な研究として、ユ・ヒョヂョン「利用と排除の構図―十九世紀末、極東ロシアにおける「黄色人種問題」の展開」原田勝正編『「国民」形成における統合と隔離』（日本経済評論社、二〇〇二年）、イゴリ・R・サヴェリエフ『移民と国家―極東ロシアにおける中国人、朝鮮人、日本人移民』（御茶の水書房、二〇〇五年）。韓国における研究は、極東ロシアの朝鮮人社会が独立運動の一拠点になったことに関心を寄せ、朝鮮人社会内部の分析に重点を置いてきた。古典的な研究に玄圭煥『韓国流移民史』（語文閣、一九六七年）があり、近年の研究では李尚根『韓人露領移住史研究』（探求堂、一九九六年）が挙げられる。ただし最近ではロシア側の文書も利用して、ロシア側の朝鮮人政策を含め、極東ロシアの中での朝鮮人社会の位置づけをより多面的に捉えようとする研究も現れている。

3　崔鳳俊は一九九六年に韓国政府から独立運動の功労者として認定されている。韓国・国家報勲処「功勳電子資料館」[http://e-gonghun.mpva.go.kr/portal/]二〇一一年七月二九日閲覧。

4　李尚根「沿海州地域에〔に〕移住한〔した〕韓人들의〔等の〕商工業」刊行委員会編『竹堂李炫熙教授華甲紀念韓国史学論叢』（国学資料院、ソウル、一九九八年）は移住朝鮮人の商工業活動に焦点を当てた貴重な成果であり、崔鳳俊にも言及している（九六七～九六八頁）。ただし彼らの活動の背景となった咸鏡地方との地域間交易について立ち入った分析を加えたものではない。

5　いずれも原題は朝鮮語であり、本文に示した日本語訳は筆者による。

6　原史料は「哲宗十四年（一八六三年）壬戌」とするが、壬戌年は哲宗一三年＝一八六二年である。「崔鳳俊」（『新韓民報』一九一八年七月一一日）は生年を「朝鮮開国四七一年（西暦一八六二）…壬戌六月二十日（陰暦）」としており、一八六二年が正しいと思われる。
7　サヴェリエフ『移民と国家』二三七頁。
8　玄圭煥『韓国流移民史』上巻、七九九～八〇一頁。
9　李宇衍「18―19世紀 山林荒廃化와〔と〕農業生産性」李栄薫編『数量経済史로〔で〕다시본〔見直した〕朝鮮後期』（서울大学校出版部、ソウル、二〇〇四年）。
10　姜錫和『朝鮮後期 咸鏡道와〔と〕北方領土意識』（경세원、ソウル、二〇〇〇年）一三〇～一七八頁。高丞嬉『朝鮮後期 咸鏡道 商業研究』（国学資料院、ソウル、二〇〇三年）四〇～五一頁。
11　高丞嬉『朝鮮後期 咸鏡道 商業研究』二五三頁。
12　田川孝三「近代北鮮農村社会と流民問題」朝鮮史編修会編『近代朝鮮史研究（朝鮮史編修会研究彙纂第一輯）』（朝鮮総督府、一九四四年）四四七頁。
13　田川孝三「近代北鮮農村社会と流民問題」五二三～五二五頁。
14　潘炳律「러시아〔ロシア〕最初의〔の〕韓人 마을〔村落〕地新墟」『韓国近現代史研究』第二六号、二〇〇三年。
15　サヴェリエフ『移民と国家』二四〇～二四一頁。
16　原暉之『ウラジオストク物語』三省堂、一九九八年、一一一頁。ただしこの規定が朝鮮人にそのまま適用された事例は多くなかったようである。ユ・ヒョヂョン「利用と排除の構図」二一二頁。
17　サヴェリエフ『移民と国家』一二二頁。
18　ユ・ヒョヂョン「利用と排除の構図」二二七頁。

19　サヴェリエフ『移民と国家』一三六頁。

20　ユ・ヒョジョン「利用と排除の構図」二三三～二三九頁。

21　以下本項の説明は、特記したものを除き、次の文献に拠っている。梶村秀樹「旧韓末北関地域経済と内外交易」『商経論叢〔神奈川大〕』第二六巻一号、一九九〇年（とくに三〇六～三一八頁）、高丞嬉「19世紀後半 咸鏡道 辺境地域과〔と〕沿海州의〔の〕交易活動」『朝鮮時代史学報』第二八号、二〇〇四年。

22　高丞嬉『朝鮮後期 咸鏡道 商業研究』一七四～一七七頁

23　原暉之「近代東北アジア交易ネットワークの成立」四一～四二頁。

24　関東都督府陸軍経理部『満洲接壌地方誌草稿』第一巻、一九一一年、一七三頁。一九〇七年浦塩総領事館の調査によるとの注記がある。

25　原暉之「近代東北アジア交易ネットワークの成立」四一頁。

26　「城津浦潮港間貿易情況」『通商彙纂』第二〇六号、一九〇二年。

27　原暉之「近代東北アジア交易ネットワークの成立」四一頁。

28　書記生高雄謙三発・元山領事二口美久宛、一八九六年七月一三日、「雄基湾並ニ慶興視察復命書」『各巻往復』（国史編纂委員会『駐韓日本公使館記録』一〇巻、五〇六頁）。

29　書記生高雄謙三発・元山領事二口美久宛、一八九七年八月二八日、「北道状況視察復命書（公第42号別紙）」『各館往信』（『駐韓日本公使館記録』一二巻、三三二頁）。

30　石川亮太「近代東アジアのロシア通貨流通と朝鮮」『ロシア史研究』第七八号、二〇〇六年。

31 「咸鏡道北部各港商況視察報告（其六）」『日韓通商協会報告』第二五号、一八九七年。

32 「咸鏡道北部各港商況視察報告（其五）」『日韓通商協会報告』第二三号、一八九七年。

33 「咸鏡道北部各港商況視察報告（其五）」。

34 『小山光利韓国北辺事情視察報告書』外交史料館MT一・六・一・一二（アジア歴史資料センター）。以下、外務省外交史料館所蔵の文書については、日本のアジア歴史資料センターが提供するデータベース[http://www.jacar.go.jp/]、韓国の国史編纂委員会が提供する韓国史データベース[http://db.history.go.kr/]に依拠している。

35 元山領事代理宮本羆発・外務次官林董宛、一八九二年一一月二六日、「咸鏡道北地へ露国船出入し密貿易を為すの件に関し報告（機密二八号）」『韓国咸鏡道沿岸へ露国船出入密貿易一件』外交史料館MT三・一・五・一五（アジア歴史資料センター）。

36 『小山光利韓国北辺事情視察報告書』。

37 「咸鏡道北部各港商況視察報告（其六）」。

38 在城津分館主任川上立一郎発・特命全権公使林権助宛、一九〇三年一一月二〇日、「六鎮地方情況報告提出ノ件（京一九号）」『各館来信』（『駐韓日本公使館文書』第二〇巻、四九六～五〇〇頁）。

39 「城津浦潮港間貿易情況」。

40 「朝鮮ト浦塩斯徳及敦賀舞鶴間貿易状況（第二号ノ続）」『朝鮮総督府月報』三巻四号、一九一三年、九二一～九三三頁。

41 이정은「崔才亨의〔の〕生涯와〔と〕独立運動」『韓国独立運動史研究』一〇集、一九九六年、박

환「崔才亭과〔と〕재러〔在露〕韓人社会」『史学研究』五五・五六集、一九九八年。

42 在浦塩鳥居通訳官報告、一九一一年八月一五日、「明治四四年八月一日以後浦潮地方朝鮮人ノ動静（朝憲機一七五七号）」『不逞団関係雑件、朝鮮人ノ部、在西比利亜（三）』外交史料館MT四・三・二・二－一－二（国史編纂委員会データベース）。

43 在浦潮貿易事務官川上俊彦発・外務大臣林董宛、一九〇六年九月二〇日、「當方面居住韓人ノ件（機密三七号）」『要視察外国人ノ挙動関係雑纂、韓国人ノ部（七）』外交史料館MT四・三・一・二－一（国史編纂委員会データベース）。

44 鳥居通訳官「明治四四年八月一日以後浦潮地方朝鮮人ノ動静」。

45 前注に同じ

46 在浦潮鳥居通訳官、一九一一年七月二七日、「七月六日以降浦潮地方鮮人ノ動静（朝憲機一五二五号）」『不逞団関係雑件、朝鮮人ノ部、在西比利亜（三）』外交史料館MT四・三・二・二－一－二（国史編纂委員会データベース）。

47 朝鮮銀行（高坂松男調査）『咸鏡北道ニ於ケル経済状況』一九一三年、二頁。

48 天一会社の活動については金載昊「開港期 遠隔地貿易과〝会社〟—対러시아〔ロシア〕貿易과〔と〕鏡城天一会社」『経済史学』第二七号、一九九九年を参照した。

49 『小山光利韓国北辺事情視察報告書』。

50 元山領事館付巡査田中軍助、一八九七年一一月九日、「探知復命書」『朝鮮国北関吉州臨湖へ露国船舶出入密貿易ノ事実取調一件』外交史料館MT三・一・五・一六（アジア歴史資料センター）

51　「韓人李正夏探偵書」『同前』。なおこの史料では姓名を「金思深」とし、前注の史料では「金士心」とするが、いずれも朝鮮語では金思心と同音である。
52　梶村「旧韓末北関地域経済と内外交易」三一一頁。
53　同前。
54　元山副領事大木安之助発・特命全権公使林権助宛、一九〇三年一〇月六日、「城津に於ける日露人私闘の件（諸機密四号別紙一）」『機密各館往来』（『駐韓日本公使館文書』二〇巻、四七〇〜四七二頁）。
55　前注に同じ。
56　『皇城新聞』一九〇六年九月二五日広告欄。
57　韓国駐剳軍参謀部発・警務局長松井茂宛、一九一〇年六月、「清露領内ノ賊徒ト排日派略歴」『韓国独立運動史資料』一八巻義兵篇一一（国史編纂委員会データベース）。
58　「俊昌丸의〔の〕歓迎」『皇城新聞』一九〇八年三月八日。
59　在浦潮領事館事務代理領事官補花岡止郎発・外務大臣小村寿太郎宛、一九〇九年八月一七日、「当地韓人ノ近況報告ノ件（公第一九五号）」『要視察外国人ノ挙動関係雑纂　韓国人ノ部（八）』外交史料館ＭＴ四・三・一・二－一（国史編纂委員会データベース）。
60　朝鮮銀行『咸鏡北道に於ける経済状況』三頁。
61　「朝鮮ト浦塩斯徳及敦賀舞鶴間間貿易状況」（九二頁）は城津港の輸出頭数として一九一〇年九、六七二頭、一一年一二、六三〇頭という値を掲げる。これが本文中に挙げた数値と概ね一致することから、本文中の数値は陸路輸出や在来船による未開港地からの輸出を含まない、城津のみの輸出頭数と考えられる。なお同じ史料によれば咸鏡南道に位置する元山の輸出頭数は一九一〇年五、四〇七頭、一一年三、八七五頭だったという。
62 鳥居通訳官「明治四四年八月一日以後浦潮地方朝鮮人ノ動静」。
63「沿海州に於ける生牛の需給」『通商彙纂』大正元年第二〇号、一九一二年。
64「浦塩斯徳大正二年貿易年報（下）」『通商公報』第一九五号、一九一五年。
65 度支部（藤原正文書記官調査）『清津方面視察復命書』一九〇八年、六一頁。
66「沿海州に於ける生牛の需給」。
67「朝鮮ト浦塩斯徳及敦賀舞鶴間貿易状況」九二頁。
68 原暉之「日露戦争後のロシア極東」『ロシア史研究』第七二号、二〇〇三年、同「巨視の歴史と微視の歴史」『ロシア史研究』第七六号、二〇〇五年。
69「浦塩斯徳大正二年貿易年報（下）」。
70 サヴェリエフ『移民と国家』一五一〜一六九頁。
71 朝鮮銀行調査室『時局ニ於ケル浦塩斯徳貿易並ニ一般概況』一九一五年、五五頁。
72 朝鮮銀行『咸鏡北道ニ於ケル経済状況』一一頁、二四頁。
73 例えば一九〇八年における韓国の対露輸出額は七六三、二四〇円で、うち四二％が咸鏡地方の諸港からの輸出だったのに対し（『統監府統計年報』第三次）、一九一二年の朝鮮の対露輸出額は一、〇四二、五六二円で、うち一二％のみが咸鏡地方の諸港からの輸出だった（『朝鮮総督府統計年報』大正元年版）。ただしいずれも陸上交易額を含まない。

74　原暉之「ウラジオストクの新韓村・再考」『セーヴェル』第二三号、二〇〇六年。
75　在浦潮領事館事務代理領事官補花岡止郎発・小村寿太郎外務大臣宛、一九〇九年九月二四日、「韓人近況報告ノ件（公二二八号）」『要視察外国人挙動関係雑纂 韓国人ノ部（八）』外交史料館MT四・三・一・二－一（国史編纂委員会データベース）。
76　在浦潮総領事大鳥富士太郎発・小村寿太郎外務大臣宛「韓人近況報告ノ件」一九一〇年三月二日（機密八号）『要視察外国人挙動関係雑纂 韓国人ノ部（九）』外交史料館MT四・三・一・二－一（国史編纂委員会データベース）。
77　박환「『海朝新聞』에 관한〔に関する〕一考察」『言論文化研究（西江大）』第六集、一九八八年。
78　内部警務局長松井茂発・統監伊藤博文宛、一九〇八年五月五日、「号外」『在露韓人発行新聞紙並排日行動』（韓国国史編纂委員会『統監府文書』第五巻、七三頁）。
79　内部警務局長松井茂発・副統監曾禰荒助宛、一九〇九年一月二六日、「高秘発二〇号」『新聞取締に関する書類』（『統監府文書』第八巻、二五八頁）。
80　受発信者不詳、一九〇九年七月二七日、「憲機一四八〇号」『憲兵隊機密報告』（『統監府文書』第六巻、二七〇頁）。
81　内部警務局長松井茂発・統監曾禰荒助宛、一九〇九年七月八日、「高秘収三七七二号の二」『在露韓人』（『統監府文書』第三巻、一七二頁）。
82　「俊昌丸의 歡迎」『皇城新聞』一九〇八年三月八日。
83　鳥居通訳官「明治四四年八月一日以後浦潮地方朝鮮人ノ動静」。

84　受発信者不詳、一九〇九年七月二八日、「崔鳳俊ノ行動（憲機一三九三号）」『憲兵隊機密報告』（『統監府文書』第一〇巻、二四一頁）。

85　内部警務局長松井茂発・統監伊藤博文宛「号外」。吉田秀次郎は一八七二年熊本県に生まれ、一八九七年朝鮮に渡航、元山を拠点として海運業・商業に従事した。

86　受発信者不詳「崔鳳俊ノ行動（憲機一三九三号）」。

87　「최봉준씨의별세」『韓人新報』一九一七年九月三〇日。

88　박환『러시아（ロシア）韓人民族運動史』探求堂、一九九五年、一二六頁。

89　「布告（勧業会総会）」『勧業新聞』一九一四年二月二八日。

90　「特別広告」『勧業新聞』一九一四年一月一八日。

91　ユ・ヒョージョン（劉孝鐘）「極東ロシアにおける朝鮮民族運動」『朝鮮史研究会論文集』22集、一九八五年、一五〇―一五七頁：박환『러시아韓人民族運動史』第二部。

92　최봉준「사랑하는 동포에게 간절한 말씀이요」『勧業新聞』一九一四年二月一五日。

93　「최봉준씨의별세」『韓人新報』第11号、一九一七年九月三〇日。

94　「큰 사람 최봉준씨는」『新韓民報』一九一八年一月一七日。

95　「최봉준씨의별세」『韓人新報』第11号、一九一七年九月三〇日。長男が欧州戦線に出征中であることは「최봉준」『新韓民報』第495号、一九一八年一月一八日。次男がウラジオストクの日本人小学校を卒業したことは、在浦潮斯徳総領事菊池義郎発・外務大臣本野一郎宛、一九一七年一〇月一二日、「朝鮮人ノ近状ニ関シ報告ノ件」『不逞団関係雑件　朝鮮人ノ部　在西比利亜（六）』外交史料館MT四・三・二・二―一―一二（国史編纂委員会データベース）。

第二部　ソ連下のサハリン朝鮮人

第三章　個別的愛民主義の帝国
――戦後ソ連のサハリン朝鮮人統治一九四五～一九四九年

天野尚樹

はじめに

ソ連崩壊後のロシアにおける歴史研究の特徴として、帝国研究、ディアスポラ研究、地方史研究の隆盛がある。帝国研究同様、ディアスポラ研究も世界的な流行をみせているが、なかでも朝鮮人問題研究は、ロシアのディアスポラ研究においても重要テーマのひとつである。いうまでもなく、一九三七年の中央アジア強制移住が最大の焦点であるが＊1、帝政期以来の朝鮮人移民に関する歴史研究を含めて＊2、多くの成果が発表されている。しかし、そのすべてに共通していることは、大陸部から切り離されたサハリンという最辺境地域の問題がほぼ無視されているということである。これは、サハリン朝鮮人問題に関する資料がサハリン以外には少ないということと＊3、大陸部側のサハリンへの無関心という歴史的に根強い心性に由来すると思われる＊4。

ソ連崩壊後の地方史研究の隆盛という現象において、サハリン史はその最前線にいるといってよい。ミハイル・ヴィソーコフらによる大著『サハリンとクリル諸島の歴史、古代から二一世紀初頭まで』＊5をはじめとする画期的な成果が、サハリンの研究者によって数多く生み出されている。しかし、彼らの研究全般の欠点ともいうべき特徴は、サハリンという島の内部での問題については様々な側面をとりあげ詳細に追求するが、島の外部とのつながりに関する諸問題への関心が概して薄いということである。とりわけ、日本人や朝鮮人など非ロシア人の問題への注目は、日本での関心に比して相当低いといわざるをえない。

その理由は、ひとつには、サハリンにおいて朝鮮人という存在が特別に他と異なるエスニック集団とはいえないことがあげられる。朝鮮人の大半が暮らすサハリン南部は、アジア・太平洋戦争後にソ連（ロシア）各地から移住してきた住民で構成されており、その民族性も多様である。自らを「ロシア人」とは異なる「サハリン人」と認識するアイデンティティがひろく共有されているのはそのあらわれである。エスニック的属性よりも地域的属性がアイデンティティ構築の主柱になっているのがサハリン社会の特徴のひとつといってよい。したがって、ニヴフやウイルタなどの先住民を除けば*6、特定のエスニック集団に特化した研究には焦点が当たりにくいといえよう。

しかし、他のエスニック集団と比べれば、出自が異なり、アジア・太平洋戦争以前から「先住」している朝鮮人の問題に関する研究がサハリンにないわけではない。その研究はこれまで、アナトーリー・クージンによるほぼ独占的状況であった。ソ連時代にはサハリン州党委員会書記として民族問題を担当していたクージンは、文書館資料にもいち早くアクセスすることができた。それを駆使して一九九三年に出版された『極東の朝鮮人――生活と運命の悲劇』*7は九八年に邦訳もされており*8、戦後ソ連領サハリンでの朝鮮人問題全般について日本語で読むことができる唯一の文献である。そして、二〇〇九年から一〇年にかけて発表した『サハリン朝鮮人の歴史的運命』全三巻*9は、クージンの集大成ともいうべき労作である。第一巻は一九世紀後半から一九三七年まで、第二巻が一九四五年から一九九〇年まで、第三巻が一九九一年以降を扱っている。そしてその叙述は、文書館資料の博捜によって構築されている。利用した文書館資料の量においてクージンを凌駕することは容易ではない。また、その記述から得られる事実関係に関する情報は貴重なものも多い。

しかし、九八年出版の邦訳書で訳者から批判された分析の不足という問題*10は依然改善されていない。叙述を支える筆者の視点があるとすれば、それは党の無謬性というソ連時代そのままの歴史観である。たとえば、戦後朝鮮人の帰国問題については以下のように記述される。「日本国籍者としての朝鮮人が南サハリンに残留したのは、一部の研究者が考えているように、ソ連が彼らの解放を許さなかったからなのではなく、日本に、後に南朝鮮にも確立されたアメリカの占領体制の結果なのである」*11。ソ連の朝鮮人政策に問題はなかったというのが、自らもそれに携わったクージンの一貫した姿勢である。なお、前段で触れた本の構成で、一九三七年から四五年のあいだが抜けていることに疑問をもたれる方もいるだろう。これは、日本領樺太の問題はほぼ触れられていないことを意味する。つまり、日露戦争後からアジア・太平洋戦争終了までの四〇年間については、ソ連領北サハリンの問題のみが扱われている。

実は、クージンが最初に朝鮮人問題の著作を出版した一九九三年には、サハリン朝鮮人関連の著書がもう一冊出されている。ボク・ジコウ（朴寿鎬）による『サハリンの朝鮮人』である*12。朝鮮半島南部の慶尚南道で一九三〇年に生まれたボクは、一九三七年に、先に樺太に渡っていた父を追って、北緯五〇度近くの中気屯に移住した*13。後にサハリン国立大学教授として経済学を講じたボクは日本語もたくみで、『サハリンの朝鮮人』では日本語資料も多く用いている。自らが経験した苦労などは表に出さず、淡々とバランスの取れた叙述は優れたものと評価できる。しかしその後、この問題に再び触れることなく二〇〇八年に逝去した。日本語・ロシア語双方を駆使するボクの後継者的存在があらわれないことは、朝鮮人問題のみならずサハリン史研究全般にいえる大きな問題である。

日本側のサハリン朝鮮人研究とロシア側の研究のあいだには種々の断絶がある。ロシア史研究者の半谷史郎を例外として*14、日本側のこれまでの研究はロシア語による資料や研究を参照することなくおこなわれてきた*15。ロシア側も、ボク・ジコウを例外として、同様の問題を抱えている*16。また、利用する資料の性質も異なる。日本においては、インタビュー集*17や回想録*18など生の声に基づいた記録が積み上げられてきた。それは、サハリン朝鮮人が経験してきた厳しい歴史を直接物語るものではあるが、その経験が相対化されないきらいがある。一方で、ロシア側の研究はもっぱら文書資料に基づくもので*19、当局側の観点は分かるが、朝鮮人の生の実態に迫ることができない。生の声と文書資料にまたがってサハリン朝鮮人の戦後史を検証する作業は、サハリンからようやく出てきたこの問題の研究者であるディン・ユリアによる本書所収の論文がその嚆矢といってよく、本章でも同様の手法で問題への接近を試みる。

本章は、戦後直後の一九四〇年代後半の時期に的を絞って、ソ連統治下サハリン朝鮮人の戦後史に光を当てる。次節では、インタビュー記録など当事者の生の声に基づいた歴史像を描写する。そして第二節で、彼らがおかれた状況をうみだしたソ連の統治政策がどのようなものであったのかについて、ロシア語文書館資料に基づいて分析する。資料は、クージンが編纂したサハリン朝鮮人問題に関する資料集に収録されたものを主に用いる*20。この資料集は、国立サハリン州歴史文書館に所蔵されている関連資料を一九世紀から現代まで集めた大変有益なものである。もっとも、これはあくまで一部であり、全面的な検証には文書館で直接渉猟する必要があるが、この作業については他日を期したい。

一 「期待」の時代のはじまり

ボク・ジコウは、戦後サハリン朝鮮人史を、一九八八年を画期にふたつの時期に区分している。一九四五~八八年を「期待」の時代、一九八九年以降を「生き残り」の時代とそれぞれ特徴づける*21。ここで「期待」の時代とは、本国すなわち朝鮮半島への帰国を望みながら、それがかなえられなかった時代を意味する。南サハリンに残された旧日本帝国臣民のうち、一九四六年から引揚事業がはじまった日本人を横目に、朝鮮人は無国籍状態のまま帰国への期待を頼りに四〇年代を過ごした。一九三〇年に釜山で生まれ、終戦を樺太の元泊でむかえた張日三は、ソ連統治下で帰国への期待を抱いて生きていた心境をつぎのように語っている。

みんなすぐに韓国に帰れると思っていて、うちの父さんなんかも、一週間待ちましょう、一ヶ月待ちましょうって、すぐに帰れるだろうって。お父さんは本当にロシアがいやで、父さんは本当に行きたかったんですね。噂ってのもなかったけど、期待していたんだね。日本は負けたし、韓国は負けてはいない国だから、もっと先に行くだろうって。数でいっても少ないでしょ。韓国人は。船が何隻かくればすぐに帰れるって考えて。みんなすぐに帰れるって思ったんじゃない。それが一年たち、二年たち。あんときはラジオも何にもなかったでしょ。で、あきらめて。〔……〕国が大きいでしょ、こんな安い労働者がいますか、仕事もよくやるでしょ、スターリンにしたら宝物だよね。〔……〕帰りたいって言えなかったんですよ、そんなこと聞いたら、ＫＧＢってのがあるでしょ、誰かそんな噂を言ったら、何かきいたらすぐ、いなくなったんだから*22。

終戦を一五歳でむかえた張が、その当時において、労働力としての有用性をどこまで自覚していたかどうかはわからない。しかし、冷戦体制のなかで、アメリカが帰国を許さなかったというクージンの正当化がむなしく響くことは確かだろう。

終戦直後の南サハリンの人口動態について正確な統計を得ることはなかなか困難だが、ソ連側の資料によれば、一九四六年三月の時点で日本人が二五万四二九九人、朝鮮人が二万四七七四人で、中国人やアイヌなどを合わせた合計が二七万九三〇四人だという*23。大陸部からソ連市民が移住してくるのは、一九四六年四月のソ連閣僚会議決定以降のことである。同年中に四三八六世帯、二万四九四二人、翌四七年には一六万五〇〇〇人が南サハリンに移住してきたとされる*24。また、ミハイル・ヴィソーコフによれば、南北サハリン・クリル諸島を含むサハリン州全体で、一九四九年には四八万七〇〇〇人の人口を数え、うち約四五万人がソ連市民であったという*25。ソ連市民のプレゼンスが急速に増大したであろうことは確かである一方で、日本人が引き揚げていくなか、南サハリンでは朝鮮人の比重が相対的に高まっていったことも事実であろう。

朝鮮人と他民族との関係は、それぞれの立場によって様々であり、一般化することは難しい。一九三一年知取生まれの李起正は、流入して来たソ連人との接触は四〇年代はほとんどなく、朝鮮人同士のつきあいのなかでのみ暮らしていたと語るが*26、一九三三年西柵丹生まれの李炳玉は、日本人ともソ連人とも摩擦なく共存していたと回顧する*27。李炳玉の実兄で回想録『サハリンに生きた朝鮮人』の著者である李炳律（一九二六年群馬県で出生）は、終戦直後の日本人との対立関係が、ソ連統治下で同じ境遇におかれた者同士という連帯感から徐々に融和していったと述べている*28。また、ソ連人とは労働環境に格差があり、一九四七年にはソ連当局が朝鮮人を政治犯として検挙する動きがあったことを証言する一方で、同じ炭鉱で働くソ連人労働者とは助け合って生きる場面もあったと語る*29。四〇年代南サハリンでの暮らしのなかで朝鮮人が強く意識させられた人的区別の問題は、むしろ同じエスニック集団間での差異であった。戦後南サハリンには三種類の「朝鮮人」が存在した。すなわち、日本領時代からの残留朝鮮人、北朝鮮から送られてきた朝鮮人、ソ連領中央アジアから派遣されてきた朝鮮人である。

朴亨柱は、著書『サハリンからのレポート』のなかで、これら三種の朝鮮人がそれぞれ、「一番粉」（日本時代からの残留者、以下「先住系」）、「二番粉（北朝鮮からの派遣労務者、以下「北朝鮮系」）、「三番粉（中央アジアからのソ連国籍朝鮮人、以下「ソ連系」）」と相互に呼び合い、明確な差異と対立があったと述べている*30。

北朝鮮系が派遣労務者として来島したのは一九四六〜四八年の時期である。サハリン州全体での北朝鮮系人口動態を表1として掲げる。

彼らの多くはクリルを含む沿岸部の漁場で主に働いた。一九三一年恵須取生まれの李世鎮は、一九四六年にサハリン西海岸の鰊漁場での労働を命じられた。そこには、二〇〇人以上の北朝鮮系も働いていた。李によれば、北朝鮮系が漁をして、先住系が缶詰や〆粕に加工するという分業体制が敷かれていた。魚を確保している北朝鮮系と付き合いをもたなければ配給外の魚をもらえないという事情から、彼らに頭を下げなければならないという関係はあったが、それ以外の場面で日常的に接触することはあまりなかったという*31。

朴亭柱によれば、先住系は当初、同胞的まなざしをもって北朝鮮系をむかえ、またその規律ある勤務態度に驚異すら感じていた。北朝鮮系の派遣労務契約は一九四八年に終了するが、サハリンに残留した者も少なくない。そしてやがて勃発した朝鮮戦争以降に、南出身が多かった先住系とのあいだに対立が生まれていったと証言している*32。

先住系が当初から対立的関係を意識していたのはソ連系朝鮮人である。中央アジアから派遣されてきたソ連系は、党本部や行政府、または工場などで朝鮮系住民を指導する地位にあった。先住系からも北朝鮮系からも、彼らは権力側の人間として敵対する存在とみられていた。一九二八年京畿道水原郡生まれで、一九三九年に募集されて知取に渡

表１　サハリン州北朝鮮系人口動態1945〜1949年

年	転　入			転　出		
	合計	労働者	その家族	合計	労働者	その家族
1946	7523	7523	—	6595	6595	—
1947	6474	5083	1391	—	—	—
1948	11888	8105	3783	5406	4113	1293
1949	180	180	—	2394	1678	716
計	26065	20891	5174	14395	12386	2009

資料）*Кузин.* Исторические судьбы сахалинских корейцев. Кн. 2. С. 77.

ってきた朴大吉は、つぎのように語る。

向こうから来た人はね、第二次世界大戦に参加したし、大陸から来た朝鮮人も、僕たちの倍もらうんです。〔……〕同じく仕事をしながら彼らは倍もらうんですから。僕らは残りたくて残ったわけでないし、ロシア人はロシアの国籍を持っているし、第二次世界大戦には参加したし。自分たちは何もやっていないから。〔……〕昔北朝鮮からロシアにいった人たち、あのひとたちは完全にロシア人になっています。ウズベキスタンにスターリンが連れて行った人たち、あの人たちの祖先。全部、先生とか。そうじゃなかったら、ロシア共産党の幹部とかね。新聞社の社長とか。当時はね、仕事はね、みんな汚い仕事は全部朝鮮人*33。

一九三六年大泊生まれの金相吉は、ソ連系が自らの存在を「むしろ、宣伝してたんだから。スターリンと握手したとかなんだとか」と喧伝し、ソ連体制との一体化を自ら強調していたという。金の目に、ソ連系はつぎように映っていた。

ソ連の政治政策で、我ら樺太、サハリンにいる朝鮮人を教育するって、政治的、学問的に教育するって、そういう目的で、スターリン時代にスパイって言われた人が、そこで教員大学とかいうんだけど、短期大学、二年だけの、そういう人たちが来たんですよ。あの人たちはロシア語をしゃべるんです。〔……〕思想的に違う。ソ連時代はそうでしょ。第一に思想だからね。共産主義思想、それがあるもんだけ、教育を受けた人だけ。〔……〕経済的には工場とか職場では、政治部長って、おもにみんな朝鮮人ね、日本語もわからない、ロシア語もわからない、みんな無知識の人たちがたくさんだったから。だから、そこで何をしたかというと、政治部長ってのをやって、工場とかね、そういうのに、大陸から来た朝鮮人が入っていばってた＊34。

一九三五年知取生まれで、韓国安山市「故郷の村」の代表をつとめる高昌男は、一九五五年に大学進学を希望してソ連系の党関係者を訪ねたところ次のような対応にあったという。

中央アジアから来た朝鮮・韓国人、高麗人ていう朝鮮人たちが、政治部長とかはちがうんだけど、彼らたちのとこに行っても、あんた仕方ないって、言われて、仕事しなさいって言われて、彼たちにそう言われて、涙出ましたね。そのとき、私たちは他国に住んでいるんでないか、って差別のあれを感じたんですね＊35。

朴亨柱のソ連系へのまなざしも辛らつである。彼らには先住系に対する「涙や情はおろか同胞愛など毛頭なく、スターリン主義に忠実な我利我利亡者であり、不逞分氏の朝鮮人を、一人逮捕するごとに成績があがり、星一つ位階があがるとさえいわれた」＊36。前述したように、事実、先住系住民が政治囚として逮捕される事態が発生していた。李炳律によれば、それは一九四七年五月にはじまった。たとえば、樺太時代は知取と呼ばれたマカロフでは、朝鮮人を統制し日本化をはかるために戦前につくられた団体「協和会」で活動していた人物らが検挙され、シベリア送りにされたという。夜間に逮捕がおこなわれることから「チョールナヤ・ヴァローナ（黒烏）」というコードネームで呼ばれたこの活動において先頭に立って働いていたのがソ連系朝鮮人であった*37。

このような朝鮮系住民間の差異と対立の構造は、ソ連の民族統治政策が意図的につくりだしたものである。そこで以下、節と視点を改めて、こうした構造を産出したソ連の帝国的統治スタイルの態様を検証し、朝鮮系住民の暮らしの現場のあり方を規定した政治的背景を分析する。

二　個別的愛民主義の帝国

ソ連の民族統治問題に関する近年の代表的業績にアメリカの研究者テリー・マーチンによる『アファーマティブ・アクションの帝国』がある。「積極的格差是正措置」とも訳されるアファーマティブ・アクションの原理に基づいて多民族帝国ソ連は構築されたとマーチンは考える。その要諦は、ロシア人以外の民族の民族らしい形式を積極的に整えることで、分離主義的なナショナリズムを発露させないためのはけ口を設けることにある。民族らしい形式とは、民族領土、民族語、民族エリート、民族文化を意味し、これらの形式をソビエト国家の枠内と矛盾しない範囲で整備することが基本方針である。一九二三年四月の第一二回党大会、一九二三年六月の民族政策に関する党中央委員会特別協議会でそれぞれ採択された決議を画期として、ソ連はアファーマティブ・アクションの帝国として構成されていく。数千を数える民族領土が形成され、民族語を活用したソビエト権力の浸透がはかられ、その指導的立場に民族エリートを登用し、書籍や新聞、民族舞踊などの民族文化活動を奨励して民族アイデンティティの鼓舞につとめた。もちろん、それが分離主義的傾向を示すほどの高まりをみせれば弾圧的施策がとられるという裏面があったことを忘れてはならない。しかし、最大多数のロシア人が不満をかかえることになっても、少数民族の形式的維持を涵養することでスターリン時代の多民族帝国ソ連は束ねられていった＊38。

このような、いわば社会的弱者擁護の政策は、ソ連時代に突然あらわれたわけではない。地域、民族、身分、階級など国民各層の問題に別個に手を打ち、とりわけ社会的弱者の利益を保護しながら個別的に民衆を統治していくという政策はロシア帝国以来の伝統的統治スタイルだった。和田春樹はこれを「愛民主義」と呼んでいる＊39。とりわけ政策の個別性を強調した「個別主義」という宇山智彦の規定にならって＊40、ロシア帝国の、そしてソ連に継承された民族政策の基調を「個別的愛民主義」と呼ぶことにする。

マーチンによれば、アファーマティブ・アクション的、あるいは個別的愛民主義政策は一九三二年を境に徐々に後退し、一九三七〜一九三八年の大粛清の時期に決定的に変質する。戦時体制に突入していくなかで、ロシア人中心主義が前面に出てくるようになる＊41。マーチンの研究はこの段階で終わっているが、塩川伸明によれば、戦後初期の時期も、冷戦体制のはじまりをむかえて露骨なロシア中心主義が継続するのがソ連一般の情勢である＊42。

そうしたなかで、四〇年代後半に個別的愛民主義政策が例外的に展開されていくのが、新たにソ連領となった南サハリンの朝鮮人問題である。それは、冷戦構造の最前線となりつつある北東アジア情勢のなかで、伝統的政策が発動する誘因がこの地域には存在したことによると考えられる。

政策発動誘因としてマーチンが提唱する概念のひとつが「ピエモンテ原理」である。イタリア統一運動揺籃の地であるイタリア北西部地方の名を借りたこの概念は、国境をまたぐ民族の絆を利用して近隣諸国に影響力を発揮しようとするソ連の政策を指す。その背景には、外国の影響力の浸透を極度に恐れる恐外症と呼ぶべきソ連特有の政治心理があるという。そこで、国境地域に民族領域を設定し、ソ連領内への移住を奨励しながら愛民主義的政策をとることによって、ソ連が国境を越えて魅力ある存在であることをアピールしながら、積極的な影響力行使ははからずとも、有害要因の浸透を防ごうとするのである。一九二〇年代のソ連極東でも朝鮮自治州の設立が模索された。もっとも、大規模な朝鮮自治州設立は見送られ、一七〇以上の小規模民族領域が設定されたにとどまった。そして、国境をまたぐ民族の存在の高まりは、スパイ活動をはじめとする不安要因の増大という可能性を同時にはらんでいる。二〇年代には愛民主義政策の対象だった北サハリンを含む極東地域の朝鮮人が一九三七年に中央アジアへ強制移住させられたことは、そのあらわれである*43。

終戦直後の北東アジア情勢の最大の焦点が朝鮮半島問題だったことはいうまでもない。スターリンは、北朝鮮に対する指導的立場は確保しつつも、アメリカとの全面対決を恐れて、積極的攻勢に出ることには大きなためらいがあった。戦後直後にスターリンが望んだのはあくまで現状維持であり、南側とアメリカが北を攻撃してくるのではないかという不安を強く感じていた。一九四七年五月、南側へのアメリカの影響力強化に対抗するため、在北朝鮮ソ連代表部が、ソ連の技術専門家を派遣して北側の体制整備を支援することを要請してきたことに対し、スターリンはつぎのように返答していた。

「うまく朝鮮人を働かすことのできるソ連人専門家五〜八名を与える。われわれは朝鮮問題に深く入り込む必要はない」*44。ロシアの国際政治学者トルクノフが発掘したソ連側の機密電報群が明らかにするところによれば、一九四九年後半まで、スターリンは朝鮮半島問題への積極的行動を絶えずいましめ、北側への影響力の確保と緊張激化の緩和という両面政策に腐心していた。金日成への攻撃開始の支持をスターリンが明確にしたのは、四九年一〇月の中華人民共和国成立以後のことである*45。

このような国際政治的背景が、ピエモンテ原理に基づく個別的愛民主義政策の発動を南サハリンの朝鮮人に対してうながしていったものと思われる。

では具体的に、南サハリン朝鮮人に対する個別的愛民主義政策の展開をみていこう。まず、ソ連当局が先住系の戦後直後の状況をどのように認識していたのか。一九四六年七月一二日付報告にみるナイブチ（内淵）炭鉱労働者の暮らしは悲惨というほかない。三五〜四〇平方メートルの部屋に三〇人ほどが押し込まれ、寝具も満足にない不潔な空間でシラミや南京虫に悩まされながら暮らしている。食事も満足に与えられず、病気が蔓延していた。日本人との関係は戦後改善されていったという証言をさきにみたが、この報告では、炭鉱内での労働は日本人によって牛耳られ、朝鮮人は完全に肉体労働者扱いしかされていないという。一方で日本人は、流入しつつあるロシア人とは良好な関係を築いていると報告されている*46。同年八月にコルサコフからあがってくる報告も同様で、工場の作業班を仕切っている日本人が給料も米の配給券も渡さない状況がつづき、五月には七〇名の朝鮮人労働者がストライキを起こした。そこで、ソ連当局が介入し状況は改善された。朝鮮人労働者のなかからは、管理職を日本人からロシア人に代えて欲しいという要求が出てくるようになった*47。

ソ連当局にとって悩みの種は食糧の不足であった。クージンによれば、終戦時点で日本側が南サハリンに確保していた食糧備蓄は一九四五年いっぱいももたない程度であった。九月に南サハリンを訪れたソ連邦最高会議幹部会議長アナスタス・ミコヤンは、米・大豆・粟・コウリャンを満洲から送って朝鮮人の食糧にあてると約束したが、あてにはならず、配給はきりつめられていった*48。一九四七年八月二八日付閣僚会議決定により、日本人・朝鮮人とソ連市民の食糧配給は同等になった。日本人・朝鮮人に対してはパンの代わりに米が割り当てられるとされたが、実際にはその七割がコウリャン・粟・大豆で代用された。また油や乳製品、砂糖などはひとり当りの割当量にしたがって販売された。これらの購入条件はソ連市民も日本人・朝鮮人も平等であった。絶えない行列の多くは日本人が占めていた。そのため、ソ連市民と日本人とのあいだにはいさかい頻発したという*49。

もっとも、暮らしの現場では、自ら畑をつくって食料を確保する努力が試みられていた。李炳律によれば、一九四六年と四七年は天候にも恵まれて、ジャガイモをはじめとする野菜が豊作で、食生活がいくらか改善されたという*50。高昌男もつぎのように語る。

サハリンに住んでみると、いろいろな人と話してわかりましたけど、いろいろ苦労したこともありますけど、〔……〕普通はロシアではよく住んだと思います。よく住んだというのは、サハリンでは、なんていうのかな、農業では朝鮮人はロシア人に負けないから、それは東洋人は農業では比べられないです。して、みんなねサハリンでは朝鮮人は普通、良い方なんですよ。ロシア人は貧乏で住んでいた人もいたと思うけど、韓国人の中では少なかったと思います＊51。

先住系朝鮮人の民族アイデンティティを涵養するための施策で最も重視されたのは教育である。州人民教育部により、一九四五年度（実際には四六年初頭）から朝鮮人学校が組織された。表2にあるように年度内に二七校が開設され、次年度には三六校にまで増えた。七年制中等学校八校と初等学校二八校には合計三〇〇〇名の生徒が学んでいた。設立当初は日本式の教育がおこなわれたが、すぐにソ連式システムに再編された。もっともこの再編には多くの困難がともなった。何より、朝鮮語で教育をおこなうための教師と教科書が不足していた。設立時に一一〇名の教師が先住系から採用されたが、彼らが受けた教育は日本式であったし、朝鮮語での教育は困難であり、もちろんロシア語では不可能である。一九四七年九月時点で、ソ連製教科書の朝鮮語訳が済んでいたのは初等学校一年生向けのロシア語文字教本と朝鮮語、さらに五～六年生向けの植物学の教科書だけだった。またそもそも、翻訳が出来ても島内では印刷ができなかった。朝鮮語の字体がないからである。州人民教育部は、教員の能力向上のための研修などを組織したが、容易に解決できる問題ではない。そこで人民教育部はモスクワの党中央委員会に対して中央アジアからの朝鮮人教師の派遣を要請する*52。

表2 南サハリン朝鮮人学校数1945～1963年

	1945	1946	1947	1949	1950	1955	1958	1963
全学校数	27	36	39	68	72	54	41	32
初等学校	27	28	28	55	57	32	17	10
7年制中学校	―	8	8	13	15	22	13	11
10年制中学校	―	―	―	―	―	―	11	11
児童・生徒数	2300	3000	3137	4692	5308	5950	7241	7239

資料）*Костанов и Полубная.* Корейские школы на Сахалине. С. 8.
注）朝鮮人学校は1965年に廃止、1987年度から初中等学校での朝鮮語教育が復活。

ソ連系朝鮮人の中央アジアからの派遣は一九四六年にはじまるが、一九四七年末の時点でもサハリン州全体で三三名を数えるのみであった[*53]。この時点ではまだ、中央アジア在住朝鮮人には移動の制限が課されており、とりわけサハリンを含む極東地方への移住は一般に禁止されていた。一九四八年になって百名以上のソ連系朝鮮人が南サハリンに派遣されてきた[*54]。

やがて、朝鮮人学校の教師はソ連系によって占められていく。もっとも彼らは朝鮮語よりもロシア語の方が堪能で、授業もロシア語でおこなわれる方が通例だった。また、先住系がソ連市民向けの学校に通うことはほぼ不可能であった[*55]。

教育以外でも朝鮮民族の形式を維持するための方策は練られた。朝鮮語新聞の創刊は一九四七年の段階で提案が出されている。もっとも、実際に創刊されるのは一九四九年のことである[*56]。サハリン州党委員会書記メリニクは、モスクワの党中央委員会に宛てて他にもさまざまな提案をしている。たとえば朝鮮語によるラジオ放送や、巡回劇団や楽団の創設、ソ連映画に朝鮮語字幕を付したものの上映、朝鮮語書籍の出版などである。しかし、実際には、こうした事業を担えるだけの人材が当時のサハリンには不足していた[*57]。このなかで四〇年代のうちに実現したのは、朝鮮劇団の巡回公演だけのようである[*58]。

すでに述べたように、朝鮮人アイデンティティの育成も、あくまでソ連体制の枠内でのみ許されるものである。したがって、優先されるのはソビエトイデオロギーの教化であり、朝鮮語を介しての教化活動のためにソ連系朝鮮人が活用された。さして多くないソ連系の人材は、文化・教育活動支援よりも党機関のスタッフや労働現場での啓蒙活動担当に優先的に配された。労働現場での教宣活動としては、企業内の全朝鮮人を集めて、ソ連の法制度や政治問題について議論をおこなう場が月に一度以上設けられた。企業内には、朝鮮人労働者専用の談話室やクラブが設置され、集会もそこでおこなわれた。ここで注目すべきは、先住系からは権力の走狗とみられていたソ連系も、当局からは監督の対象になっていたことである。つまり、先住系および北朝鮮系への啓蒙活動を観察することを通して、ソ連系の体制への順応ぶりがチェックされていたのである＊59。

朝鮮人への愛民主義的政策が様相を変えるのは一九四九年後半からである。朝鮮戦争の開始が不可避視されるようになると、国境をまたぐ朝鮮人の存在は、敵国に通ずるスパイ分子と目されるようになる。とりわけ危険視されたのは、南クリルの朝鮮人である。一九四九年八月、サハリン管区国境警備隊から次のような報告が党委員会に送られた。「南クリル諸島には九八六人の朝鮮人が暮らしていますが、彼らは水産企業での労働のために連れてこられた者たちで、さまざまな不満や亡命傾向をあらわにしています。朝鮮人たちは亡命傾向を示しているだけでなく、米日諜報機関の活動の重要拠点にもなっております」＊60。国境警備隊は南クリルから朝鮮人を即座に一掃するよう求めたが、州当局にとっては頭の痛い問題だった。なぜなら、南クリルの水産企業では朝鮮人労働者が多数を占めており、貴重な労働力だったからである。それでも、州党委員会は南クリルから朝鮮人を排除することを決定する。彼らがとった方針は、「漁業者および他の企業主に対して今後、朝鮮人労働者をクリル・南クリル地区に連れていくことを禁止する」、「一九四九年一二月一日までに南クリル地区から、一九五〇年五月一日までに〔他の〕クリル諸島から朝鮮人労働者をそれぞれ移送すること。移送に際しては通訳をつけ、サハリン島の水産労働に就けること」＊61。

これ以降、ソ連の先住系朝鮮人統治から愛民的性格は外れていき、個別性もその意味が変質する。まだ仮説の域を出ないが、民族を単位として個別に扱うのではなく、朝鮮人コミュニティを居住地ごとに個別的に細断し、ソ連社会に溶かしこんでいくことによって、民族性を薄めていく方向性をとるように思われる。このことを端的に示す事例がある。

一九四九年一〇月、コルサコフ朝鮮人学校保護者会からの希望で、南サハリン全域から選手を集めたサッカー大会が開催された。コルサコフ市執行委員会労働者代表ソビエト書記ニコラエフは、ユジノサハリンスクの州党本部に相談することなく開催を許可した。トマリ、チェーホフ、ホルムスク、ネヴェリスク、ドリンスク、ユジノサハリンスクから九チーム一一八名の朝鮮人選手がコルサコフに集まった。大会は五日間にわたり、一五〇名以上の朝鮮人労働者が職場を離れて運営に携わった。選手の食費や賞品購入費用として、朝鮮人住民から五六〇〇ルーブルが「不法に」集められ、大量の米や粟が購入された。購入にあたってはニコラエフが積極的に協力したという。

ニコラエフをはじめ関係した党役員は、州党委員会から戒告処分を受けた。その理由は、上級機関への相談を怠ったことと、何より州各地に点在する朝鮮人コミュニティを一堂に会させたことである。州委員会は、「各市・地区委員会に対して、地区横断的・全州規模のスポーツその他の事業を、全ソ連邦共産党州委員会の許可なくおこなうことを禁ずる」という命令を発した。その後、サハリン朝鮮人がソ連社会にいかに融解していったかは、次章のディン論文を参照されたい。

おわりに

本章の分析は、ソ連の帝国統治のスタイルを検証することが目的であるので、意図的に権力側の資料に接近した。それは、ソ連の体制を擁護するためではもちろんなく、また住民の苦しみを無視する意図も毛頭ない。住民の側からすれば、何もしてくれなかったという思いも強いだろう。その思いを筆者なりに受け止め、むしろその思いこそが本章執筆の動機になっている。

一九四〇年代後半のサハリン朝鮮人に対する個別的愛民主義政策は、現実においては画餅に終わった面が多い。それは端的にいって、ソ連側にそれを実行するだけの人材や政策基盤としての物資が整っていなかったからである。「成功」したといえるのは、先住系と北朝鮮系とソ連系の各朝鮮人集団のあいだに「個別性」が植えつけられたことだけといってよい。第二次大戦最大の犠牲者を出したソ連において、新たに占領した辺境の住民への愛民主義的配慮が十分に機能しなかったのも無理からぬものと思われる。終戦直後の南サハリンは、ソ連市民も含めて、あらゆるひとにとってあらゆるものが不足していたのである。

注

1　ロシアにおけるコリアンディアスポラ研究を代表するボリス・パクの研究をはじめ、代表的なものに、*Пак Б.Д.* Корейцы в Советской России: 1917 - конец 30-х годов. М., 1995, Корейцы в СССР: материалы Советской печати 1918-1937 гг. М., 2004, *Бугай Н.Ф.* Корейцы России: вопросы экономики и культуры. М., 2008.

2　Российские корейцы: история и современные проблемы. Материалы Всероссийской (с международным участием) научной конференции, 24 сентября 2004 г./Под отв. ред. И.В. Нама. Томск, 2004. また、日本で活躍するロシア人研究者による業績として、イゴリ・サヴェリエフ『移民と国家――極東ロシアにおける中国人、朝鮮人、日本人移民』御茶ノ水書房、二〇〇五年。

3　とりわけ中央部の文書館にサハリン朝鮮人関連が少ないことに関する指摘は、半谷史郎「サハリン朝鮮人のソ連社会統合――モスクワ党文書が語る一九五〇年代半ばの一断面」『ロシアの中のアジア／アジアの中のロシア（Ⅱ）（二一世紀COEプログラム「スラブ・ユーラシア学の構築」研究報告集五』北海道大学スラブ研究センター、二〇〇四年、六九―八三頁。半谷のこの論文は、サハリン朝鮮人問題についてロシア語資料を用いて分析した日本における唯一の先行研究である。

4　ロシア大陸部のサハリン島への無関心という問題については、帝政期サハリンの地域イメージを検討した拙稿をみてほしい。天野尚樹「サハリン植民地のイメージと実態――偏見と適応」『境界研究』一号、二〇一〇年、一一三―一四四頁。

5　История Сахалина и Курильских островов с древнейших времен до начала XXI столетия: Учебное пособие для студентов высших учебных заведений региона по специальности «История» / М.С. Высоков, А.А. Василевский, А.И. Костанов, М.И. Ищенко. Ответственный редактор М.С. Высоков. Южно-Сахалинск, 2008.

6　ソ連時代に「北方諸民族」というカテゴリーが設けられて特別の地位が与えられていたニヴフやウイルタなどの先住民については別個に検討する必要があるが、本稿の範囲を超えるのでここでは扱わない。

7　*Кузин А.Т.* Дальневосточные корейцы: жизнь и трагедия судьбы. Южно-Сахалинск, 1993.

8　アナトーリー・T・クージン（岡奈津子・田中水絵訳）『沿海州・サハリン　近い昔の話（翻弄された朝鮮人の歴史）』凱風社、一九九八年。

9　*Кузин А.Т.* Исторический судьбы сахалинских корейцев. Кн. 1-3. Южно-Сахалинск, 2009-2010.

10　岡奈津子「訳者あとがき」クージン『沿海州・サハリン　近い昔の話』三〇〇頁。

11　*Кузин.* Исторический судьбы сахалинских корейцев. Кн. 2. С. 59.

12　*Бок Зи Коу.* Корейцы на Сахалине. Южно-Сахалинск, 1993.

13　北海道新聞社編『祖国へ！――サハリンに残された人たち』北海道新聞社、一九八八年、一一六―一二〇頁。

14　注3を参照。

15　日本側の研究史の整理については以下を参照されたい。宮本正明「戦前期の樺太（サハリン）在住朝鮮人に関する日本での研究動向」松井憲明、天野尚樹編訳『サハリン植民の歴史的経験――二〇〇八年五月サハリン大学国際シンポジウム報告集（『サハリン・樺太史研究』第一集）』北海道情報大学、二〇一〇年、一三〇―一三三頁。

16　クージン、ボク以外に戦後のサハリン朝鮮人問題に触れたロシア側の先行研究には、帰国問題をユダヤ人問題との比較で論じたヴィソーコフによる論文、アレクサンドル・コスタノフらによる教育史に関する著書がある。*Высоков М.С.* Перспективы решения проблемы репартации сахалинских корейцев в свете опыта Израиля, Германии и других стран // Краеведческий бюллетень. 1999. No.2. С. 94-102, *Костанов А.И. и Полубная И.Ф.* Корейские школы на Сахалине: исторический опыт и современность. Южно-Сахалинск, 1994. 一九四五年の戦争最終盤で起こった瑞穂村での朝鮮人虐殺については、ＫＧＢ資料を駆使してこれを検証したガポネンコの業績がある。*Гапоненко К.Е.* Трагедия деревни Мидзухо. Южно-Сахалинск, 1993. 国籍問題に関する研究状況については次章ディン論文を参照。

17 たとえば、前掲（注13）の北海道新聞社編『祖国へ！』はインタビューに基づいた先駆的業績である。

18 朴亨柱（民涛社編）『サハリンからのレポート――棄てられた朝鮮人の歴史と証言』民涛社、一九九〇年、李炳律『サハリンに生きた朝鮮人――ディアスポラ・私の回想記』北海道新聞社、二〇〇八年、など。

19 例外として朴亨柱の回想録は二〇〇四年にロシア語に翻訳されたが、私家版での印刷であった。また、瑞穂村と同時期に上敷香でも起こった朝鮮人虐殺に関して近年、ウラジーミル・グリーニによる限りなくノンフィクションに近い小説『一生にわたる別れ』が出版された。これは、ロシア語・ハングル・日本語によるテクストが収録され、臨場感あふれる大変興味深い叙述が展開されているが、どこまで史実に迫っているかは検証の必要がある。*Пак Хен Чжу.* Репортаж с Сахалина. Историческое эссе. Б. м., 2004, *Гринь В.М.* Разлучка длиною в жизнь... Южно-Сахалинск, 2010.

20 *Кузин А.Т.* Сахалинские корейцы: история и современность. Документы и материалы, 1880-2005. Южно-Сахалинск, 2006.

21　*Бок.* Корейцы на Сахалине. С. 103.

22　韓国安山市「故郷の村」でのインタビュー、二〇〇九年九月一二日。

23　Исторические чтения. Труды Государственного архива Сахалинской области. No. 2. Южный Сахалин и Курильские острова в 1945 – 1947 гг. Южно-Сахалинск, 1997. С. 142. 本書は、国立サハリン州文書館（当時、二〇一一年より国立サハリン州歴史文書館に改称）所蔵の文書館資料のうち、一九四五～四七年の南サハリン・クリル諸島に関する文書を収録した資料集である。

24　クージン『沿海州・サハリン　近い昔の話』二四三頁、訳注。

25　ミハイル・ヴィソーコフ（松井憲明訳）「サハリンと千島列島編年史一九四〇―四九年」『鈴谷』一九号、二〇〇一年、二八―七五頁。

26　韓国安山市「故郷の村」でのインタビュー、二〇〇九年九月一二日。

27　韓国安山市「故郷の村」でのインタビュー、二〇〇九年九月一五日。

28　李炳律『サハリンに生きた朝鮮人――ディアスポラ・私の回想記』北海道新聞社、一〇八頁。

29　同上、一二九―一三五頁。

30　朴『サハリンからのレポート』一五頁。

31　韓国安山市「故郷の村」でのインタビュー、二〇〇九年九月一四日。

32　朴『サハリンからのレポート』一〇―一一頁。

33　韓国安山市「故郷の村」でのインタビュー、二〇〇九年九月一五日。

34　韓国安山市「故郷の村」でのインタビュー、二〇〇九年九月一五日。

35　韓国安山市「故郷の村」でのインタビュー、二〇〇九年九月一五日。
36　朴『サハリンからのレポート』一三頁。
37　李『サハリンに生きた朝鮮人』一一〇、一三四頁。
38　テリー・マーチン（半谷史郎監修、荒井幸康ほか訳）『アファーマティブ・アクションの帝国――ソ連の民族とナショナリズム、一九二三年〜一九三九年』明石書店、二〇一一年、一九一四四頁。
39　和田春樹「近代ロシアの国家と社会」田中陽児、倉持俊一、和田春樹編『世界歴史体系・ロシア史（二）』山川出版会、一九九四年、二九二頁。
40　宇山智彦「『個別主義の帝国』ロシアの中央アジア政策――正教化と兵役の問題を中心に」『スラヴ研究』五三号、二〇〇六年、二七―五九頁。
41　マーチン『アファーマティブ・アクションの帝国』五〇―五一頁。
42　塩川伸明「解説」マーチン『アファーマティブ・アクションの帝国』五七〇頁。
43　マーチン『アファーマティブ・アクションの帝国』二八〇、三八六―三九八頁。
44　A・V・トルクノフ（下斗米伸夫、金成浩訳）『朝鮮戦争の謎と真実――金日成、スターリン、毛沢東の機密電報による』草思社、二〇〇一年、二五―二七頁。
45　同上、四九―九九頁。
46　*Кузин.* Сахалинские корейцы. С. 94.
47　Там же. С. 95.
48　*Кузин.* Исторические судьбы сахалинских корейцев. Кн. 2. С. 40.

49 *Кузин.* Сахалинские корейцы. С. 114-115.

50 李『サハリンに生きた朝鮮人』一〇〇、一一六頁。

51 韓国安山市「故郷の村」でのインタビュー、二〇〇九年九月一五日。

52 *Кузин.* Сахалинские корейцы. С. 117-118.

53 Там же. С. 115.

54 *Кузин.* Исторические судьбы сахалинских корейцев. Кн. 2. С. 112-113.

55 朴『サハリンからのレポート』三二—三三頁。

56 李『サハリンに生きた朝鮮人』一四五頁。

57 *Кузин.* Сахалинские корейцы. С. 115-116.

58 朴『サハリンからのレポート』四二頁。

59 *Кузин.* Сахалинские корейцы. С. 101-102.

60 Там же. С. 132.

61 Там же. С. 133-134.

第四章　アイデンティティを求めて
――サハリン朝鮮人の戦後、一九四五〜一九八九年

ディン・ユリア

本章の主要課題は、サハリン朝鮮人の国籍問題の歴史的変遷、およびサハリン朝鮮人の国籍問題への態度を検討することにある。資料としては主に、国立サハリン州歴史文書館の文書資料と、二〇〇九〜二〇一〇年にかけて筆者がおこなった聞き取り調査の結果を用いる。インフォーマントの情報については、名の頭文字、性別、生年、聞き取り調査の場所、調査日時を注に掲げる。

サハリン朝鮮人とは、ロシア連邦サハリン州内に居住し、独自の民族カテゴリーに属する民族共同体である。ロシア在住朝鮮人ディアスポラには、一九世紀末にロシア極東沿海地方に移住し、一九三七年に中央アジアに強制移住された集団もいるが、サハリン朝鮮人の場合、これとは異なる移住の経路をもつため、別個に解決を要する問題群が存在する。サハリン朝鮮人の大部分は一九一〇〜一九四五年、つまり朝鮮半島とサハリン島南部を日本帝国が統治していた時代に移住してきた。移住の理由には、高い労働賃金にひかれて自らやってきた者もいれば、日本政府による動員によって強制的に連れて来られた者もいる。彼らの多くは炭鉱や建築現場で働いた。こうした移住者とその子孫が、今日のサハリン朝鮮人ディアスポラの中心を成している。

第二次世界大戦の結果、南サハリンとクリル諸島はソ連の統治下におかれ、朝鮮半島は、朝鮮民主

主義人民共和国と大韓民国というふたつの国家に分断された。このような政治情勢の変化がサハリン朝鮮人に大きな影響を及ぼしたことはいうまでもない。とりわけ、彼らの民族的アイデンティティの変化にもたらした影響はきわめて大きい。このアイデンティティの変化の問題こそ、本章の中心テーマである。

一九四六年にソ連当局が作成した住民登録表によれば、当時のサハリンには二万四七七四人の朝鮮人がいた*1。一九四六〜一九四九年には労働力強化のため、労働契約に基づく移住者が北朝鮮からやってきた。北朝鮮労働者は主に漁業、石炭業、林業に従事した。一九四六〜一九四九年のあいだに合計で二万六〇六五人の北朝鮮労働者が来島し、このうち労働契約が切れて帰国した者が一万四三九三人にのぼる*2。つまり、約一万一五〇〇人の北朝鮮出身者がサハリンに残留したことになる。その後彼らも徐々に帰国していき、一九六二年時点でサハリンに残っていた北朝鮮系は家族も含めて三八五一人になっていた*3。このうち七一五人がソ連国籍を取得していた*4。また、一九六〇年代には留学や就業を目的として一部の朝鮮人が北朝鮮に渡った。そのなかには、一九四五年以前からサハリンにいた者もいる。サハリン朝鮮人には中央アジアから移住してきた者もいる。彼らは一九四〇〜五〇年代に、党の命令にしたがって住民監督を担うために派遣されてきた者たちである。

サハリンがソ連の統治下に入るにおよんで、数多くの問題が発生した。なかでも重要な問題のひとつが、日本人の引揚問題である。ソ連側の資料に基づく研究によると、一九四六〜一九四八年のあいだに二八万六三八人の日本人が引き揚げた*5。戦前からの残留朝鮮人も、故郷である朝鮮半島南部に帰還できるものと望んでいたが(戦前からの朝鮮人の大部分は現在の大韓民国の地域の出身である)、ソ連政府は結局彼らの引揚を実行しなかった。その最大の理由は、戦後すぐにはじまった冷戦体制に由来している。すなわち、ソ連はその末期まで韓国との外交関係を構築しなかった。韓国が米国の保護下にあったからである。

ソ連社会への適応という喫緊の課題に加えて、サハリンの朝鮮人には国籍の問題がすぐに浮上した。一九四五年以前のサハリン島在住朝鮮人は日本国籍をもっていたのであるが、一九五一年にサンフランシスコ講和条約に調印し、現在の日本列島以外のすべての領土を放棄した後、日本政府は次のような決定を出した。すなわち、日本国籍を有していた朝鮮人から、日本国内に居住している者も含めて全員日本国籍をはく奪するという決定である*6。南サハリンおよびクリル諸島在住の朝鮮人は公式に国籍を失ったわけではない。しかし、彼らは再度の住民登録手続きを義務づけられた。その結果実際には、彼らが日本国籍を維持することはできなかったのである。日本の統治下から離れ、しかし大韓民国に行き着くこともできなかったサハリン朝鮮人が、この両国と国籍問題など法的関係を結ぶことは不可能であった。ソ連国籍や北朝鮮国籍を取得するには、他の外国人同様の手続きに則る必要があった。

こうしてサハリン朝鮮人は無国籍者になった。彼らには自動的に国籍が付与されるという権利がないのである。この状況は、世界人権宣言第一五条（国籍への権利）に違反している*7。

ようやく状況が変わったのは一九七八年に新ソ連国籍法が発効されてからである。この新法によって、一九七九年七月一日以降にソ連領内で生まれた無国籍者の子どもは、自動的にソ連国籍を付与されることになった*8。この規程は、その後若干の変更はあったものの、ソ連崩壊まで、そして崩壊後のロシア連邦においても、国籍関連法のなかで継承されつづけている*9。多くの未解決の問題、たとえば一九七九年七月以前に生まれた朝鮮人には自動的な国籍付与規定が適用されない、などの問題は残っているものの、それでも、サハリン朝鮮人という、自らの意思とは無関係に外国の領土に置かれることになり、基本的市民権すなわち国籍を有する権利を奪われた人びとに関わる根本的な不公正は改められた。

一九四五年から一九七九年にかけて、ソ連政府は様々な方法で状況を改善しようと試みた。一九五二年五月六日には、朝鮮人のソ連国籍編入手続きの簡素化に関するソ連邦閣僚会議決定が出された*10。また、朝鮮人のソ連国籍取得手続きの宣伝活動も開始された*11。その結果、一九五二〜五六年のあいだに二六七二人の朝鮮人がソ連国籍に編入された*12。沿海地方のナホトカにあった北朝鮮総領事館が、北朝鮮国籍取得への宣伝をはじめたのもこの頃である。一九五六年までに六五八人のサハリン朝鮮人が北朝鮮国籍を取得した*13。

サハリン朝鮮人の国籍問題は、その問題の切実さにも関わらず、これまで研究者は強い関心を示してこなかった。この問題に関してロシアでもっとも知られている業績は朝鮮系研究者ロ・エン・ドンの著作である*14。彼は、ロシア在住朝鮮人の国籍状況を検証し、サハリン朝鮮人には韓国国籍が認められるべきであると主張している。リ・ソン・ジェは、サハリン朝鮮人を事例として国籍問題に関する博士候補論文を提出した*15。サハリン朝鮮人の国籍問題に関する歴史的経緯についてはアナトーリー・クージンが論じている*16。英語による研究としては、G・ギンズブルグの著書『ソ連国籍法』と*17、朝鮮系研究者チ・チョンイルの論文をあげることができる*18。これらの研究者全員が、サハリン朝鮮人の国籍上の地位は国際法の規定に違反しているという見解で一致している。では、サハリン朝鮮人自身は自らの国籍問題をどう思っているのだろうか。

一世と二世の戦後直後の時期に関する思い出は様々である。

父がすぐに言ったのは、韓国には戻らないし、戻りたくないということでした。ですから、一九五二年にソ連国籍取得が可能になると、私たちはすぐに取得しました。最初に父が、そのあと私たち子どもが*19。

国籍は五〇年代から六〇年代に与えられるようになりました。何らかの国籍を取得するように言われました。韓国への帰国を強く望んで、無国籍者のままか、北朝鮮籍を取らずにいた者は、北朝鮮経由で韓国に行こうと考えていました。帰国を望まない者はソ連国籍を取りました。最初は取るのも簡単で、取得を望めばすぐに取ることができました*20。

ソ連政府は、朝鮮人住民に対してソ連国籍取得が可能になったことを周知させようとしたが、必ずしも効果はあらわれなかった。

すべてのサハリン朝鮮人にとって、ソ連国籍取得が可能になった当初の時期の場合、国籍を取得するかどうかは、ソ連社会への適応を望むかどうかにかかっていた。ソ連国籍に編入されるということは、サハリンで暮らし、ソ連社会に適応していきたいという希望のあらわれであり、故郷への帰還を断念することを意味していた。はじめの頃、ソ連国籍取得を希望する者は少なかった。一九五三年七月一日時点で、戦前からサハリンにいた朝鮮人は二万九七五名いたが、そのうちソ連国籍を取得したのはわずか四九〇名にすぎない*21。

それどころか、逆行するような事態が起きた。一九六一年、ソ連国籍を持つ朝鮮人五一名が、国籍放棄を申請したのである。彼らは、北朝鮮国籍を取得し、移住することを希望した。しかし、実際に北朝鮮国籍を取得して移住を果たしたのはわずか二名で、北朝鮮国籍を取得しただけでソ連にとどまった者がさらに三名出たのみである*22。その他の者は、無国籍者としてサハリンに住み続けた。こうした状況が物語っているのは、サハリン朝鮮人のなかには、国籍や自分が暮らす国をどうするか最終決断を下すことが長いことできなかった人たちがいる、ということである。

相当数のサハリン朝鮮人がソ連国籍への編入を拒否した。その責任の一端は、ソ連の官僚制にある。また、ロシア語がうまく出来ない者にとっては、申請書類を埋めることすら難しく、編入拒否の一因となったであろう。さらに、ソ連の全体主義体制は自らの考えを一方的に押しつけるが、サハリン朝鮮人の多くは国外に、しかもソ連にとっては政治的に「悪の」「いかがわしい」国、日本と韓国に親類がいるのである。自分の立場をおとしめる可能性がある出自を隠さんがために、サハリン朝鮮人たちは、家族の事情がつまびらかになってしまうような事態を避けようとすることが多い。

私だってソ連国籍が欲しかったのです〔……〕サハリンを自由に歩きまわることができたらどんなによかったか。できることなら外国にも行きたかったし、党にも入りたかったし、出世だってしたかった。まだ学校に通っていた頃、入党を勧誘されたんです〔……〕でも私には日本に兄弟がいました。いきなり尋問されれば、そのことを隠し通すことはできません。ある時、問題が起こりました。学校に党のオルグがいたのですが、彼のおじいさんが、私たちの暮らす炭鉱で司祭に選ばれ、一カ月後にそれが発覚し、党を除名されて大陸に連れていかれたことを彼は隠していたのです〔……〕ですから私はその後、党の集会にはいかなくなりました。これは私の出世に大きなマイナスになりました*23。

しかし、ソ連国籍への編入を拒ませた最大の理由はほとんどの場合、ソ連国籍を取ってしまうと故郷への帰還の妨げになるのではないかという不安感である。

私たちも国籍を取っていませんでした。父が、間もなく韓国に行けるよと言うものですから。年寄りたちは、ロシア人と結婚することも禁じられていました〔……〕みな帰国を望んでいました。その妨げになるようなことはしたくなかったのです*24。

一九五〇年代末から六〇年代初めにかけて、ナホトカの北朝鮮総領事館の活動がサハリンで活発になる。領事館員たちは、サハリン朝鮮人たちに北朝鮮国籍取得を積極的に勧誘していた。この活動は、ソ連当局による宣伝活動より大きな成果をあげた。一九六二年までに一万一四七五名が北朝鮮国籍を取得した*25。同年時点で、労働契約に基づいてサハリンで働いていた北朝鮮人は三八五一名、無国籍者が二万七一八名、しめて四万人以上の朝鮮人がサハリンには住んでいた*26。

サハリン朝鮮人が北朝鮮国籍を取得した主な理由はふたつある。ひとつは、北朝鮮国籍を取れば、いつの日か歴史的祖国へ帰れるのではないかという希望である。遠からず朝鮮半島は統一され、帰国を果たせるかもしれないという噂は根強くあった。ある人はその思いをこう語る。

私たちはこう思っていました。「北朝鮮国籍を取ろう、そうすればあそこに行ける」。朝鮮半島が統一されるという話は多くの人が口にしていました。私のみたところ、ソ連当局内でもそうした話は出ていました。統一されれば、故郷へ帰れる。韓国にいた父の母は、息子の帰りを強く願っていました。父の姉妹も〔……〕ですから私たちは、北朝鮮を経由して韓国に行けると考えたのです*27。

もうひとつの理由として、サハリン朝鮮人がまだ若く、朝鮮人学校*28卒業後の人生の岐路を選択するに際して種々の困難に遭遇したことがあげられる。その困難の根本的原因はまさしく朝鮮人学校で学んだことにある。すなわちその結果、必然的に、ロシア語能力が不十分で、ソ連の高等教育機関への進学試験に合格できないのである。北朝鮮国籍取得のキャンペーンを受けて、多くの若い朝鮮人が北朝鮮に留学し、また職を求めた。朝鮮人学校で教師をしていたある人物は次のように回顧する。

わたしがちょうど教師として務めていた一九六三年に朝鮮人学校は閉鎖されました。そのこと自体に私は全面的に賛成でした〔……〕なぜなら、朝鮮人学校を出ても、大学には入れないからです。ロシア語が下手な者には、救済措置すらありました。試験でみんなが長い作文を書くところを、要約程度で許してもらっていたのです。それでも、合格できたのはわずか五パーセントにすぎませんでした。ですから、金日成大学への無試験入学が約束されている北朝鮮に多くの若者は向かったのです*29。

しかし、北朝鮮国籍取得への関心はほどなく下がっていった。北朝鮮領事館員の勧誘のやり方に幻滅したのである。たとえば、会議や集会の場に北朝鮮の外交官が出席すると、ソ連の企業に導入された新製品に関する情報を北朝鮮政府に伝えようとしつこくせまられる。もし情報を漏らしてしまえば、それを快く思うはずのないソ連の「しかるべき機関」からの制裁を受けることは避けられない。北朝鮮側から提案された「朝鮮人ゲットー」、つまり朝鮮人居住区創設の提案も危機感を抱かせた。北朝鮮上層部は、ゲットー創設によってサハリン朝鮮人の北朝鮮帰還を早めたいと考えたのであるが、それは第二次大戦時のユダヤ人ゲットーの忌まわしい記憶を想起させるものであった。朝鮮人ゲットー創設計画はソ連当局の容れるとはならなかったが、サハリン朝鮮人にとっては恐怖をおぼえさせる以外のなにものでもなかった*30。

さらに、サハリンから北朝鮮に移住した人たちを通じて、彼の地の暮らしぶりは劣悪だという情報が方々から入ってきていた。ある人は筆者のインタビューにこう答えた。

父の友人で、北朝鮮に移住した人がいました。出発前に父は彼と何度も議論していました。彼は行かないだろうと父は思っていました。北朝鮮については悪い話しか聞かない、とくり返し言って聞かせていたからです。あとで、その友人から父に宛てて手紙が来ました。彼は直接はっきりと語ることはできません、手紙は検閲されていますから。ですが、君が言っていたことは全部正しかった、それどころかもっとひどい、と書いてよこしました[*31]。

北朝鮮にいった人は少なかったけれど、なかにはいました。でも二年ぐらい暮らして帰って来ました。帰って来れたというのは、運が良かったんですよ。拘束されて身動きの取れない人もいましたから。ポシェト地区のザルビノの国境を越えようとした人もいました。国境には大きな川[*32]が流れています。彼らは冬場、この川を越えて逃げようとし、ソ連に帰りたいと願ったのですが、射殺されました。おそらく、こちらからも、あちらからも銃が放たれたのだろう、と聞きました。帰国に成功した人もなかにはいました[*33]。

ソ連政府のもとには、北朝鮮からのソ連帰還問題の解決を求めるサハリン朝鮮人の正式な要請も届けられた[*34]。諸々の事情で、こうした試みは少なく、またきちんと取り上げられたのは、ソ連国籍を取得した朝鮮人からの申請だけだった。

以上述べたような状況の下で、北朝鮮への態度も変わり、六〇年代の終わりから七〇年代初めには、サハリン朝鮮人は北朝鮮国籍を捨てるようになっていった。

北朝鮮国籍を捨てるということは、ソ連社会に生き、そこに適応しなければならないことを意味した。

その後、多くの人はこう考えるようになりました。故郷に戻っても希望ははるかに小さい。子どもは学校にいかせなければならないし、仕事もしなければならない。〔……〕だからソ連国籍を取るようになったのです*35。

北朝鮮国籍を持っていたので、正式に放棄したかったのですが、もちろん許可されません。すると役所のパスポート課でこう教わったのです。北朝鮮のパスポートを郵便で領事館に送ればいい、そして受領書を持っておいで、〔……〕そうすればソ連国籍取得の申請書は受理されるよ、と*36。

ソ連国籍取得の権利は全員に与えられたわけでもありませんし、すぐにはもらえませんでした。北朝鮮との関係次第だということでした。関係がよいときは、国籍は与えられず、少しでも悪化すると、すぐに与えられました。政治に左右されることが多かったのです*37。

一九七〇年代に、サハリン朝鮮人をとりまく物理的状況はおおむね好転しはじめた。

はじめのころ、朝鮮人の暮らしはひどいものでした。仕事も、たいしたものにはつけませんでした。職のない者の方が多く、自分の畑で糊口をしのいでいました。六〇年代の終わりに市場で作物を売ることが許可さえるようになると、生活は少しずつよくなっていきました。お金も貯まるようになりました*38。

生活が少しましになって、子どもを大陸の大学にやれるようになりました。子どもが自分から、教育を受けるために出ていくこともありました。私は子どもが六人おりますが、全員大学を出ました。卒業してから戻って来て、仕事につき、出世もしました。この子たちに、韓国のことをどう話せばいいというのですか。「故郷はどこか」と子どもたちに問うことは金輪際ありません。故郷の問題で彼らに言ってやれることは何もないのです。じゃあ、私はどうかって？私にとっては、子どもがいる場所が故郷です*39。

一九七〇年時点で、三万五〇〇〇人強のサハリン朝鮮人のうち、ソ連国籍は一万九四〇〇人、無国籍者が七七〇〇人弱であった。一九八九年になると無国籍者の数はわずか二七〇〇人になり、対してソ連国籍者は三万二二〇〇人を数えるまでになった。これは、ソ連国内のディアスポラ全体の取得状況とほぼ同じ水準で、サハリン朝鮮人のおよそ九二パーセントがソ連国籍を取得したことになる。一方、北朝鮮国籍者は、一九七〇年の八三〇〇人から（一九六二年時点では一万五三二六人だった*40）、一九八九年にはわずか三〇〇人にまで減少した*41。

このような変化は、一九七九年の「ソ連国籍法」発効だけが理由ではない。もちろん、この法律が、ソ連で生まれたサハリン朝鮮人の根本的不平等を解消したことは間違いない。世界人権条約に則った国籍に関する権利を得たのであるから。しかし、かくも大量のソ連国籍への移行は、ソ連社会への適応の過程が、一九八九年までには事実上終了していたことを物語ってもいよう。

このことを裏づける資料がある。国立サハリン州歴史文書館には、一九八八年にソ連邦科学アカデミーが実施したサハリン朝鮮人に関する社会学的調査の結果が保管されている*42。この聞き取り調査がおこなわれたのは、民主化とグラースノスチの時代、つまりペレストロイカの時代だった。質疑応答の記録をみると、比較的客観的な調査結果が得られていると筆者は判断する。国家への恐怖心はすでにだいぶ薄れていたのである。

調査結果が明らかにしているのは、あらゆる朝鮮的なものへのしかるべき関心は抱かれており、また朝鮮文化や朝鮮語がサハリンですたれつつあることへの危惧も示されているにもかかわらず、彼らはすでに根っからのサハリン島民になっているということである。調査に応じた朝鮮人の大部分が自らの故郷をサハリンおよびソ連と答えている。技術職に就いている人間の五割、大学生の九割が母語はロシア語だとも回答している。ほぼ全員に近い人数が他民族の友人がいると答え、七六パーセントの回答者が、友人関係を築くのに民族の違いは気にならないと述べている。朝鮮人同士でなければ結婚しないという伝統は崩れつつあり、若者の八五パーセントが、民族の問題は結婚の条件にはならないと断言している。調査全体からいえることは、朝鮮人がサハリンの暮らしに完全に適応しているのは明らかだということである。

この調査結果に基づいて、サハリン朝鮮人の民族意識や、ソ連国籍や北朝鮮国籍取得に関する彼らの態度がいかに変わったかを後づけることもできる。

変化の段階は大きく三つに分けられる。第一段階は五〇年代から六〇年代初め、大部分のサハリン朝鮮人が無国籍を選択していた時期である。当時は、歴史的祖国への帰国が近々かなうという風聞が流れており、帰国への希望がソ連社会への適応程度の低さに結びついていた。第二段階は六〇年代、すなわち北朝鮮領事館の勧誘に応じて多くのサハリン朝鮮人が北朝鮮国籍を取得した時期である。この時期は、北朝鮮への旅行や、家族の誰かが移住するケース、または文化交流など、北朝鮮に接触することが頻繁になってもいた。また、彼らの経済状態も時を追うごとによくなっていった。第三段階の七〇年代になると、北朝鮮の政策とその暮らしの実態への幻滅がひろまりはじめ、北朝鮮領事館の勧誘活動に対する反感も高まりつつあった。こうした状況の変化が、北朝鮮国籍からの大量離脱につながった。韓国への帰国は不可能だということが確実視されるようになったことも、ソ連社会への適応を促進した。この適応過程は一九八〇年代末にはほぼ終了した。そこには、世代の交代という要因が大きく寄与している。

（天野尚樹訳）

注

1 ГИАСО. Ф. 171. Оп. 3. Д. 6. Л. 45.

2 ГИАСО. Ф. 53. Оп. 1. Д. 109. Л. 27.

3 ГИАСО. Ф. П-4. Оп. 63. Д. 1. Л. 5.

4 ГИАСО. Ф. П-4. Оп. 63. Д. 1. Л. 5.

5 *Подпечников В.Л.* О репатриации японского населения с территории Южного Сахалина и Курильских островов // Вестник Сахалинского музея. Южно-Сахалинск. 2003. № 10. С. 258.

6 平和条約の発効に伴う朝鮮人、台湾人等に関する国籍及び戸籍事務の処理。文書は以下のウェブサイト上で閲覧した。http://c-faculty.chuo-u.ac.jp/~okuda/shiryoshu/showa27_tsutatu.html（二〇一一年九月四日アクセス）

7 宣言原文は以下の通り。「一　すべて人は、国籍をもつ権利を有する。二　何人も、ほしいままにその国籍を奪われ、又はその国籍を変更する権利を否認されることはない」。

8 Закон СССР от 01.12.1978 N 8497-IX о гражданстве СССР. Статья 13. // Ведомости ВС СССР. № 49. С. 816.

9 以下の各法令を参照。См.: Закон СССР от 23.05.1990 № 1518-1 «О гражданстве СССР». Статья 16. // Ведомости СНД и ВС СССР. 1990. № 23. С. 435.; Закон РФ от 28.11.1991 № 1948-1 «О гражданстве Российской Федерации». Статья 17. // Ведомости СНД и ВС РФ. 1992. № 6. С. 243.; Закон РФ от 17.06.1993 N 5206-1 «О внесении изменений и дополнений в Закон РСФСР «О гражданстве РСФСР». Статья 17. // Ведомости СНД и ВС РФ. 1993. № 29. С. 1112.; Федеральный закон от 31.05.2002 N 62-ФЗ «О гражданстве

Российской Федерации». Статья 12. // Ведомости СНД и ВС РФ. 1992. № 6. С. 243.; Постановление ГД ФС РФ от 17.10.2003 N 4485-III ГД «О Федеральном законе «О внесении изменений и дополнений в Федеральный закон «О гражданстве Российской Федерации». Статья 12. // Ведомости ФС РФ. 2003. № 30. С. 1584.

10 ГИАСО. Ф. 53. Оп. 7. Д. 181. Л. 20.

11 ГИАСО. Ф. П-4. Оп. 63. Д. 1. Л. 29.

12 ГИАСО. Ф. 53. Оп. 7. Д. 181. Л. 20.

13 ГИАСО. Ф. 53. Оп. 7. Д. 181. Л. 20.

14 *Ло Ен Дон (Но Ендон)* Проблема российских корейцев. М., 1995.

15 *Ли Сонг Джэ (Ли Сончжэ)*. Вопросы гражданства в международном праве. Диссертация на соискание ученой степени кандидата юридических наук. М., 2003.

16 *Кузин А.Т.* Трансформация гражданского статуса сахалинских корейцев // Власть. 2010. № 8. С. 75-78.

17 G. Ginsburgs, *The citizenship law of the USSR* (Netherlands: Martinus Nijhoff Publishers, 1983).

18 *Chee Choung Il*, Repatriation of Stateless Koreans from Sakhalin Island: Legal Aspect // Международное право. 1987. № 10. С. 43-78.

19 Cさん。男性。一九三〇年生まれ。ブイコフ町、二〇一〇年六月二九日インタビュー。

20 Aさん、男性、一九五一年生まれ。ウグレザヴォーツク町、二〇一〇年二月一日インタビュー。

21 ГИАСО. Ф. 242. Оп. 1. Д. 60. Л. 63.

22 ГИАСО. Ф. П-4. Оп. 80. Д. 46. Л. 119-121.

23 Tさん、男性、一九三〇年生まれ。ユジノサハリンスク市、二〇〇九年三月八日インタビュー。

24 Sさん、男性、一九四三年生まれ。釜山市、二〇一〇年六月一七日インタビュー。

25 ГИАСО. Ф. П-4. Оп. 63. Д. 1. Л. 5.

26 ГИАСО. Ф. П-4. Оп. 63. Д. 1. Л. 14.

27 Dさん、男性、一九五二年生まれ。ユジノサハリンスク市、二〇〇九年一二月四日インタビュー。

28 サハリンの朝鮮人学校は一九六三年まで存続した。朝鮮人学校問題について詳しくは以下を参照。*Костанов А.И., Подлубная И.Ф.* Корейские школы на Сахалине: исторический опыт и современность. Южно-Сахалинск, 1994. ; *Кузин А.Т.* Сахалинские корейцы: из истории национальной школы (1925-2000-е гг.) // Вестник Санкт-Петербургского университета. Серия 13. 2010. № 4. С. 3-8.

29 Tさん、一九三〇年生まれ。ユジノサハリンスク市、二〇〇九年八月三日インタビュー。

30 北朝鮮領事館員の活動と、北朝鮮の国籍取得勧誘政策について詳しくは以下を参照。*Кузин А.Т* Послевоенная вербовка северокорейских рабочих на промышленные предприятия Сахалинской области (1946 – 1960-е гг.) // Россия и АТР. 2010. № 3. С. 148-156.

31 Iさん、男性、一九八五年生まれ。ユジノサハリンスク市、二〇一〇年一〇月八日インタビュー。

32 豆満江のこと。

33 Tさん、男性、一九三三年生まれ。ユジノサハリンスク市、二〇〇九年三月一九日インタビュー。

34 См.: ГИАСО. Ф. 53. Оп. 25. Д. 2630. 46 л.

35　Dさん、男性、一九五二年生まれ。ユジノサハリンスク市、二〇〇九年一二月四日インタビュー。

36　Cさん、女性、一九三七年生まれ。安山市、二〇一〇年一〇月六日インタビュー。

37　Tさん、男性、一九三三年生まれ。ユジノサハリンスク市、二〇〇九年三月一九日インタビュー。

38　Aさん、男性、一九五一年生まれ。ウグレザヴォーツク市、二〇一〇年二月一日インタビュー。

39　Tさん、男性、一九三〇年生まれ。ユジノサハリンスク市、二〇〇九年八月三日インタビュー。

40　ГИАСО. Ф. П-4. Оп. 63. Д. 1. Л. 5.

41　*Кузин А.Т.* Исторические судьбы сахалинских корейцев. Монография. В трех книгах. Книга вторая. Интеграция и ассимиляция (1945 – 1990 гг.). Южно-Сахалинск, 2010. С. 164.

42　ГИАСО. Ф. П-4. Оп. 159. Д. 86. 38 л.

第五章　サハリン残留韓国・朝鮮人の帰還をめぐる日韓の対応と認識
――一九五〇～七〇年代の交渉過程を中心に

玄 武岩

はじめに

本章は、一九五〇年代から七〇年代にかけて行われた、戦後サハリンに残留を余儀なくされた朝鮮人の帰還をめぐる日本と韓国の交渉過程を検討し、それが成果をあげることなく終わった国際政治の展開について明らかにしようとするものである。

戦前、強制的にサハリン（樺太）に動員され、日本人が引揚げるなかでその対象になれず、戦後数十年にわたり異国での生活を強いられたサハリン残留韓国・朝鮮人（以下、サハリン残留朝鮮人）の問題は、その重大さゆえに日本の戦後責任を提起する起点となった。八〇年代後半になって、日韓両赤十字会の共同事業による相互訪問や、わずかながら永住帰国が実現したものの、日韓の政府事業として一部の集団帰国が行われるのは、二〇〇〇年のことであった*1。それも、新たな家族の離散をもたらし、なお数千人の永住帰国希望者が受け入れ施設の「空き」＝入居者の死をまっているだけでなく、近年では戦時中の郵便貯金の返還を求める訴訟が起こるなど、サハリン残留朝鮮人の問題は根本的に解決していない。

サハリン残留朝鮮人の帰還をめぐっては、日ソ共同宣言（一九五六年）によって、日本人の妻とともに日本に引揚げた人たちが結成した「樺太帰還在日韓国人会」が運動を展開し、冷戦時代に国交関係がなかった韓国とソ連を日本の政府や民間が仲介する政治的な動きをも引き起こした。だが、これらの国際的な移動に不可欠な国家間の取り決めはなされず、それが実現することはなかった。国家の論理は、こうした戦争によって引き裂かれた人たちの原状復帰をめぐる交渉を頓挫させ、個別の帰還すら許すことがなかったのである。

とりわけ国交正常化交渉を進める日韓両国は、日韓条約（一九六五年）の締結前からことの重大性を認識していたが、サハリン残留朝鮮人問題は日韓会談で協議の対象になることはなかった。日韓会談が進み妥結にいたる過程は、終戦時に続きこれらの運命を決定づけるもう一つの重要なポイントとなった。この過程で日韓両国がサハリン残留朝鮮人をどのように理解し、また彼らの帰還要求にどう対応したのか検討することは、いまだ解決されていないこの問題の本質を理解するうえで重要なカギとなるはずである。

日韓条約後、両国はサハリン残留朝鮮人の帰還を外交問題として交渉を開始する。その根源的な責任は日本帝国主義の植民地支配にあるものの、分断と冷戦という状況にあって、これらの帰還は韓国と日本、そしてソ連および北朝鮮という各国の利害関係が一致してこそ実現する問題であった。したがって日韓関係、日朝関係、日ソ関係のなかでサハリン残留朝鮮人問題が放置されてきた状況を検討することが、もう一つの課題となる。

戦後のサハリン残留朝鮮人に関しては、社会経済的な生活史や文化変容など人類学的視点、戦後責任の視点から考察され、生活実態調査や証言記録、ノンフィクションなどさまざまなかたちで論じられてきたが*2、外交史料を駆使した戦後の国際関係の実証的研究はほとんど行われてない。

国際政治的な分析として、「サハリン裁判」(樺太残留者帰還請求裁判)にもかかわった国際法学者大沼保昭の『サハリン棄民』がある。同著では、終戦直後のGHQ(連合国軍総司令部)・日本政府・ソ連のサハリンの朝鮮人をめぐる対応について、米国立公文書館の史料や関係者へのインタビューなどを通じ、残留に帰結する過程を当時の国際情勢から検討している*3。しかし五〇年代から七〇年代における日ソ・日韓の交渉についての言及は、表面にあらわれた政治的動向や立場の分析にとどまっている。とくにその受入先となる韓国も重要なアクターであったにもかかわらず、韓国側の認識と対応および日韓の外交的な交渉過程については十分に解明されていない。

したがって本章では、五〇年代から七〇年代という、サハリン残留朝鮮人の帰還をめぐって市民運動が展開され、日韓両政府を突き動かしていくことで政府間の交渉が行われる時期に、外交レベルでどのような駆け引きが展開されたのかを近年公開された外交文書を中心に検討し、そうした交渉を支える日韓政府のサハリン残留朝鮮人問題への対応および戦後認識の深層に迫りたい。

一　置き去りにされた朝鮮人

（一）　国際政治のなかのサハリン残留朝鮮人問題

戦後の国際秩序を構想する統治権力からすると、民族問題の「解決」のため、帝国各地に拡散した人々を国民国家の枠に収束することは喫緊の課題であった。米国は、数の誤りこそあったものの、中央アジアに強制移住させられた朝鮮人の存在を認知していたし、サハリンにも、日本人のみならず多数の朝鮮人が引揚げられずにいることはつかんでいた。

ソ連軍が南サハリンを制圧したため足止めになっていた日本人は、一九四六年一一月の「ソ連地区米ソ引揚暫定協定」によって、翌月から集団的に引揚げることになった。日本は「真岡」（ホルムスク）に引揚船を送るが、朝鮮人の乗船は認められなかった。これがサハリンの朝鮮人の「棄民」に帰着する最初の転換点となる。

サハリンに取り残された朝鮮人からすれば、日本人だけの引揚げは理解に苦しむ出来事であった。募集や官斡旋、戦時徴用など強制動員によって連れてこられ、過酷な労働条件の下で給与まで貯金を名目に取り上げられただけでなく、「現地徴用」や「二重徴用」*4によって引き裂かれた人たちにとって、日本人のみの引揚げは背信的な行為として映った。サハリンの朝鮮人の日本に対する「恨み」は、サハリン出身の在日作家・李恢成がいうように、「素朴ながら、まともな感情」であった。

しかし、サハリンの朝鮮人の「棄民」に関しては、より国際政治的な観点からの検討が必要となる。なぜなら、これら朝鮮人の「抑留」が長引くことで、問題の解決は多国間の利害の歯車がかみ合わねば実現されえないものとなったからだ。その歯車が動き出すには、冷戦崩壊という世界的な変動のときを待たなければならなかった。すなわち、八〇年代後半になってようやく関係国の思惑が一致するようになり、サハリン残留朝鮮人の永住帰国や本国との相互訪問が可能になったのである。

ただし、それはすでに戦後四〇年を経た「遅すぎた帰還」であった。南北朝鮮の分断と冷戦という国際政治の構造的な問題があったにせよ、そうしたなかで行われた活動と交渉にはさまざまな可能性があったはずだ。結局これらは現実にかみ合うことがなかったのであるが、関係国の政策は、人道とはほど遠い、数百・数千人の望郷の念すらかなえられない徹底して国家の利害にのっとった扱いであった。

(二) なぜサハリン朝鮮人は引き揚げられなかったのか

終戦直前に対日参戦したソ連は、南サハリンおよび千島列島の領有を連合国から取り付けていた。このときサハリンでは、女性や子供を中心に北海道への脱出が始まっていたが、ソ連軍が引揚港の大泊(コルサコフ)や真岡を制圧した一九四五年八月二三日には、それでもなお三五万人余りの日本人と四万人余りの朝鮮人が残ったままであった*5。

連合国の占領地区では、戦後まもなく引揚げが開始されるが、ソ連占領地域の引揚げは、四六年一二月「ソ連地区引揚に関する米ソ協定」によって取り決められ、集団引揚げが始まる。しかし前述したとおり、朝鮮人および朝鮮人と婚姻関係にあった日本人の女性は置き去りにされた。

連合国の占領下にあったとはいえ、日本人の引揚げを積極的にGHQに要求していた日本政府が、それと同等に朝鮮人の引揚げを要請していたならば、事態は大きく変わっていたかもしれない。引揚げが米ソ間の交渉に委ねられたとしても、「ソ連地区引揚に関する米ソ協定」の追加交渉を要求する日本政府の計画案は緻密であった。

たとえば、サハリンの場合、GHQには、最小限の要求として、使用船舶に米船の使用と燃料の支給、使用港として稚内と大泊を追加すること、送出人数を月一五、〇〇〇人から、春季以降は三八、二五〇人に増加させることを交渉するよう求めたのである。それによって、一年一〇カ月かかる引揚げ期間を一〇カ月に短縮して、越冬の回数を減らすことができるとしたのである*6。

後に、参議院決算委員会で、「当時の日本政府としてアメリカ占領軍に対して(朝鮮人の引揚げに関連する)意見とか、あるいは話し合いというものの機会があったのかなかったのか」とする質問について、外務省は「現在調査をしているところ」であると答えたが*7、そうした痕跡は見当たらない。

GHQもサハリンに二万から四万人にいたる朝鮮人が引揚げを待っていることは把握していた。サハリンに家族を残したまま「二重徴用」で内地転用された炭鉱夫一八人は、GHQに家族の引揚げを嘆願し、南朝鮮でも「サハリンからの朝鮮人早期帰還連盟」という救護団体がサハリンの朝鮮人の帰還を請願する書簡を送った*8。

こうした陳情を受けて、GHQでは参謀第三部が、朝鮮人を乗せて真岡から佐世保に寄港して釜山に帰るという具体的な方策を外交局に提案するが、その計画は断念された。それには在朝鮮の占領アメリカ当局の反対が影響した。朝鮮内の秩序安定が最大の課題であって、在外朝鮮人の帰還を好ましく思わなかった現地の占領軍は、南朝鮮の食料や住宅事情を理由に、引揚計画のソ連への申し入れには否定的だったのである*9。

ただし、そうした占領当局の立場は一般的な原則であって、他の地域からは帰還が急がれていたことを考えれば、それがサハリンの朝鮮人の運命を決定づける要因になったとは思えない。解放とともに各地から帰還する朝鮮人の数は、非公式に帰還した六〇万人余りを除いても、およそ二年間で二〇〇万人を超えた状況で*10、多く見積もっても数万のサハリンの朝鮮人の帰還だけが拒否される理由はなかったのである。

ソ連も当然ながらサハリンの朝鮮人の状況については把握していた。極東軍管区引揚課で実施した人口調査では、サハリンには二二、七七七人の朝鮮人が居住しており、これらの朝鮮人が本国への送還を望んでいることを内閣引揚問題全権委員会の副議長がマリク外務次官に報告し、そこで朝鮮人の北朝鮮への送還について問い合わせている*11。また、引揚問題全権委員陸軍大将が、一九四七年に数回にわたり朝鮮人が本国への送還を要求していることに関する引揚送還課の報告を受けて、四八年の下半期に朝鮮人を送還する可能性の意思を明らかにした。彼は朝鮮人を労働力確保のために抑留することはソ連にとって有益ではないとしつつも、その送還先については北朝鮮にするべきだと主張した*12。

それに対してマリク外務次官は、朝鮮人の一部の南部出身者たちは南への送還を望んでおり、サハリンの朝鮮人二三、〇〇〇人が北への送還を望んでいるという結論を下すことはできないと指摘した。そして朝鮮人の送還の如何は、日本人の送還が完了した後に決定するが、ただし、南サハリンの産業および漁業労働力に打撃を与えるため、四八年には集団送還は行わないことを示したのである*13。

サハリン在住の研究者クージンは、サハリンの朝鮮人の帰還に対するソ連の立場についてこう述べている。「ソ連に関していえば、その立場は静観者以外の何ものでもなかった。そのわけは明白である。ソ連は朝鮮人の運命に同情しながらも、日本からの解放後、労働力が不足していた南サハリンの開発のために、労働力に優れて仕事の選り好みをしない朝鮮人を使おうとしたのである」＊14。

当時サハリンには北朝鮮から労働者が派遣されていたこともあり、マリク外務次官がほのめかす労働力問題は重大であったに違いない。しかし一方では、「朝鮮人を労働力確保のために抑留することはソ連にとって有益ではない」とする意見があったことについても注意を払う必要があるだろう。

(三) 朝鮮ダモイ——「恵まれた帰還」

日本人のサハリンからの引揚げは、一九四九年七月二三日に最終引揚船が出港することでひとまず終了する。その後、日本人女性が引揚げを求めるなか、五六年一〇月に戦犯容疑で有罪が宣告された日本人の釈放と帰還が盛り込まれた日ソ共同宣言が締結されることで、これらの引揚げが実現した。五七年八月から五九年九月にかけて、七六六人の日本人女性と、一五四一人の朝鮮人夫およびその子供が日本に引揚げることとなった。歪なかたちであるが、一部朝鮮人の引き揚げが認められたのである。

ところで、五〇年代後半はまだ日韓の国交関係が正常化されておらず、植民地統治の「過去」をめぐって日韓会談で激しく争われた時期である。日本において、韓国・朝鮮に対する植民地支配や戦後補償問題への認識は、ないに等しい状況だったといえよう。それだけに、日本からすれば朝鮮人を引揚げさせることは想定外のことであった。

ソ連に日本人未帰還者の調査を依頼していた日本は、サハリンの状況はほとんどつかんでいなかった。ソ連から通告された帰還希望者に多数の朝鮮人が含まれていることを知った日本政府は戸惑った。その処理をめぐって外務省は、法務省、厚生省および警察庁など関係省庁間の会議を開き、朝鮮人は原則として受け入れることにした。ただし、それはあくまでもやむをえない選択としてであった。

日本は、引揚船に乗せるのは日本国籍を有する者に限ることをソ連側に申し入れるのが望ましいとしつつ、「一部でも受け入れを拒んだ場合、日本人引揚に及ぼす悪影響を考慮し、今回はかかる要求乃至申し入れを行わないことに」したのである*15。「引揚という観念において当然に受け入れられる者は日本国籍を有する者に限られる」*16のであって、朝鮮人は引揚者というより、「付随品」にすぎなかった。それが方針であっただけに、日本人と家族関係を持たない朝鮮人に対しては、終戦前より引き続きサハリンに居住している場合においても入国審査の対象にしなかった*17。

日本は五七年三月下旬、ソ連から正式に日本人二二五人と朝鮮人一四六人の計三七一人の帰国希望者の名簿が渡される。それによってこれらの帰国準備が進められることになる。ソ連地区の「未帰還邦人」の第一二次の引揚げが、サハリンからの引揚げとなった。サハリンのホルムスクを出航した引揚船は、二一九人の引揚者を乗せて八月一日に舞鶴に入港したが、ほとんどが朝鮮人であったこともあって、「出迎えもいつになくさびしかった」と当時の新聞は伝えている*18。このように日本人の引揚者が少なかったことから、この第一二次船が最後の集団帰国になると見込まれた。

日ソ共同宣言によるサハリンからの引揚げは、歪んだかたちではあったものの、実質的には朝鮮人の引揚げであった。ある日刊紙の見出しのように、「朝鮮ダモイ（家へ帰る）」だったのである*19。

それは、置き去りにされた朝鮮人が帰国を待ち望んでいる限り、集団引揚げがこれで終わらないことを意味した。続いてソ連側から三一二人を帰すとの通告があり、配船を要求してきたが、その七割以上が朝鮮人であった。

結局、この時期の朝鮮人の引揚げは、一部の「恵まれた帰還」であって、朝鮮人全体の集団引揚げの糸口にはならなかった。ただ、五八年一月に日本人の妻とともに日本に引揚げた朴魯学《パクノハク》や李羲八《イヒパル》らが結成した「樺太帰還在日韓国人会」(以下、帰還韓国人会)は、その後のサハリン残留朝鮮人の帰還運動に重大な役割を果たすことになる。出国の際、現地の人々から帰還の夢を託された彼らは、帰還運動のために東京での居住を選択すると、腰を据える間もなく陳情書を韓国代表部に届けるなど、活動を開始した*20。

それでは、日本人妻との同伴で帰還した朝鮮人が提起したサハリン残留朝鮮人問題をめぐり、日本と韓国との間でどのような駆け引きが展開されたのかを見てみよう。

前述したように、「邦人の配偶者たる朝鮮人」の帰還は、「邦人の引揚促進の見地より」「わが方従来の取扱い方針を一部変更して渡航証明書に代わる文書を発給すること」で実現したものである*21。したがって、日本人妻との同伴で引揚げた朝鮮人をめぐる駐日韓国代表部からの申し入れについては、「見当違いも甚だし」いと考えられていた。

韓国代表部は、五七年八月六日、日本の外務省に口上書を送り、サハリンから引揚げた日本人に支給される一万円の引揚手当および帰郷旅費が、韓国人には支給されないことに抗議し、韓国人引揚者に対して日本人と同等の処遇を求めた。戦時中、日本政府によりサハリンへと強制徴用された朝鮮人の差別待遇は、不当かつ人道主義に反するものだとして問題提起し、同時に未帰還者の情報提供と早期の引揚げを要請したのである*22。これが、韓国政府がサハリン残留朝鮮人の帰還をめぐって日本政府に対応を要求した最初のケースであろう。

しかし、日韓間の接触が始まる段階での両者の認識の隔たりは大きかった。日本側からすると、韓国代表部の口上書は「引揚げと入国とを完全に混同している」ものであった。つまり、「朝鮮人は原則として、その母国である韓国に引揚げるべきであり、今回の朝鮮人の場合は、本人の入国の申請に対し、わが方がその入国を自主的に許可したもの」だったのである。朝鮮人の引揚げは、特別に日本在留を認めたケースであって、したがって帰還手当や帰郷旅費の支給の対象になれないことは「法律的にも明らか」とされた。さらに引揚げ促進の要請についても、当時の日韓関係から、世論の反発を憂慮して何らかの措置をとることは適切でないと考えられた*23。

こうした日本政府の立場は、国会での討議（衆議院予算委員会第二分科会、一九五八年二月一七日）においても確認できる。日本人妻に同伴して引揚げた朝鮮人に対する帰国手当や生活保護の問題を提起した島上善五郎衆議院議員の質問に対して、引揚援護局長は、「第三国人を引揚者というふうな観念で考えますことは非常に無理がございます」と答弁している*24。

当時の日本の認識としては、サハリンで朝鮮人は日本人と比して差別待遇を受けていたわけでなく、むしろ終戦間際まで兵役免除の特典を受け、ソ連進駐後は解放者として逆に威張りだした存在だったのである*25。

二　帰還交渉の始動

（一）一体化する「北送阻止」と「樺太僑胞救出」

サハリン残留朝鮮人の引揚げに対する韓国の促進要求について、日本の外務省では内部調停を経て、「日本政府が関与すべき問題ではない」とする口上書の起案が一九五七年九月二七日付で作成されている。口上書は韓国の要請に対して、「これら韓国人の問題は韓国政府が在外臣民《ママ》保護権に基づき在留国との間に解決すべき性質のものであって、直接には第三国たる日本国政府の関与すべき問題ではない」として、基本的に拒否の立場を示している＊26。

ただし、日本政府は韓国代表部にこの口上書を送付しなかったようである。韓国代表部は、五八年に帰還韓国人会の訪問を受け、五九年七月に再び口上書を送っているが、そこでは五七年八月に送付した口上書への返答がなかったことに遺憾の意を示したのである＊27。日本側の返答が保留されたのは、岸政権で再開の兆しがあった日韓会談に与える影響を考慮してのことであろう。韓国側の口上書に対して、「書簡をもって回答するときは、右の通り相互の見解が全く対立するためある程度刺戟的な表現を使わざるを得ないので日韓交渉の成行きも勘案しつつ、口頭にて簡単にわが方の立場を説明しておくことが適当なりと考え」られたのである＊28。

その間、五八年七月に帰還韓国人会は日本赤十字社（日赤）をとおして赤十字国際委員会（国際委員会）に嘆願書を送っている。ところで、国際委員会の基本的立場は、戦争によって引き裂かれた家族に対して行動できるということであり、さらに韓国あるいはサハリンの離散家族が直接申請することが望ましいと伝えてきた。それに対して帰還韓国人会は、「第二次世界大戦時韓国人犠牲者連合会」という団体名で再び嘆願書を送付する*29。国際委員会は日本代表をとおして「韓国人犠牲者連合会」の関係者を呼び出し、五九年五月一五日に自らの立場を詳しく説明するのであるが、とくに離散家族の名前や住所など実体的な資料が必要であることを強調した。すると「韓国人犠牲者連合会」は、およそ一年後の七月七日、今度はサハリンから送られてきた手紙をもとに作成した二、〇四八人の名簿を国際委員会に送付した*30。

一方、大韓赤十字社（韓赤）も国際委員会から韓国の留守家族が個別申請するようにと要請され、五九年六月より一カ月間、サハリンからの未帰還者の申告を受け付けることになる*31。その結果、およそ一、〇〇〇人の家族から帰還措置を要望する申請があった*32。それによって韓国は、韓国の家族一、〇〇〇人が個別申請を希望していることを国際委員会代表団が訪韓した際に伝えた*33。

ところで、五九年からの在日朝鮮人の北朝鮮への「帰国事業」は、サハリン残留朝鮮人の帰還にも重大な影響を及ぼすことになる。日本政府が閣議了解し、日朝両赤十字が帰還協定を締結することで同年一二月に開始された「帰国事業」は、最初の二年間で七万五千人余りが北朝鮮に移住する大規模なプロジェクトであった。韓国はこれを在日同胞の「北送」と呼んで激しく反発した。「北送」を阻止するために韓赤代表が国際委員会を訪問した際、サハリン残留朝鮮人問題も併せて提起し、協力を要請した*34。

しかし「帰国事業」が現実となれば体制競争で北朝鮮に引けを取ることになる韓国としては、なによりも「北送阻止」が優先課題であって、サハリン残留朝鮮人問題は二の次であった。

そもそも韓国はジレンマに陥っていた。日本が「人道的問題」として国際委員会に「帰国事業」への介入を求めていたが、韓国はこれが「政治的問題」であると主張し、国際委員会には関与しないよう要求した。「帰国事業」をめぐって日韓両政府が激しく対立する状況で、韓国がサハリン残留朝鮮人の送還に「人道的立場」を示して交渉を展開することは、日本の「北送」を容認する結果になりかねない状況だったのである。したがって韓国政府としては、「人道主義」や「居住地選択の自由原則」をもって、国際委員会との交渉の基礎にすることができず、具体的な方針の樹立にもいたらなかった*35。

そして「帰国事業」が一段落すると、韓国は「居住地選択の自由原則」を逆手にとって、サハリン残留朝鮮人の帰還を積極的に日本政府や国際委員会に求めていく。しかしそれも、これらの帰還自体を目的にしたものとは思えない。

それは、韓国政府がどれほどサハリン残留朝鮮人の帰還問題を真剣に考えていたかを見ても浮き彫りになる。民間からの請願や韓国側の問題提起を受けて、国際委員会が韓国政府に、六〇年一〇月から数回にわたり、先に提示された一、〇〇〇名の帰還申請あるいは消息伝達申請の送付を要請したところ、韓国はそれに対応できずにいた。また、六八年に日本およびジュネーブに派遣された国会議員からなる「樺太僑胞救出交渉使節団」もこれら二つの問題を交渉するものであったが、韓国紙が批判したように、「国会使節団のかばんは空っぽ」であって、「駐日大使館で帰還韓国人会の幹部と面談したメモとサハリンからの帰還を訴える手紙数通がすべて」だったのである*36。

このように、韓国にとって「サハリン僑胞問題」は「北送中止」のための、国際委員会および日本に圧迫を加える手段であって、その交渉において「北送阻止」と「サハリン僑胞救出」が一体となって進められたのである。

したがって、帰還韓国人会が後に韓国の朴正煕大統領に、日本が朝鮮赤十字会を通じて在日朝鮮人の帰国とサハリン残留朝鮮人の帰還を交換条件として交渉すれば、サハリン残留朝鮮人が帰還できる可能性が充分にあると陳情したことは*37、関係国が謳う人道主義に対する過信だったといえるだろう。もっとも、帰還韓国人会は「北送問題」を活用してサハリン残留朝鮮人の帰還を図ろうとしたが、逆に韓国政府は、サハリン残留朝鮮人の帰還問題を利用して「北送」を中止させようとしたのである。

こうしたサハリン残留朝鮮人の帰還問題への態度から、すでに日韓の間では問題が提起され、国際委員会との交渉まで行われていたにもかかわらず、この件が日韓会談の議題に上ることはなかった。それどころか、会談が妥結に向けて進行するこの時期は、政府レベルで本件が取り上げられることすらなかったのである。

サハリン残留朝鮮人問題が日韓会談の過程で排除された経緯について外交史料上で確認することはできないが、後述するように日韓会談の妥結を急ぐ過程で無視されたか、そもそも日韓会談の争点に値すると考えらなかったこともあり得るだろう。いずれにしろサハリン残留朝鮮人問題が排除された日韓条約は、その後の交渉に影を落とすことになる。

(二) 日韓条約後の展開

一九六一年五月にクーデターをとおして権力を掌握した朴正煕《パクチョンヒ》政権における最大の外交課題は、日韓国交正常化であった。帰還韓国人会は、日韓の国交交渉が進展すると、日韓会談でサハリン残留朝鮮人の帰還問題を議題として取り上げるよう両国に陳情を続けた*38。しかし帰還問題が棚上げにされて日韓条約が締結されたため、帰還韓国人会は憤慨に堪えなかったという*39。こうしてサハリン残留朝鮮人問題は、日韓条約の締結後ようやく両国の懸案事項として浮上することになる。

この時期の日韓の交渉は、帰還問題が「帰国事業」と一体となって扱われる状況に変わりはなかったものの、韓国側の要請に日本が応答することで、サハリン残留朝鮮人の帰還交渉が現実味を帯びながら進められていく。

日韓条約の締結を受けて、サハリン残留朝鮮人をめぐる韓国と日本との駆け引きが本格化する。六六年一月一七日に『東亜日報』がサハリン残留朝鮮人問題を報じ、同年二月二日には『朝日新聞』もこの問題を取り上げるようになり、風向きも変わってきた。なによりも、無国籍者を日本側が引き受けるならソ連政府は出国を許可するとされた状況が帰還運動に弾みをつけた。サハリン残留朝鮮人は、「本国」（北朝鮮）やソ連の国籍を取得しないほうが帰還に有利に働くと考え、多くが無国籍のままでいたのである。

日本でサハリンと韓国間の書信を中継していた帰還韓国人会は、六五年末から帰還希望者を募ることになる。すると六六年には帰還を希望する膨大な手紙が殺到するようになった。それをもとに七、〇〇〇人余りの帰還希望者の名簿を作成した*40。こうして六五、六六年は、帰還韓国人会のサハリン残留朝鮮人の帰還要求運動の最初のピークとなる*41。

韓国政府が動き始めたのはこの時期であった。六六年一月に帰還韓国人会が駐日韓国大使館に陳情書を出したことをきっかけに、日本政府にソ連との交渉を行うよう正式に要請する。韓国外務部も前年末に韓赤を通じて帰還韓国人会の陳情書を受け取っていた。日本もこれまでの立場を変えて、同年の三月には、韓国側が帰国希望者を全員引き受け、所要費用を負担するという条件を受諾すれば、ソ連政府と交渉を開始する用意があると公式に表明した*42。

こうした帰還韓国人会の活動によって、日韓両国は問題を共有する状況にまでいたる。しかしその方法については、両者の認識の隔たりはなお大きかった。

韓国の立場は、サハリン残留朝鮮人の救出は日本に一次的な責任があり、まず日本に上陸した後に、希望する定着地を決定させるということであった。歴史的に見れば、サハリンの朝鮮人は在日韓国人と区別されることはなく、サハリンが日本の領土であったならば、在日韓国人の法的地位協定によって日本に永住する権利が付与されていると見なしていたのである。そこからは、サハリンからの帰還者は日本に定着してほしいという思惑が見てとれる。

実際、外務部は、韓国行きの希望者がいれば受け入れるとしつつも、日本に帰還した人を相当期間は日本に定着させ、その間に帰還者の思想や身元を調査し、日本への定着を誘導するという交渉指針を駐日大使に下していた*43。韓国がサハリン残留朝鮮人の日本への帰還を前提にしたのも、ソ連が韓国への出国を認めない可能性を考慮すれば、それなりの理屈づけにはなった。しかし国際委員会との交渉において、外務部は駐ジュネーブ大使に、如何なることがあっても韓国が受け入れないような印象を与えてはならないと注意を促したように*44、それは在外同胞を受け入れられない、あくまでも対内的な事情からであった。韓国政府はこのとき、ブラジルやパラグアイなど南米への移民計画を立てていた。

他方、外務部は日本の非協力的な対応に不満をあらわしていた。日本が「居住地選択の自由」を尊重するとして北朝鮮への「帰国事業」を推進しながらも、サハリン残留朝鮮人の帰還問題については韓国側の引き受けを前提にするダブルスタンダードを非難したのである。このとき韓国は在外同胞の帰還問題を、「政治的問題」から「人道的問題」に切り替えていた。

当時の日本の立場をあらわす象徴的な事件が、孫鐘運《ソンジョンウン》の帰還をめぐる出来事である。日ソ共同宣言による集団引揚げは一九五九年に終了するが、その後は大陸を経由して個別に続けられた。六五年に日本人の妻をもつ孫鐘運一家は、ソ連政府が日本の入国許可がある朝鮮人については出国を認める方針であったこともあって、比較的容易に家族全員の出国許可を得ることができた。ところが、日本政府は従来の方針どおり、孫鐘運の父である孫致奎《ソンチギュ》には入国許可を出さず、結局父を残したままの帰還となったのである＊45。

(三)　日韓会談からの排除という転換点

帰還韓国人会は、日本の政界に陳情書を送り、署名運動も展開した。また、帰還希望者七、〇〇〇人余りのリストを作成して国際委員会や日韓両政府にも送り付ける。在日本大韓民国居留民団も「サハリン抑留韓国人問題」に関わることになり、共同で陳情書を提出するようになる。

政治レベルでは、駐日韓国大使館の公使が外務省のアジア局を訪問して帰還促進を要請する。そして韓国政府は、「サハリン僑胞帰還」と「北送中止」を求めて日本および国際委員会に超党派の使節団を派遣した。この樺太僑胞救出交渉使節団は、一九六八年一月四日から一一日まで日本を訪問して政界との接触をはかるが、日本のサハリン残留朝鮮人に対する理解は乏しく、「問題検討」あるいは「慎重に考慮」するという答弁にとどまった*46。

日本のこうした立場は、日韓条約がサハリン残留朝鮮人問題を棚上げにして結ばれたこと、しかも韓国が対日請求権を放棄したことにもとづいている。朴魯学《パクノハク》の手記によれば、サハリン残留朝鮮人問題が日韓交渉の過程で無視されたことについて、「樺太問題を議題にすると、韓日条約の締結が遅れるので、あとまわしにした」という回答を韓国大使館から受けている。逆に、日本の外務省からは、「今度の日韓会談で、韓国政府は請求権を放棄した。その条件の中には樺太問題も含まれているので、すべて解決した」との答弁を受けた*47。

日韓の言い分は明らかに食い違っており、ここにはサハリン朝鮮人の帰還問題を解決しようとする姿勢は見当たらない。韓国を訪問した朴魯学会長は、駐韓日本大使館に陳情に出た際、参事官から「日韓会談に一行だけでもサハリンの韓国人問題が記入されていたのであれば、後の交渉に役立った」と伝えられた*48。このように、サハリン残留朝鮮人問題が日韓会談から排除されたため、その結末はこれらの人たちの運命を決定づける、もう一つのターニングポイントとなった。

韓国の使節団は、次の予定地であるジュネーブに向かい、国際委員会と会談を行う。国際委員会からも、韓国が帰国希望者全員を受け入れることを確約する前には措置をとることができないとされた。しかし、「北送問題」との衡平性を絡めた「居住地選択の自由」の提起は功を奏し、韓国は徐々に国際委員会を引き寄せていく。

韓国の外務次官が、六八年四月に駐韓日本大使を招致し、日本の立場を再確認したところ、全員韓国が受け入れるという確約が必要だとする従来の立場を崩さなかったが、七月には国際委員会が日本に対して帰還問題の解決のために協力するよう正式に申し入れた。こうして八月にソウルで開催された第二回日韓定期閣僚会議では、韓国の要求により、共同声明に「これら韓国人が早急に樺太から出境しうるようできる限りの協力を行う旨を表明した」*49とする項目が含まれた。

（四）高まる帰還への期待

韓国とソ連の国交関係がなかったこの時期に、日本がサハリン残留朝鮮人の帰還問題について「できる限りの協力を行う旨」を示したことによって、多国的な枠組みで議論される土壌が整えられるはずであった。しかし、日本が自らソ連にサハリン残留朝鮮人の帰還問題を提起するには、戦後処理に対して一歩踏み込んだ意識の変化が必要であった。

一九六九年七月四日、韓国外務部が駐韓日本大使館を通じて公式的に七、〇〇〇人余りの帰還希望者の名簿を日本政府に渡すと、日本はそのことをソ連側に通告した。しかし日本のソ連への接触は非公式な打診であって、公式的な問題提起はなされていない。

国会でも、サハリン残留朝鮮人問題が「日本に直接関係ない」としながらも、「人道的な責任」という視点から対策樹立の追及があった。外務大臣も前向きに検討するという姿勢を示したように*50、日本にしてもこの問題はもはや避けてとおれない段階にまで進んでいたのである。

七一年には、六五年に日本の入国許可が下りず、息子夫婦とともに帰還できなかった孫致奎が、集団帰国以来、渡航証明書を得て一般朝鮮人としてははじめて日本の地を踏んだ。これは、帰国費用の自己負担はもちろん、在日家族の努力と、韓国行きの誓約があって実現したものであった。

ただし、孫致奎の引揚げをサハリン残留朝鮮人の帰還の試験的ケースにしたい帰還韓国人会の期待とは裏腹に、日韓両政府は、あくまでも特殊なケースとして取り扱う立場であった。韓国は「在樺太僑胞全般の帰還問題に影響を及ぼさないようにする」とし、また日本も「本件を単独ケースとして取り扱う」とすることで合意していた*51。日韓ともに孫致奎の件が帰還モデルになることは、都合のよいことではなかったのである。

孫鐘運は、帰国費用は日本に負担させるという韓国の方針に従って、日本には通過するだけで滞在しないこと、また「通過帰国の必要経費は一切本人が捻出負担して、本国政府には迷惑をかけない」ことを誓約した*52。しかし、それに対して外務部からは、「たとえ父親や貴下が単純に日本を経由地として韓国への帰還を希望しており、またすべての経費まで負担するという意思表示をしたとしても、最初から日本を経由地として帰還を希望することは、樺太僑胞全体の帰還問題に対するわが国の方針とは相反することを理解しなければなりません」（傍点筆者）と念を押された*53。

いかなるかたちであれ、こうした細々とした帰還の実現は、七〇年代初頭の国際情勢の変化ともあいまって、帰還への期待を高めていく。七三年二月には洪萬吉《ホンマンギル》一家がサハリンから日本に引揚げ、およそ半年後に韓国を訪問することで実現した老母との再会が感動を呼んだ。そして帰還韓国人会と連携して七一年八月には韓国の大邱で樺太抑留僑胞帰還促進会（現・中ソ離散家族会）が発足し、日韓政府および人権団体にサハリン同胞の「救出」を訴えた。

しかし、なによりもこれらを鼓舞したのは、日本が公式の場でソ連に問題解決を呼びかけることにより、外交的な交渉がこれから進んでいくだろうという期待であった。

七二年一月の第二回日ソ閣僚協議におけるグロムイコ外相と福田外務大臣の会談でも、サハリン残留朝鮮人問題についての言及があった。福田赳夫外相から問題の検討を要請されたグロムイコ外相は、「帰国の要請があれば、ソ連籍、外国籍など、それぞれに関するソ連の国内関係法規に従って検討することになる」と答えているが*[54]、サハリン残留朝鮮人に対する認識があったとは思えない。

七三年五月の日ソ赤十字社総裁会談では、ソ連赤十字社トロヤン総裁が「日本の通過許可があれば出国を許可する」としたことが日赤の関係者の発言を通じて明らかになった。すると、韓国の新聞は、ソ連がサハリン僑胞を送還する用意を示したとして大々的に報じたのである。ただ、トロヤン総裁の話は一般的な原則を示したに過ぎず、日本外務省もそれをソ連政府の公式の立場として見なしていなかった。しかし、一〇月には田中角栄首相の訪ソが予定されており、そこで正式に議題として取り上げられることが期待された。

田中首相の訪ソによる日ソ首脳会談では、帰還問題について「外交経路を通じて交渉しよう」という提案をしていたことから、韓国ではブレジネフ共産党書記長が善処を約束したと報じられ、期待を高めた。実際は、平和条約や領土問題など諸懸案のなかにあって、サハリン残留朝鮮人の帰還をめぐっては重視されたわけではない。にもかかわらず、このとき採択された日ソ共同声明には、人道主義の立場から「未帰還邦人の帰国」や「日本人墓地への墓参」が明記され、そうした「諸問題」にサハリン残留朝鮮人の帰還問題も含まれるものだとして、一層期待を膨らませた。

三　膠着する帰還交渉

韓国には伝えていなかったが、一九七三年末に日本はソ連側の当局者に交渉を打診していた。このときソ連は口頭で、「サハリン残留朝鮮人の帰還問題は日ソ間の協議対象になりえない」とする反応を示した*55。その後の交渉が難航する不吉な予言である。

（一）守勢から攻勢へ転じる日本

七二年の田中首相の衆議院への答弁書に見られるように、日本がソ連と交渉する前提条件は、韓国への引揚げと韓国の費用負担という従来の態度を堅持したままであった。しかし一連の状況から、帰還のカギは日本の入国許可にあると認識したサハリンの朝鮮人たちが、直接ナホトカにある日本総領事館に嘆願書を出すことになる。七三年三月から同年末まで送られてきた嘆願書にもとづき、日本は独自の帰還希望者名簿を作成し、この四五世帯二〇二名（後に四七世帯二〇一名）のリストをもって韓国政府に「攻勢」を仕掛けることになる。

外務省は七四年一月二二日に韓国大使館の一等書記官を招致して、二〇二名の名簿を渡すとともに、韓国がこれらを引き受けるならば対ソ交渉に臨むと韓国に提案した*56。これに対して韓国側も二月一日、まず日本に引き揚げてから各人の帰国意思を確認するという従来の立場をもって応酬した*57。日本はこうした韓国の主張に同意せず、両者の立場は拮抗する。外務省としては、自ら作成した帰還希望者名簿であっただけに、韓国がこれらの受け入れについて文書をもって公式に表明することが、帰還交渉のために必要であると強気で臨んだ。

日本は三月二七日、こうした内容の口上書を、正式に駐韓大使館を通じて韓国外務部に送付した。これに対して韓国は、内務部、保健社会部、中央情報部など関係部局会議を開き、対応を議論した。この会議のやりとりから、韓国政府のサハリン残留朝鮮人問題に対する本音が見えてくる*58。

まず韓国は、二〇一名を受け入れることで、共産主義国から韓国に来ることは国内的にも国際的にも有利に働くと判断していた。在日朝鮮人の北朝鮮への帰国により、体制競争において劣位に立たされた韓国であるが、サハリン残留朝鮮人の帰還はそれを挽回する機会になると考えていたのである。

さらに、二〇一名が韓国に帰国すれば、ソ連と北朝鮮との関係を引き離す利点があると期待していた。しかし、それは逆に、北朝鮮がソ連との関係を利用して、サハリン残留朝鮮人の帰還を妨害する可能性を示すものであって、実際にそうした方向に傾いていく。

他方、帰還者を受け入れる場合、二世の思想分析も重要で、状況によっては反共教育や体制教養、産業視察などが必要だとされた。そしてそこには経済的な現実問題も横たわっていた。当時の韓国の財政状況では、帰国者に一日二五〇グラムの小麦粉しか提供できない状況で、サハリンでの生活よりもよい生活が保障できるかどうかについては慎重だったのである。韓国政府はサハリン残留朝鮮人が中流以上の生活を営んでいると認識していた。

反面、日本の要求に応じず帰還者の受け入れを拒否することで交渉が進展しなければ、韓国政府に理解を示す赤十字国際委員会に面目が立たないばかりか、日本に対ソ交渉を回避する口実を与えることが憂慮されたのである。

会議に同席した中央情報部第一局長は、「彼らが抑留地のソ連から自由世界に脱出できるよう積極的に援助することで足りて、どこを最終定着地にするかはさほど重要なことではない」と語っている。字義どおりに解釈すれば、彼らのいう人道とは、共産主義国家からの脱出であって、故郷にもどって家族と再会することはどうでもよいことになる。内務部は、韓国への帰還自体には異議はないとしつつ、この二〇一名の帰還の実現が、その後の残留者帰還の基準になることを鑑み、国家的な利害得失を検討して慎重に処理することを外務部に要請している＊59。

最終的には、損得を勘定した結果、原則的には韓国が彼らを受け入れるとしながらも、従来の方針どおり日本に定着を希望する者には日本で暮らせるように帰還交渉を続けることにした。韓国にしても日本の要求を拒み続けることはもはや難しくなっていたのである。外務部は関係部局の意見を取りまとめ、五月八日に口上書を日本側に送付した。

ところが韓国が出した返答は、二〇一名に入国許可（entry permit）を与える（grant）ということであって、それについて日本は明示的な確約を要求してきた。つまり、日本への入国許可によって、帰還者は別途の手続きなく韓国への入国許可が下りるようにすることを求めたのである＊60。だが韓国は、これらの日本到着後、駐日韓国公館を通じて旅行証明書を発給すると主張し、両者は帰還者を互いに押し付けたのである。

いずれにしろ日本としては、自らが作成した二〇一名の名簿をもって、守勢的な立場から攻勢的な立場に転じることができた。日本はこの名簿をもって、ソ連との交渉に臨むことになる。

韓国が二〇一名の帰還希望者を受け入れることを確認した日本は、それを受けて、七四年九月までに省庁間の協議を終え、一〇月の初めに、駐ソ大使館に帰還実現の協力を要請するように訓令を出した*61。それにともなって、駐ソ大使館は一一月四日、ソ連の外務省を訪問して、ロシア語で作成した二〇一名の帰還希望者の名簿を添付し、ソ連政府がこれらの出国を許可するよう要請する口上書を提示する。

しかしソ連は、サハリン残留朝鮮人の帰還問題は、日ソ間の交渉の対象ではないとして、口上書の受理を拒否した。ソ連は、「朝鮮半島における唯一の合法政府である北朝鮮以外の政権と関連する問題について、日本政府と交渉するつもりはない」として突っぱねたのである*62。日本は再度リストの受理を要請したが、ソ連が態度を変えることはなかった。

日本は、韓国側へ交渉結果の説明を行い、こうしたソ連の強硬な反応について北朝鮮の意向が影響している可能性を示唆する*63。北朝鮮としては、サハリン残留朝鮮人の韓国への帰還を望まないことは当然であった。それは、韓国が在日朝鮮人の「帰国事業」において、「北送」を阻止するため猛烈に反対したことと通じる。

そうすると、北朝鮮の「意向」は可能性ではなく、現実に作用したとしても不思議ではない。実際、北朝鮮は、「サハリン同胞を南朝鮮に送還させようとする日本の支配層の策動は、朝鮮民主主義人民共和国に敵対する政策の表れである。このような政治的ごまかしは実現不能な妄想にすぎない」として、日ソ首脳会談直後の『労働新聞』（一九七三年一〇月一一日）の論説を通じて、日本とソ連の交渉を牽制したのである*64。

在外同胞を勢力の下に置こうとする南北の両政府は、それぞれ都合に合わせ在外朝鮮人の帰還を促し、また相手の帰還交渉には外交的圧力を加えた。こうした体制競争に在外朝鮮人の運命は翻弄されたのである。

(二) 交差する希望と絶望

サハリン残留朝鮮人の帰還交渉が日ソ間の問題ではないとするソ連の立場は、七五年一月および翌年一月にそれぞれモスクワと東京で開かれた日ソ外相会談でも繰り返された。それとは裏腹に、日本のサハリン残留朝鮮人に対する立場は、「同情」から「道義上の責任」へ変わっていく。法的責任はともかく、政治的な責任を感じつつあった日本としては、韓国への帰還と韓国側の費用負担という十年来の方針にも「こだわらないという態度で臨みたい」という姿勢を示したのである*65。

折しも、サハリン残留朝鮮人を原告にする、いわゆる「サハリン裁判」が始まり、彼らの運命をめぐる日本の法的責任が裁判所で問われ始めようとしていた*66。日本の立場の変化は、サハリン残留朝鮮人問題や韓国人被爆者問題が公の場で語られることで、戦後責任の問題に直面するようになった結果であろう。

七〇年代半ばは、こうした希望と絶望が交差する時期であった。日本の入国許可とソ連の出国許可を得ることで、わずかであるが一般朝鮮人としては孫致奎以来初めて帰還が実現したと思いきや、サハリンで帰還を求める家族が北朝鮮に強制退去させられるという悲劇も発生したのである。

この時期日本は、サハリンから多くの入国申請を受理していた。七五年八月、外務省は渡航証明書の発給申請書を、駐ソ日本大使館をとおして受け付ける方針を決めたのである。さらに、帰還韓国人会にも申請書を送付し、前記二〇一名には大使館が直接本人あてに送った*67。後に「サハリン裁判」

でも訴えられたように、「渡航証明書というのは相手国と協定なしでは帰国希望者に出しても無駄で、一枚の紙切れに過ぎない」*68にしても、こうした状況は日本の立場の変化を具体的に示す出来事であった。

しかし、帰還希望者の定着地をめぐる日韓の駆け引きは根本的に変わっていない。韓国は、母国への帰還希望者は受け入れるとしつつ、日本定着希望者については本人の事情を参酌して、日本に人道的考慮を求めるとしたように、やや前向きな姿勢を見せた。ただし、外務部は帰還者に対する日本入国査証が一五日から三〇日まで滞在可能な経由形式ではなく、六カ月程度の入国査証の発給を求めるという訓令を出していたのである*69。

日本も、渡航申請書を送付し、国会では法務大臣が「通過して韓国へ帰るんだなどということを条件とせずに、まずここへ受け入れてその後…人道的に措置をする」としたように*70、日本入国後に希望にそって韓国への帰還を推進する方法の可能性を検討するとした。

だが、実際の入国許可は選別的に行われていた。七六年一〇月の段階で、日本政府は九五家族三三一名の入国審査を行っていたが、入国許可を出したのは一〇家族二四名のみであった*71。日本への永住希望者については、サハリン渡航前に日本に滞在していた経歴があるものには許可を出していた。在日家族の献身的は努力によって、七六年六月に帰還が実現した金花春《キムコッポル》がこのケースに当る。韓国への帰還希望者九四家族三三〇名の審査においては、韓国政府の受け入れ保証があれば直ちに結論を出すという具合であった*72。

数回にわたるソ連での出国申請の末、七五年一〇月に出国許可証を手にした崔正植《チェジョンシク》は、七六年三月に日本から渡航証明書が発給され日本入りした。韓国行きを希望して日本通過を陳情していることを、七六年二月に日本から通報を受けた韓国外務部は、月末に崔正植の帰還を受け入れる旨の口上書を日本側に送付した。崔正植の帰還によって韓国ではサハリン残留朝鮮人の帰還が現実問題となった。それを受けて韓国は、僑胞帰還に関する関係部局の対策会議を開催し、さらに救済対策に関する関係部局間の業務調整計画を立てた＊73。

以降韓国は、サハリンから韓国へ帰還するために日本への入国申請があるという通報を頻繁に受けることになる。日本は韓国側に、七六年三月から七月にかけて八回にわたり、三二家族九五名の申請書受理に関する口上書を送付した。そこで韓国は、これらの受け入れに関する如何を問われることになる。

ところで、韓国が帰還希望者の引き受けに消極的であると判断した日本は、強力な態度で韓国にその保証を要求する。七六年七月に駐日韓国大使館公使と面談した際、中江要介外務省アジア局長は、「韓国側が真に帰還促進を希望しているのであれば、現段階で検討中の希望者並びに今後出てくる帰還希望者全員を引き受ける旨の意向の表明を直ちに行うべきである」とするトーキングペーパーを韓国側に手交した。そこでは次のように韓国に迫っている。

「かかる意味から日本政府としては本件に関し、早急に韓国側の誠意ある回答を期待しており、若し納得のめく《ママ》回答を得られないならば、本件についてはかねての韓国からの要請はこれをなかったものとして、今後は対処せざるを得ない。また、今後対外的には、韓国側が自国民の帰還を認めていないと公表せざるを得ないと思われるので念の為申し上げておきたい」＊74。

この時期に帰還を果たしたもう一人の特殊なケースが、七七年一月の大陸に移り住んでいた張田斗《チャンチョンドゥ》の帰還であろう。これらの三人が七〇年代半ばに帰還への希望をもたらしたとすれば、ソ連政府から出国許可証を得ながらも日本から渡航証明書が発給されず帰還できなかった「ナホトカの四人」は帰還の絶望的な現実を物語る事件であった。ナホトカで入国許可を待っていたこの四人は、それが得られないまま七六年六月に出国許可の期限が切れることでサハリンに引き返していた。日本は韓国から受け入れの保証がなかったとしてこの四人には入国許可を出さず、七月三日に韓国から受け入れの連絡が届いて許可を出したときはすでに手遅れであった。

さらに、サハリンで粘り強く出国を要求してきた都万相《トマンサン》、柳吉秀《ユウキルス》一家が、それぞれ七七年と七八年に故郷の韓国ではなく北朝鮮へ送られたことは、サハリンの朝鮮人社会を衝撃に陥れた。サハリン朝鮮人がこうした北朝鮮への強制退去について抗議を示すことができたのは、ペレストロイカ後であった。

おわりに

これまで一九五〇年代から七〇年代にかけて、日韓両政府が戦後サハリンに残留を余儀なくされた朝鮮人の帰還をめぐって、どのように問題を認識し、外交的交渉を展開してきたのかについて考察した。問題に関する日韓およびソ連の立場については、先行研究や帰還運動のなかで言及されてきたが、外交史料をとおして見えてくる帰還交渉の過程からは、人道問題が政治論理に呑みこまれていく生々しい現実が見えてくる。

いうまでもなくこの時期は、冷戦という制約こそあったものの、国際政治の構造によって政策が一方的に形作られるものではあるまい。変化する国際関係のなかで、人道に対する意識や戦後補償への認識をもって、国家の論理を越えていく余地もあったはずだ。実際、日ソ共同宣言、日韓条約など国交正常化が実現し、在日朝鮮人の「帰国事業」が推進され、日ソ間は平和協定を目指すなど、積極的に外交交渉を行う時期でもあった。さらに戦後補償運動の原点ともいえる「サハリン裁判」が始まっていた。

しかしこうした諸条件は、サハリン残留朝鮮人の帰還を実現するモメンタムにはならなかった。韓国にとっての急務は、サハリン残留朝鮮人の帰還の実現よりも、在日朝鮮人の「帰国事業」の阻止だった。日本には戦後処理や戦後補償への認識がまだ形成されていなかった。国益を重視する日韓には、これらを受け入れようとする道義的・政治的・法的責任意識に欠けていた。

さらに在外同胞を体制競争の手段にする南北の政権にとって、サハリン残留朝鮮人は体制の優位性を示すコマに過ぎなかった。「人道主義」あるいは「居住地選択の自由」という側面から見た場合、明らかに関連する国や組織の問題への取り組みは矛盾をはらむものであった。結局、サハリン残留朝鮮人においてこの時期は、希望と絶望が交差する桎梏の時期でしかなかった。

日本と韓国、そしてソ連との間の多角的な取り組みは、多国間の利害の歯車が動き出し始める八〇年代末になってようやく展開されるようになる。冷戦の崩壊による国際情勢の変化のなかで経済改革を進めるソ連と、経済発展と民主化によって「北方政策」を進める韓国が国交関係を結んだのは一九九〇年であった。日本は「終戦五〇周年」に向けて戦後処理を進めていた。こうして関係国のそれぞれの立場がかみ合うことで、サハリン残留朝鮮人は呪縛から解き放たれていく。八八年に韓元洙《ハンウォンシュ》が永住帰国して以来、永住帰国や相互訪問は大きな流れを形成する。翌年には日韓両国の赤十字社の共同事業として本格的な母国訪問が実施され、その後集団帰国も実現した。生前に故郷の姿を一目見たいという夢だけはかなったかもしれない。

しかし、サハリンにある無数の漢字やハングル名が刻まれた墓碑が、その無念さを語っている。

（本章は、『同時代史研究』第三号（日本経済評論社、二〇一〇年）掲載の同名論文を本書所収にあたって改稿したものである。）

注

1　一九八〇年代になって道が開いた一時訪問は、「サハリン裁判」を主導した高木健一弁護士らが「サハリン残留韓国・朝鮮人援護会」を作って招請作業を展開するなど、樺太帰還在日韓国人会や日本の市民が献身的な努力を傾注することで細々と実現した。こうした市民レベルでの努力が実り、八九年に日韓両国の赤十字社は「在サハリン韓国人支援共同事業体」を発足させた。共同事業体の事業として、同年一二月の母国訪問団を皮切りに、直行チャーター機を利用した本格的な母国訪問が実施される。これによって、九〇年からは毎月一〇〇人単位で韓国を訪問することになった。

一方、永住帰国は、八八年に韓元洙が帰国して以来、韓国で帰国者を受け入れる準備が整わない状況で小規模で行われていたが、九三年の日韓首脳会談では問題解決に向けて積極的に対応することが話し合われた。それにしたがって両国は、サハリン残留朝鮮人の帰国のために住宅および療養施設建設に必要な土地を韓国政府が提供し、建設費用および定着支援金は日本政府が提供するということで合意した。日本から提供されたおよそ三二億円の資金をもって、ソウル近郊の安山市に五〇〇世帯分のマンションが建設されるが、故郷マウル（村）と呼ばれる「サハリンアパート」への入居が始まったのは二〇〇〇年二月であった。こうして六五歳以上の移住一世代四〇八世帯の八一六人が永住帰国し、すでに帰還していた八一世帯一五一人とともに「サハリンアパート」に入居した。その後も一部の自治体で永住帰国者を受け入れている。

2　北海道新聞社編『祖国へ！――サハリンに残された人たち』（北海道新聞社、一九八八年）、高木健一『サハリンと日本の戦後責任』（凱風社、一九九〇年）、宣一九『サハリンの空に流れる歴史の木霊』（韓日問題研究所・出版会、一九九〇年）、朴亨柱（民涛社編）『サハリンからのレポート――棄てられた朝鮮人の歴史と証言』（御茶の水書房、一九九〇年）、角田房子『悲しみの島サハリン――戦後責任の背景』（新潮社、一九九四年）、片山道夫・吉翔『サハリン物語――苦難の道をたどった朝鮮人たちの証言』（リトル・ガリヴァー社、二〇〇〇年）、崔吉城『樺太朝鮮人の悲劇――サハリン朝鮮人の現在』（第一書房、二〇〇七年）、大沼保昭『東京裁判　戦争責任　戦後補償』（東信堂、二〇〇七年）など。韓国では、李盛煥が指摘するように、近年まで本格的な研究は行われず、日本の研究成果に依存してきた。李盛煥「サハリン韓人問題に関する序論的考察」（啓明大学校国際学研究所『国際学論叢7巻』二〇〇二年）。

3　大沼保昭『サハリン棄民――戦後責任の点景』（中公新書、一九九二年）。

4　現地徴用とは、募集・官斡旋などによってサハリンに来た朝鮮人が、契約期間が満了しても帰国が許されず、サハリンでそのまま徴用されたことを指す。二重徴用は、敗戦直前に米軍の攻撃で輸送船不足が深刻化すると、多数の朝鮮半島出身者をサハリンから内地の炭鉱に強制配置したことである。およそ三、〇〇〇人の朝鮮半島出身者が九州などの炭鉱に移された。

5　戦後サハリンに取り残された朝鮮人の数は、これまで「四三、〇〇〇人」という数字が語られてきたが、新井が指摘するように、その数には戦後間もなくソ連の要請によって北朝鮮から派遣された労働者が含まれている可能性が高い。新井佐和子『サハリンの韓国人はなぜ帰れなかったのか』(草思社、一九九八年)九七～一〇七頁。大沼も「四三、〇〇〇人」という数字の厳密さには疑問が残るとしているが、終戦時のサハリンには一応四〇、〇〇〇人前後の朝鮮人がいたと考えられると指摘している。大沼保昭前掲書(注3)一〇～一一頁。

6　「ソ連地区邦人引揚に関する方針」、外務省外交史料館所蔵『ソ連地区邦人引揚関係(中共地区を含む)第1巻』(K'7-1-2-1)。

7　参議院決算委員会、一九七六年一月二二日、田渕哲也参議院議員の質問に対する大森誠一外務省アジア局長の答弁、サハリン残留韓国・朝鮮人問題議員懇談会編『サハリン残留韓国・朝鮮人問題と日本の政治』一九九四年、八〇頁。

8　大沼保昭前掲書(注3)三〇～三五頁。

9　Repatriation of Korean from Sakhalin(G-3 Repatriation), Jan. 1946-June 1949, GHQ Record G3 GIII-00104(国会図書館憲政資料室所蔵)。

10 朝鮮通信社『朝鮮年鑑 1948』一九四七年、三五八頁。

11 「ソ連邦内閣送還問題全権委員会副議長陸軍中将ゴルベフがソ連外務次官マリクに送った文書」一九四七年二月一七日、朴鍾涍編訳『ロシア国立文書保管所所蔵韓国関連文書要約集』韓国交流財団、二〇〇二年、八二三頁。

12 「ガブリロフ大佐の参考資料」一九四七年一二月二六日、同前書、八二三〜八二四頁。

13 「ソ連邦外務次官マリクの文書」一九四八年一月四日、同前書、八二三頁。

14 ただしクージンは、「ソ連地区引揚関する米ソ協定」による引揚げに、なぜサハリンの朝鮮人が含まれなかったかという問題に関するソ連側（政府および党中央委員会）の公文書は公表されず、この問題の解答を明らかにすることはできなかったことを記している。アナトーリー・T・クージン著、岡奈津子・田中水絵訳『沿海州・サハリン 近い昔の話－翻弄された朝鮮人の歴史』（凱風社、一九九八年）二五八頁。

15 「ソ連よりの引揚者名簿中に含まれる朝鮮人一四六名の取扱について」一九五七年三月七日、アジア局第一課発、外務省外交史料館所蔵「ソ連地区引揚朝鮮人（韓国人）の取扱問題」『太平洋戦争終結による旧日本国籍人の保護引揚関係雑件・朝鮮人関係』（K'7-2-0-1/1）。

16 「ソ連よりの引揚者中に含まれる朝鮮人の取扱」一九五七年三月二五日、アジア局第一課発、同前。

17 「昭和三十二年度執務報告」一二四頁、外務省外交史料館所蔵『ソ連地区邦人引揚関係（中共地区を含む）第6巻』（K'7-1-2-1）所収。

18 『朝日新聞』一九五七年八月一日夕刊。

19　同前。

20　これらは、引揚げの翌月には「樺太抑留帰還者同盟」を結成し、その後全生涯をサハリン残留朝鮮人の帰還運動に投身する朴魯学が会長を務め、団体名も「樺太抑留帰還韓国人会」に改めて日韓両政府に積極的に帰還促進を働きかけた。さらに「抑留」はソ連を刺激して運動の妨げにならないよう削られ、現在の名称にいたる。

21　「引揚げ邦人に同伴する朝鮮人の日本入国に関する件」一九五七年六月二一日、外務省より外務省欧州局長あて、外務省外交史料館所蔵『ソ連地区邦人引揚関係（中共地区を含む）第8巻』（K'7-1-2-1）。

22　'NOTE VERBALE,' from the Korean Mission to the Ministry of Foreign Affairs,' August 6, 1957. 韓国国会図書館所蔵『サハリン僑胞帰還問題 1957–65』（P-0003）。

23　「南樺太よりの引揚朝鮮人に関する韓国代表部よりの口上書に関する件」一九五七年八月九日、アジア局第一課発、前掲『太平洋戦争終結による旧日本国籍人の保護引揚関係雑件・朝鮮人関係』（注15）。

24　サハリン残留韓国・朝鮮人問題議員懇談会前掲書（注7）六六頁。

25　前掲「南樺太よりの引揚朝鮮人に関する韓国代表部よりの口上書に関する件」（注23）。

26　「樺太残留韓国人に関する件」一九五七年九月二七日、外務省より大韓民国代表部あて、『太平洋戦争終結による旧日本国籍人の保護引揚関係雑件・朝鮮人関係』（注15）。

27　「樺太僑胞帰還問題」一九六九年三月七日、駐日大使館より外務部あて、韓国国会図書館所蔵『サハリン僑胞帰還問題 1969』（P-0007）。

28　前掲「南樺太よりの引揚げ朝鮮人に関する韓国代表部よりの口上書に関する件」（注23）。五七年二月に登場した岸内閣は、第三次日韓会談の中断の原因となった、いわゆる「久保田発言」を撤回する意向を示した。五七年一二月二九日には日韓予備会談が開かれ、日韓会談の再開と、それまで争点となっていた大村収容所の在日朝鮮人（四七四名）と釜山収容所の日本漁民（九二二名）との間の相互釈放が合意された。こうして第四次日韓会談が五八年四月に再開された。

29 'Note no. 1427', form Geneva to Japan Delegation, April 28, 1959, Repatriement des Coréens de Sakhalin, URSS, 10/03/1958-28/11/1975（ジュネーブ赤十字国際委員会資料室所蔵）。本資料はオーストラリア国立大学のテッサ・モーリス＝スズキ教授からいただいた。

30 'Korean nationals in Sakhalin Island', from Japan Delegation to Geneva, July 26, 1960, ibid.

31 『朝鮮日報』一九五九年五月二九日。

32 「在樺太抑留同胞に関する送還問題」、韓国外交安保研究院所蔵『サハリン僑胞帰還問題 1966』（P1-1/2 ~ 2/2）。

33 「樺太僑胞帰還及び其の他問題に関する代表団派遣」、韓国国会図書館所蔵『サハリン僑胞帰還問題 1967』（P-0005）。

34 李奎粲「サハリン僑胞の現況と問題点」国会図書館資料局『海外事情』6号、一九七七年、九一頁。

35 前掲『サハリン僑胞帰還問題 1966』（注32）。

36 『朝鮮日報』一九六八年一月九日。

37 「陳情書」一九七二年四月二〇日、樺太抑留帰還韓国人会より朴大統領あて、韓国国会図書館所蔵『在サハリン同胞帰還関係陳情書 1972』（P-0011）。

38 高木健一前掲書（注2）六五頁。
39 宣一九『サハリンの空に流れる歴史の木霊』（韓日問題研究所・出版会、一九九〇年）一三九頁。
40 「樺太抑留同胞帰還希望者名簿」には、日本行きを希望する者が三三四世帯一、五七六名、韓国行きを希望する者が一、四一〇世帯五、三四八名で、合計一、七四四世帯六、九二四名が記載されている。
41 高木健一前掲書（注2）六六頁。
42 前掲「樺太僑胞帰還及び其の他問題に関する代表団派遣」（注33）。
43 「在サハリン抑留同胞救出問題」一九六八年四月二二日、外務部より駐日大使あて、韓国国会図書館所蔵『サハリン僑胞帰還問題 1967–68』（P-0006）。
44 （WGV–0206）外務部より駐ジュネーブ大使あて、同前。
45 高木健一前掲書（注2）一三四〜一三八頁。
46 外務委員会「樺太僑胞救出交渉使節団報告資料」一九六八年二月一六日、前掲『サハリン僑胞帰還問題 1967–68』所収（注43）。
47 角田房子『悲しみの島サハリン――戦後責任の背景』（新潮社、一九九四年）七七頁から再引用。
48 宣一九前掲書（注39）一四〇頁。
49 外務省『わが外交の近況』第13号（資料）、一九六八年、三四頁
50 参議院外務委員会、一九六九年三月一九日、青木参議院議員の質問に対する愛知外相の答弁、サハリン残留韓国・朝鮮人問題議員懇談会前掲書（注7）。

51　「サハリン抑留僑胞帰還のための嘆願」一九七一年一〇月一六日、駐日大使館より外務省長官あて、韓国国会図書館所蔵『在サハリン同胞帰還問題 1971–72』（P-0011）。
52　「嘆願書移送」一九六九年一月一四日、仙台領事館より（駐日）大使あて、韓国外交安保研究院所蔵『在サハリン僑民孫致奎帰還 1965–71』（P-0013）。
53　「民願回信」一九六九年二月一二日、外務部より孫鐘運あて、同前。
54　駐韓日本大使館が韓国外務部に送付（一九七二年二月五日）した「在樺太韓国人引揚問題についての大臣・グロムイコ外相会談内容」、同前。
55　「面談要録」外務部東北亜一課長と駐韓日本大使館一等書記官との面談（一九七四年一一月一五日）、韓国外交安保研究院所蔵『在サハリン同胞帰還交渉 1974–75』（P-0013）。
56　〈JAW-1919〉駐日大使より外務部長官あて、同前。
57　〈JAW-0229〉駐日大使より外務部長官あて、同前。
58　「在サハリン僑胞送還交渉及び事後対策」（「在樺太僑胞帰還交渉及び事後対策のための関係部局会議録」一九七四年四月六日）一九七四年四月八日、外務部より内務部・保健社会部・中央情報部長あて、同前。
59　「在サハリン僑胞送還交渉及び事後対策」一九七四年四月一三日、内務部より外務部長官あて、前掲『在サハリン同胞帰還交渉 1974–75』（注55）。
60　「在樺太僑胞帰還問題に関する面談録送付」一九七四年六月一三日、外務部長官より駐日大使あて、同前。
61　〈JAW-10375〉駐日大使より外務部長官あて、同前。

62 〈JAW-11321〉駐日大使より外務部長官あて、同前。
63 前掲「面談要録」（注55）。
64 大沼保昭前掲書（注３）九一頁。
65 参議院予算委員会、一九七六年一月二二日、田渕哲也民社党議員の質問に対する影井梅夫入国管理局長の答弁、サハリン残留韓国・朝鮮人問題議員懇談会前掲書（注７）八二頁。
66 高木健一弁護士らが中心に、一九七五年五月に樺太裁判実行委員会を発足。同年一二月に訴訟を起こし、一九八九年六月に取り下げた。
67 外務部『樺太僑胞関係資料』一九八一年、五三〜五四頁。
68 第二一回サハリン裁判での張田斗証人の発言。宣一九前掲書（注39）一七四頁。
69 外務部前掲書（注67）五六頁。
70 参議院予算委員会、一九七六年一月二二日、田渕哲也民社党議員の質問に対する稲葉修法務大臣の答弁、サハリン残留韓国・朝鮮人問題議員懇談会前掲書（注７）八八頁。
71 参議院外務委員会、一九七六年一〇月二一日、田渕哲也民社党議員の質問に対する小坂善太郎外務大臣の答弁、同前書、九〇頁。
72 参議院外務委員会、一九七六年一〇月二一日、田渕哲也民社党議員の質問に対する竹村照雄法務大臣官房審議官の答弁、同前書、九一頁。
73 外務部前掲書（注67）六二頁。
74 同前書、九七頁。

第三部　聞き取り集

第六章　韓国永住帰国サハリン朝鮮人―韓国安山市「故郷の村」の韓人

中山大将

【解題】戦後サハリンを巡る人口移動の諸相とサハリン韓人

はじめに

本書所収のサハリン韓人インタビューは非常に貴重な資料であるが、この資料を読み解くには当然ながら歴史的背景への理解が必要となる。本稿は、そのための予備知識を提供することを目的とする。まず、戦前・戦後のサハリンにおける人口動態とその中でのサハリン韓人の比重を統計資料から示す。次に、戦後に起きたサハリンを巡る各種人口移動の諸相について解説する*1。また、本書では紙幅の関係で所収できたインタビューは三名分だけであるが、実際に協力をいただけたのは一七名にのぼるので、その概略を記すとともに、得られた知見も概括する。

さて、はじめに「韓人」という言葉について説明を加えておきたい。本章では、「サハリン韓人」という言葉を「サハリン朝鮮人」と弁別して用いる。後述するようにサハリンには歴史的に「朝鮮人」と呼び得る集団がいくつか存在する。これらの集団は「サハリン朝鮮人」と総称し得るが、それぞれの帯びた政治・社会的属性は大きく異なり、区別するための呼称が必要となる。そこで本章では、一九四五年八月以前に日本統治下の樺太（南サハリン）に居住していた朝鮮人（朝鮮籍）とその家族を「韓人」

と呼称する。「韓人（한인）」という言葉は、サハリン州韓人協会（러시아 사할린주 한인회）、サハリン韓人文化センター（사할린한인문화센터）、社團法人사할린（サハリン）韓人老人會、사할린（サハリン）韓人団体聯合などの団体名や施設名に用いられている自称である。なお、一般的な会話では「韓人」という呼称はほとんど出てこず、普段は「朝鮮人」や「韓国人」と自称している。ただし、「韓国人」という呼称は、一時・永住帰国が実現するようになってから現われた比較的に新しいもので、「朝鮮人」が最もなれた表現であるようである。

一　二〇世紀サハリンの人口動態

二〇世紀サハリンの歴史は複雑である。日本とロシアというふたつの国家に領有された上、日本の統治部分は民政部分と軍政部分に時期的地理的に分かれ、ロシアも時期的にロシア帝国、ソ連、ロシア連邦と体制が代わっている。まず、簡潔に近代サハリンの政治体制について解説しておきたい*2。

様々な見方はあろうが、筆者はサハリン島が近代に編入された画期を、一八七五年の樺太・千島交換条約に求める。近代国家間で、サハリン島が「無主の地」として領土条約が交わされたからである。一八七五年以降、サハリン島全体がロシア帝国の主権下に入り、チェーホフ『サハリン島』で有名な流刑植民地としての歴史が始まる。次の大きな政治変動は、一九〇五年のポーツマス条約による南サハリンの日本への割譲である。当初は軍政であったが、一九〇七年には樺太庁が設置され、本格的な植民地民政が開始される。その後、一九四五年八月まで南サハリンでの政治体制は安定し続ける。一方、北サハリンにはまだ政治的変動が待っていた。一九一七年のロシア革命を受けて、サハリンでも政治的動揺が続いた後に、一九二〇年に至りボルシェビキ系勢力が主導権を握るものの、すぐに日本軍によって北樺太全域が占領され、一九二五年まで日本軍政が続く。これはあくまで軍政であり、南サハリンの樺太庁民政とは隔絶していた。日本軍政撤退後は、ソ連政府がサハリンでの施政を開始する。一九四五年八月のソ連軍の南サハリン侵攻後は、一時的な軍政とそれに続く南サハリン民政を経た後に、クリル（千島）も含めたサハリン州が設置され、今日に至っている。なお、ソ連崩壊後には領域が大きく変化するような政治変動は起きていない。

南北サハリンの人口推移は表1の通りである。北サハリンでソ連施政の始まった一九二五年以降の北サハリン人口は一九二五年の一〇、二〇〇〇人から一九四〇年の一一七、〇〇〇人へと急激に増加しているものの、依然南サハリン（樺太）の方が人口では凌駕し続けている。また一九三七年以降、極東地域の全朝鮮人が放逐されて中央アジアへと強制移住させられてしまう。このため、それ以降サハリン島に存在する朝鮮人とは、南サハリン韓人ということになる。では、南サハリンにおける韓人の人口比重を表2から検証してみたい。まず、南サハリン韓人が南サハリンにおける最大のマイノリティ集団であることが理解できるほか、強制動員の始まる前に約七、〇〇〇人の韓人が既に南サハリンに居住していたことがわかる。本書所収のインタビューに協力してくれた韓人のほとんどは、この時期から南サハリンに居住していた人々である。インタビュー内容からも、またその言い回しからも、彼らが日本人と共に暮らし、学び、遊び、育っていたことが理解できるかと思われる。彼らの話す日本語は、北海道方言に近いものであり、それは樺太方言とも呼べるものだからである。

表1　南北サハリンの人口推移　（単位:人）

年	南	北
1925	189,036	10,200
1926	203,573	10,600
1927	221,243	12,700
1928	240,502	15,000
1929	251,313	26,500
1930	284,930	31,300
1931	287,377	48,700
1932	293,172	65,000
1933	300,298	74,000
1934	313,130	71,900
1935	322,475	68,500
1936	321,765	68,600
1937	326,946	n.d.
1938	339,357	n.d.
1939	355,330	100,000
1940	398,838	117,000

出典）『樺太庁統計書』各年度版、M. C. Высоков и др, Экономика Сахалина, Сахалинское книжное издательство, 2003, C.52.

表2　南サハリンにおける民族構成の推移　（単位:人）

	1945	1940	1935	1930
総数	382,713	398,837	322,475	284,930
内地人	358,568	382,057	313,115	282,639
朝鮮人	23,498	16,056	7,053	5,359
台湾人	3	1	—	1
土人（先住民族）	406	406	1,955	1,933
アイヌ	—	—	1,508	1,437
オロッコ	288	290	304	346
ニクブン	81	71	109	113
キーリン	24	25	23	24
サンダー	11	18	9	11
ヤクーツ	1	2	2	2
ツングース	1	—	—	—
外国人	238	318	285	358
満州国人	1	3	2	—
中華民国人	103	105	103	174
旧露国人	97	160	197	148
ポーランド人	27	46	42	19
ドイツ人	—	4	7	2
イギリス人	—	1	—	—
土耳古人	10	—	0	15
チェコスロバキア人	—	—	—	—
ペルー人	—	—	—	—
オーストリア人	—	—	1	—

出典）ГАСО, Ф.3ис, Оп.1, Д.27.（地方課 往復書簡 1945年）、
樺太庁統計書（1930年度版、1935年度版、1940年度版）

一九四五年の終戦直前の人口統計と思われる資料が現在サハリン公文書館に残されている*3。この資料によれば、当時の南サハリンの総人口は、三八二、七一三人であり、うち「朝鮮人」は二三、四九八人（六%）である。また、一九四六年にソ連政府が行ったサハリンの民族構成統計によれば、当時の朝鮮人人口は二二、八一七人とされている*4。後述するように基本的にこの間にサハリン韓人のサハリン島外への出入りは僅少のはずである。したがって、終戦時のサハリン韓人の人口については諸説あるものの、これらの数字の符号から、二三、〇〇〇人前後というのが妥当な数値と考えることが可能であろう。四〇年後の一九八八年には、サハリン在住「朝鮮人」約三五、〇〇〇人のうち約三二、〇〇〇人がすでにソ連国籍を有していたと言われている*5。この「朝鮮人」とは、民族籍が「朝鮮民族」の者を指しており、サハリン韓人のみを意味しているわけではない。戦後サハリンにおける「朝鮮人」の多様化は人口移動によりもたらされたものである。これを理解するために、次節以降、戦後サハリンをめぐる人口移動の全体像を俯瞰する。

二　戦後サハリンを巡る人口移動（1）──一九四五〜四九年

一九四五年八月のソ連軍侵攻から、一九四九年の日本人の「引揚」終了までの間に大規模な人口移動が起きた。以下、ひとつひとつ解説する。

(一) 緊急疎開・脱出

一九四五年八月一一日にソ連軍が国境地帯から本格的な侵攻を開始する。一三日には、政軍協力の下、樺太から北海道への緊急疎開が開始される。これはあくまで戦時の「疎開」であり、年少者、女性、老人が対象であり、また特に民族（戸籍）による区別があったわけではなく、韓人であってもこの際に疎開船に乗船した例も聞き取り調査から確認できている。緊急疎開では約八八、〇〇〇人が移動した*6。この中には、疎開船ではなく、自主的に漁船などを使って移動した「脱出」も含まれている。

(二) 密航・再密航

北部での地上戦が続いたのちに、八月二二日に停戦協定が結ばれる。翌二三日には、ソ連軍が首都・豊原へ進駐し緊急疎開も停止され、一九四六年一二月の公式引揚開始までは、公的に宗谷海峡を越えることはできなくなった。このため、ソ連軍の監視の目を縫い、自分の漁船などを使ったり、或いは漁民に金品を支払い、北海道へと「密航」する人々が現れた。本稿で、「密航」という表現を用いるのは、その違法性を強調するためではなく、それが違法とされてしまったことを強調したいからである。一九四六年までに北海道沿岸に上陸したのは少なくとも約二四、〇〇〇人と推定することができる。また、北海道に辿り着いたにも関わらず、再度樺太へと戻る者も中にはいた。樺太で主要港湾都市のひとつであった大泊には、一九四六年一月の段階で、二〇〇名の「再密航者」がいたという報告が残っている*7。

(三) 進駐

樺太の首都・豊原へのソ連軍進駐と前後して、樺太中の各地方へも進駐軍が入って行った。一部の高級将校は、接収した公共施設を自宅としたが、将校クラスの軍人たちは日本人の家に「間借り」することがよく見られたと言われている。日本人にしてみても、不良兵士による略奪や暴行の危険を避けることができるので、将校との同居は歓迎されることが多かったと言われている*8。つまり、軍人として樺太へやって来た人々が、一般市街地で日本人や韓人と生活を送ることとなったのである。将校やその家族、一般兵士が日本人の家へ遊びに来ると言うエピソードは、しばしば見られるものである。また、現地で除隊しそのままサハリンで民間人としての生活を始めた者たちがいたことも確認できる。たとえば、サハリン韓人の李炳律は、一九四六年の夏に除隊した兵隊たちが炭鉱で働いており、彼らが、日本人はやがて日本へ帰るが、韓人たちはサハリンに残って自分たちロシア人と一緒に暮らすようになるのだと語っていたことを記している*9。

(四) 移住

また、一般ソ連人の移住も開始された。その中には「高麗人」も含まれていた。「高麗人」とは、一九三〇年代に沿海州から中央アジアへと強制移住をさせられた朝鮮民族のことを指す。彼らは、ソ連国籍を持ち、ロシア語を解する朝鮮人、つまりはソ連化した朝鮮人として、サハリンへと移住し教師や監督者を務めた。その数は約二、〇〇〇人と言われている。また、一九四六年から一九四九年までに北朝鮮地域から労働者とその家族合わせて二六、〇六五人がサハリンへと渡って来た*10。このように、戦後のサハリンには、戦前から居住して日本化していた「韓人」、ソ連化した「高麗人」、そして北朝鮮人の、三種類の「朝鮮民族」が存在していたのである。一九四九年にはサハリン州全人口は四八七、〇〇〇人に達している。

(五) 引揚

一九四六年一一月二七日に、「引揚に関する米ソ暫定協定」が結ばれ、翌一二月一九日には「ソ連地区引揚米ソ協定」が締結される。これにより、樺太からの日本人の引揚が開始することとなる。一九四六年一二月の第一次引揚から一九四九年七月の第五次引揚までに二九二、五九〇人がサハリンから内地へと移動する*11。

以上が、一九四五~四九年にかけておきた大規模な人口移動である。日本人からロシア人へのマジョリティの総入れ替え、サハリン韓人の残留、高麗人や北朝鮮労働者などの新しい朝鮮人の登場が起きた。

三　戦後サハリンを巡る人口移動(2)―一九五七~五九年

次に人口移動に関わる大きな政治的変化が起きるのは、一九五六年の日ソ国交正常化以降の数年間である。サハリン韓人の妻として、あるいは留用技術者としてサハリンに残留していた日本人たちに

「帰国」の道が開かれたのである。この「帰国」は、「後期集団引揚」「再開樺太引揚」などの名称でも呼ばれるが、本稿では、「帰国」と呼ぶことにする。その理由は、一九五二年四月二八日のサンフランシスコ平和条約の発効により、一九四六年三月一六日付のGHQによる日本政府宛覚書「引揚げに関する基本指令」が失効し、以後のソ連領内から日本への人口移動は、米ソ日間問題から、日ソ間問題に移行したからである。また、このために、国交の回復が必要条件となったのである*12。もう一つの理由は、後述するようにこれ以降の「帰国」では、韓人家族の同伴が可能となったという意味でも、一九四六年から一九四九年までの「引揚」とは性格を異にしているからである。一九五七年八月の第一次から一九五九年の第七次までのべ二、二九九名が帰国を果たしている。

厚生省援護局編『引揚げと援護三十年の歩み』（一九七七年）では、「民間人」「元軍人」を「引揚者」とする一方で、「抑留漁夫」「外国籍」を「引揚者外」として、「引揚者」に含めていない。「抑留漁夫」は日ソ国境海域で拿捕された漁業者と考えてよいので、「引揚者」にはあたらないのは当然である。しかし、「外国籍」＝「韓人」も、「残留樺太住民」であることに変わらないはずであるが、「引揚者」としては認めていないのである。この同伴帰国韓人の中に、後にサハリン韓人の帰国運動を展開する朴魯学も含まれていた。

この同じ時期に、ナホトカ駐在朝鮮民主主義人民共和国総領事館が韓人と北朝鮮人へ北朝鮮国籍取得と「帰国」を促す工作をサハリンで開始し、韓人の中にも北朝鮮国籍を取得する者、「帰国」する者が現われた*13。若者に対しては、もし北朝鮮へ来るなら大学へ入学させ、卒業後には良い職を与えると約束した。この誘いに乗り、サハリンでの生活に閉塞感を感じていた多くの若者が北朝鮮へと渡った。

なお、サハリンからの日本への帰国事業にわずかに遅れて、一九五九年八月一三日に「日本赤十字社と朝鮮民主主義人民共和国との間における在日朝鮮人の期間に関する協定」が締結され、在日朝鮮人の北朝鮮帰還事業が日本で始まり、一九五九年一二月から一九六七年一二月までに、八八、六一一人が北朝鮮へと帰還した*14。前述の朴魯学らは、この事業に反対運動を起こしている*15。

一方、一九五八年七月二五日にソ連閣僚会議は「サハリン州在住朝鮮民族の無国籍者について」を採択し、韓人のソ連国籍取得を促そうとした。また一九五六年までに朝鮮人民族学校を閉鎖させ、北朝鮮ナホトカ領事館の指導のもと組織された公民学習組なども活動停止に追いやられた*16。半谷史郎はソ連当局のこれらの対応を、韓人労働力の島外流出を防ぐためのものと推測している*17。

また、この時期以降サハリン韓人の中にはソ連国籍を取得し大陸へと進学・就職する者が現れ始め、その中の一部は極東を中心にしてそのまま大陸にとどまった。現在では、極東・シベリア朝鮮人協会連合会（Ассоциация корейских организаций Дальнего Востока и Сибири）なども組織されており、ハバロフスクには二〇〇〇年時点で、約一〇、〇〇〇人の朝鮮人がおりその大半はサハリン韓人やその家族であったと言われている。

四　戦後サハリンを巡る人口移動（3）―一九八八年～現在

一九五八年に日本では日本人妻と帰国した朴魯学らが韓人の帰国運動を起こし「樺太抑留者帰還者

韓国人会」を組織していたものの、それが戦後韓国社会へと波及するのは、日韓国交正常化（一九六五年）を待たなければならなかった。一九七〇年には、「樺太抑留僑胞帰還促進会」（のちの「中ソ離散家族会」）が、一九八三年には大韓弁護士会による「サハリン僑胞帰還推進委員会」が結成される。また、一九七五年には日本で高木健一らが弁護団を組織し、「樺太残留者帰還請求裁判（サハリン裁判）」が始まる*18。

ソウル・オリンピックの開催された一九八八年以降、サハリン韓人の韓国への関心は急激に高まり、ペレストロイカの追い風もあり、韓国への一時帰国が本格化し始め、一九八九年には日韓の赤十字が帰国支援のための「在サハリン韓国人支援共同事業体」を設立する。一九九五年に、日本政府は永住帰国者用の団地建設資金の拠出を決定し、一九九九年には韓国仁川市に療養院である「サハリン同胞福祉会館」を建設し、次いで同年内に韓国安山市にも九〇〇人を収容できる永住帰国施設「故郷の村」が完成、翌二〇〇〇年から入居が開始される。

「夫」たちが韓人としてのエスニシティを表明していく一方で、「妻」、つまりはサハリン各地に散らばっていた残留日本人たちも、徐々につながりを作り始め、自己のエスニック・アイデンティティの表明と帰国を求める運動を始めて行く。その大きな契機は、一九八九年一二月に「樺太（サハリン）同胞一時帰国促進の会」（事務局長・小川峡一）が設立されたことである。一九九二年一二月に同会は「日本サハリン同胞交流協会」に改組（事務局長・小川峡一）され、一九九八年まで同会が民間団体として、帰国事業支援の中心的役割を果たしていた。小川らの日本在住の日本人がサハリンへ渡航、またサハリン内での移動が可能となったことで、サハリン現地との連絡が可能となり、帰国事業へ向けての組織作りが可能となったのである。また、帰国事業の困難さの原因は、国際的移動を制限していたソ連側のみに帰するわけではない。基本的に日本政府は、一九四九年に公式引揚完了以後の残留日本人については、「自由意思」とみなし、その帰国事業には消極的であった。このため当初は、一時帰国事業などの場合に、日本の外務省が残留日本人に対して、「敵性国人入国要領」を適用したため、質・量ともに非現実的な申請書類を要求するなどしていたのである。二〇〇九年一月三一日時点で、永住帰国者は七四世帯二〇四人で、樺太に残っている日本人は四三五人である*19。

五　インタビューについて

本インタビューに協力してくれた方々は次の通りである。なおインタビューは、二〇〇九年九月に、韓国安山市「故郷の村」の集会所で行い、人選は高昌男氏（「故郷の村」老人会会長）による。

尹興捷（ユン・フンチョプ、윤 흥첩）一九二四年　釜山生　男性

小作農の出身。一九四四年に「徴用」*20の通知が来たので渡樺し上敷香で飛行場建設に従事。元泊で終戦を迎える。戦後はコルサコフで沿岸漁業に従事。

文道心（ムン・ドシム、문 도심）一九二四年　慶尚南道生　女性

父親は農村で区長をしていたが、継母との関係から、自身は幼少時に親戚のいる東京、大阪へと移住。四〇年代はじめに渡樺し、美容師として修行。樺太で東京、樺太へと渡ってきた韓人運転手と結婚。戦後も美容師として働く。

朴大吉（大山大吉）（バク・デギル、박 대길）一九二八年　京畿道水原郡生 男性

一九三九年に父親が林業労働者の「募集」で単身渡樺。その後、一九四二年に母親の死去を契機に、自身も渡樺し、知取で鉄道労働に従事。戦後は朝鮮人民族学校で就学後にコルサコフで建築業や運送業に従事。妻も水原出身の韓人。この頃、拿捕されて沿岸係留中の日本人漁船乗組員と監視の目を盗んで交流したこともあった。一九八五年に子供の進学のためにソ連国籍取得。二〇〇〇年に韓国永住帰国。

金永日（キム・ヨンイル、김 영일）一九二九年　白浦生　女性

父親は炭鉱労働者。尋常小学校高等科二年を卒業。「募集」で戦前に渡樺していた韓人男性と戦後に結婚。戦後は食堂などで働く。八〇年代にソ連国籍を取得。

黄龍門（ホワン・ヨンムン、황 용문）一九三〇年　珍内生　男性

両親は九州、大阪、北海道を経て渡樺、林業に従事。父は平安北道、母は慶尚南道出身。一九四四年に国民学校高等科を卒業し、郵便局に勤務。戦後は船員、運転手などとして働く。

崔智海（チェ・ジヘ、최 지해）一九三〇年　男性

恵須取の朝鮮人街で育つ。

李世鎮（イ・セージン、이 세진）一九三一年　恵須取生 男性

戦前は愛国少年で豊原中学校に入学、戦後は技術者として成功を収める。詳細は、本章所収インタビューを参照。

李起正（イ・ギジョン、이 기정）一九三一年　知取生 男性

父親は江原道出身で、二〇年代末に林業労働者として渡樺し、数年後に家族を呼び寄せる。知取工業学校に通い、戦後は朝鮮人民族学校、ロシア人学校の夜学を経て、ハバロフスクの高等専門学校建築科に入学。この際に進学のためソ連国籍を取得。卒業後は、マカロフ（旧・知取）やコルサコフ（旧・大泊）で建設企業の管理職として働く。妻は樺太生まれの韓人。退職後は、数年間日本語講師を務め、その後は船の通訳として働く。兄のひとりは妻が日本人だったため、六〇年代はじめに日本へ永住帰国。自身は二〇〇〇年に韓国永住帰国。もうひとりの兄も同時に韓国永住帰国。

任宗善（イム・ジョンソン、임 종선）一九三二年　済州島生　男性

大阪で育ち、一九四四年に食糧難のため親戚を頼って一家で渡樺し、農業等に従事。戦後は労働に従事するかたわら、朝鮮人民族学校の夜学へ通う。妻も済州島出身の韓人。九〇年代はじめに通訳の

仕事の都合でロシア国籍取得。二〇〇〇年に韓国永住帰国。

李炳玉（イ・ビョンオク、이 병옥）一九三三年　西柵丹生　女性
父親と母親は平安道出身で、大正時代に渡樺。戦後は朝鮮人民族学校で就学し、卒業後は電話交換手や、商店従業員、裁断士などとして働く。夫は江原道出身の韓人で、幼少時に渡樺。韓国永住帰国は一九九八年で、最初は仁川の施設に入居した。

張日三（ジャン・イルサム、장 일삼）一九三三年　釜山生　男性
一九四〇年頃に家族で大阪に移住、その後父親が単身渡樺し、間もなく家族も呼び寄せる。戦後は朝鮮人民族学校で就業したほか、ロシア人学校へ進学した。卒業後は、モスクワ化学技術大学に進学。この際、家族の反対の中、父親がソ連国籍取得に踏み切ってくれた。大学卒業後は数年間モスクワの工場で働き、その後、家族の依頼でユジノサハリンスクで勤務する。妻は、幼少時に渡樺した韓人。二〇〇〇年に韓国永住帰国。

金都榮（キム・トヨン、김 도영）一九三三年　知取生　男性
父親は、最初大阪に渡り、その後一九三六年に渡樺し、炭鉱労働に従事、戦後直後は朝鮮人民族学校で教師を務め、一九六〇年頃には北朝鮮国籍を取得した。自身は一九八八年に子供のためにソ連国籍を取得。

張永福（ジャン・ヨンボク、장 영복）一九三三年　小田州生　男性
　父親は慶尚北道大邱（テグ）出身で、東京を経て渡樺。戦後は朝鮮人民族学校で就学。卒業後は溶接工として働く。二〇〇〇年に韓国永住帰国。

金鐘聲（キム・ジョンソン、김 종성）一九三五年 真岡生　男性
　父親は江原道出身で、渡樺後は農業に従事していた。母親は京城（現・ソウル）の裕福な家の出身。戦後は朝鮮人民族学校、ロシア人学校夜学で就学。当初は運転手などをしていたが、やがて養鶏場の幹部になる。一九六〇年頃に北朝鮮の宣伝に応じて、北朝鮮国籍を取得するが、間もなくしてソ連国籍を取得する。二〇〇〇年に韓国永住帰国。

高昌男（コ・チャンナム、고 창남）一九三五年　知取生　男性
　モスクワ大学を卒業し、サハリンの研究所に勤務。安山市故郷の村永住帰国者老人会会長。詳細は、本章所収インタビューを参照。

金相吉（キム・サンギル、김 상길）一九三六年　大泊生　男性
　父母は慶尚北道生まれで、渡樺後は行商などを営んでいた。戦後は朝鮮人民族学校で就学、卒業後はロシア人学校の夜学で学ぶ。その後、ユジノサハリンスクの教育大学（現・国立サハリン総合大学）

に進学。ボイラー業や教師業をしながら大学教育を受ける。教師をするために北朝鮮国籍を取得したが、やがて外国籍を理由に職場を追われ、一般工場労働者として再就職する。その後、七〇年代はじめにソ連国籍を取得。二〇〇〇年に韓国永住帰国。

平山清子（ひらやま・きよこ　シン・ボベ、신 보배）一九三九年　西柵丹生 女性
母親が日本人のため、兄のひとりは日本へ永住帰国。詳細は、本章所収インタビューを参照。

次節では、インタビューが所収されなかった方々のインタビューも含めて、得られた知見を概括する。この概括とインタビューを読む上で気をつけるべき事項を以下三点あげておく。

第一は、当事者たち、つまりは本書所収のインタビューの協力者たちが、必ずしも前記の歴史的経緯や背景を充分に理解しているわけではないし、用語を使い分けているわけでもないということである。たとえば、「緊急疎開」「脱出」「引揚」を明確に区別していなかったり、あるいは相互の関係をよく知らない場合が往々にして見られた。本稿では適宜、該当箇所に注記を入れてある。

第二は、協力者たちの属性の偏りである。上述のように本インタビュー集の協力者は、サハリン韓人の中でも、強制動員の前から家族で南サハリンへ渡って来た人々やその家族として南サハリンで生まれた人々がほとんどである。また、日本語でのインタビューに応じられるだけの日本語教育と経験を有しているほか、親日的でもある。したがって、本インタビュー集は貴重なものであるが、サハリン韓人の中でもごく特定の層の言説の集成であり、ここから一般化をすることは不可能である。

第三は、言語の問題である。インタビューのほとんどは「日本語」で行われたが、それは「樺太方言」である。残念ながら、調査グループの中に樺太方言を母語とする者はおらず、北海道方言を母語とする筆者が書き起こしと注釈、解題を担当することとなった。その過程で気づいた点のひとつは、方言のため、文字に直してしまうと、意図を誤解される恐れのある表現がいくつかあった点である。これについてはなるべく注記を施したが、時には多少文章自体を改訂している場合もある。方言自体を標準語に直してしまった方が読者には便利かもしれないが、なるべく彼ら／彼女らの言葉、語り自体を残したいと言う思いから、あえて方言のまま文字化している点は、ご理解願いたい。なお、インタビュー中には現代日本では差別表現とされる単語も現われるが、同様の理由でそのまま記載した。

六　サハリン韓人の中の「日本」

「サハリン朝鮮人＝植民地主義の犠牲者・被抑圧者」という構図からアプローチすることで、このインタビュー資料を豊かに読み解くことはできるだろうか。どのような犠牲者・被抑圧者でさえ、その「生」のすべてが本質的に犠牲者・抑圧者としてのみの性格を持つわけではない。仮に、インタビューアーが「あなたは×××ですが、どんな差別を受けましたか」と問うならば、それはインタビューに対して、「あなたは×××だ、だから差別されたはずだ」と告げていることと同義になるかもしれない。そしてこれは、インタビューアーの背後に「×××は本質的に差別されるはずの存在であり、あなたは生涯×××であることから逃れることはできない」という認識があることをインタビュイーに気付かさせるだろう。こうした認識は、インタビュイーとひとりの人間として総合的に相対するのではなく、頭から「被抑圧者」として相対することから生まれる。こうしたことは、あるテーマに沿ってインタビュー調査を行ったことがある者なら誰でも経験があるだろう。自分がインタビューの目的としていたテーマが、実はそのインタビュイーにとっては、人生においてそれほど重要なことではなかったりすることは、しばしばあることである。

前に挙げた「サハリン朝鮮人＝植民地主義の被抑圧者」という認識はごく一般的なものであろう。だが、この認識を踏襲するだけでは、彼ら／彼女らが有し築き上げた豊かな「生」の多くの部分が捨象されてしまう可能性がある。エスニシティに限っても、彼ら／彼女らには多様な要素が流れ込んでいる。故に、本章では「韓人」という独特のカテゴリー化を施している。ライフヒストリー研究の有効性のひとつは、ある一人物が帯びた要素が、その人生においてどのように発露・機能し、他の要素と関連し合ったのかを丁寧に検証することができると言うことである。以下、エスニシティ、ナショナリティの観点から彼ら／彼女らの「生」を検証してみよう。

小学生のころに家族の生活のために始めた納豆売りの売り上げの一部を、国家に寄付し陸軍大臣から感謝状をもらったという李世鎮氏（一九三一年生：インタビュー所収）の「愛国少年」ぶりは、極端かもしれないが、彼ら／彼女らが日本人社会の中に統合されつつあったことを示す一例と言えるだろう。

この李世鎮氏は、小学校時代に級長も務めている。日本統治時代に日本人と机を並べ、同じ教育を受けていたことは韓人のメンタリティを形成する上で重要な影響を与えているようである。李起正氏（一九三一年生）は、スポーツの国際試合を観戦する時には、不思議に日本を応援してしまうと述べ、その理由として日本の教育を受けたからではないかと答えた。韓人の多かった樺太の各都市には韓人の集住地区やコミュニティがあったとも言われているが、すべての韓人がそうした韓人社会の中で暮らしていたわけではない。知取で育った李起正氏は、集住地区の外で暮らし、クラスには韓人が三、四人しかいなかったと記憶している。また、白浦で育った金永日氏（一九二九年生）は、当時高等科には韓人が二人いたと記憶している。大泊で育った金相吉氏（一九三六年生）は、在籍していた小学校に韓人は自分一人であったと記憶しているが、当時は韓人も自身のエスニシティを表明しているわけではないので、実際にはもっと多くいたのかもしれないと留保している。彼ら／彼女らが、日本人と共に学校生活を送っていたことがうかがえる。

李世鎮氏は小学校時代に級長を務めただけでなく、小学校の教師からは両親に彼を東京の中学校へ進学させるようにと勧められるなど、能力を評価されていたし、戦後の混乱期にも豊原中学校への復学ができるように教師が便宜を図ってくれた。張日三氏（一九三三年生）も、豊原中学校に合格した際には、母校の校長が知り合いの家に下宿できるように手配してくれている。黄龍門氏（一九三〇年生）は、母校の校長から進学を勧められたが、家庭の事情で断念したところ、就職先を斡旋してもらっている。このように、教育者から日本人同様に正当に評価されたと言う思い出を有している。

けれども一方で、学校生活の中で差別的待遇がなかったわけではない。そもそも李世鎮氏が東京への進学を勧められたのは、彼の母校の校長が韓人には推薦状を出そうとしなかったという背景がある。

金永日氏も、体力検定会で実際には一等だったにも関わらず、韓人であることを理由に一等としては表彰されなかった。ただし、この待遇は表沙汰ではなく、内部関係者から密かに教えてもらったという。日本人と一緒に遊んでいるときも、喧嘩になると時には、「チョーセン・ナッパ」などのエスニシティに基づく罵詈が飛び出すことがあり（李起正氏、金鐘聲氏）、子供の世界でもエスニシティによる線引きが持ちだされることがあったことがうかがえる。しかしながら、教育をめぐる社会的差別はエスニシティに基づいて日本人から与えられたものばかりではない。金永日氏は、高等科卒業後の進路について看護師見習を希望していたものの、「お父さんが、女の人は出してくれなかった（中略）朝鮮の人は特にそうだったから」と述べているように、ジェンダーに基づく差別もまた彼女／彼らを抑圧する要素であった。また、文道心氏（一九二四年生）は大阪在住時（当時小学生）のことを回想する中で、「今、考えてもね、不思議でならないのがね、日本人は貧乏でもなんでも、子供が七つになったら学校へ行かす（通わせる）のが目的ですよ（常識ですよ）。朝鮮の人はおかしいから、工場へ行って仕事をしれって（工場で仕事をしろと親が言う）。だから私決心したの。わたし、もし嫁に行って、子供がいたら、勉強させるなぁって」と、大阪の朝鮮人の教育状況を批判的に見ていたことを述べている。

「創氏改名」と言えば、日本の朝鮮植民地支配の代名詞であるが、樺太ではどうだったのだろうか。韓人の経験から見てみると、学校では基本的に日本名が用いられていた。たとえば、サハリン韓人文化センターには李世鎮氏の級長証（一九四二年度）が展示されており（二〇〇九年現在）、そこには「高松世鎮」と明記されている。朴大吉氏（一九二八年生）は「大山大吉」、金相吉氏は「成金相吉」、金永日氏は「金本カワコ」など、やはり日本風の姓を名乗り、男性の場合は朝鮮名を日本の音読みに直したものを用いている。興味深いのは、金鐘聲氏の場合である。確かに日本風の姓は与えられたが、使うこともなかったので、今では正確に覚えていないという。学校では「キン・ショウセイ」と呼ばれ続け、その一方で友達同士では「タケシ」と呼ばれていたと言うのである。また学校内のことではないが、文道心氏（一九二四年生）は渡樺前の名古屋在住時に「ふみちゃん」、李炳玉氏（一九三三年生）は戦後に「玉ちゃん」と、姓名から一字とった形で親しい日本人から名前を呼ばれていたそうである。平山清子氏（一九三九年生：インタビュー所収）が、インタビュー中に兄弟の名前を挙げるときは常に日本名であった。韓人の通称問題は、今後さらに検証されるべき問題であろうが、重要なのは彼ら／彼女らにとって、朝鮮風の名前自体が、樺太日本人社会が解体し、その後に到来したソ連社会の中で用いられるようになったものだという印象を持っているということである。さらに皮肉なことは、公式に朝鮮名を使えるようになった一方で、組織の要職にあった者はロシア名も使う必要に迫られたということである（李起正＝アレクセイ・ミハイロビッチ、金鐘聲＝キム・アレクサンドロビッチ）。

日本人と机を並べていたということは当然のことながら、初等教育をまずは日本語のみで受けていたということになる。戦前は家庭では朝鮮語がほとんど用いられておらず、朝鮮語に本格的に触れたのは戦後開設された朝鮮人民族学校においてであった場合も少なくない（李起正氏、張日三氏、高昌男氏、平山清子氏、金相吉氏、黄龍門氏、金鐘聲氏）。こうした場合、ソ連時代においても家族や友人との会話は日本語主体で、職場での会話はロシア語主体というケースが多かったようである。そう考えると彼ら／彼女らにとって、朝鮮人民族学校での民族教育、特に朝鮮語教育とはなんであったのだろうか。李起正氏、張日三氏、金相吉氏、高昌男氏（インタビュー所収）らは高等教育を受けているが、当然のことながらこれらの教育機関の教育言語はロシア語である。日本語を母語・初等教育言語とし、半ば「外国語」である朝鮮語で学んだ朝鮮人民族学校での初等・中等教育は、回り道でさえあったであろう。また、李世鎮氏のように、戦後に日本の技術書などで学び技術を身に付けた者の場合、朝鮮語を経由せず日本語とロシア語を直結させる形で、社会的上昇を果たしている。サハリン韓人は比較的に教育程度や社会的地位が高いとも言われるが、この回り道がなければさらに高い水準にいたっていたのではないかとも想像できてしまう。また李世鎮氏の妹のように戦後サハリンで模範的朝鮮人として朝鮮人民族学校を卒業し教職に就いた者たちを待っていたのは、六〇年代初頭の朝鮮人民族学校の閉鎖と、その後の閉塞感、そしてそこからの脱出としての北朝鮮への「帰国」であった。こうした「帰国」の多くが不幸な結果に終わったことは、サハリン韓人が口々に述べている通りである。

一九二八年生まれで朝鮮半島育ちの朴大吉氏は朝鮮語の中で育ったが、渡樺後は職場で日本人に囲まれていたので、「日本語を使わないと、話し相手がいない」状態であった。このように、樺太で初等教育を受けていなくても、日本語が日常化する機会が豊富にあり、朴大吉氏の経験によれば、戦後サハリンにおいてなお、「（韓人同士が）会ったら朝鮮語は使わない」「八〇％は日本語を使ってた」状況にあった。

筆者は、二〇一一年夏に追加調査のため「故郷の村」を訪れた。その際に、漢陽大学の中村平氏と共にある韓人の自宅へ招かれ夕食をご馳走になった。酒の勢いもあってか、その方は饒舌となり、日本の「修身」の教科書に載っていた美談を引き合いに出したり、軍歌や戦時歌謡を含めた日本の歌を口ずさんだりした。韓国やロシアの歌を歌わないのかと問うと、日本の歌しか知らないし、それ以外は好きではないと答えた。韓人に内面化された「日本」が見える顕著なできごとであった。

現在、サハリン韓人に対して「サハリン残留韓国・朝鮮人」などという表現を用いることが多々ある。「韓国」という語を組み入れるのは、帰国運動において彼ら／彼女らの帰国先が大韓民国であるということと密接に結びついているわけであるが、当然のことながら、戦前において「大韓民国」（および朝鮮民主主義人民共和国）が「祖国」として「想像」される可能性はあり得なかったのである。もちろん、何がしかの国民国家は「想像」された可能性は否定できないが、李世鎮少年の「愛国少年」ぶりを見てみても、当時の韓人、特に少年期にあった韓人にとって「日本」は最も「想像」しやすく身近で実在する「祖国」であったであろう。また、戦後のソ連／ロシアも、韓人にとっては、「他人（ひと）の国」（平山清子氏）であった。たとえば、高昌男氏はサハリン教育大学に合格したものの、無国籍のため進学を拒否された時に、「私たちは他国に住んでいるんでないか（いるのではないか）」と差別を感じ涙したと言う。では、永住帰国先の韓国はどうであろうか。「日本時代は日本に暮らしていたから、日本が **родина**（祖国・故郷）と思ってたけど。こっちきたら韓国。子供にはすまないけど。」（李炳玉氏）という声もある一方で、「見下げてみるでしょ、ロシアの人だからって、と思います。口では言わないけど。」（平山清子氏）という疎外感の表明もある。また、「故郷」はどこかと問うと、「やっぱし、**остров**（島＝サハリン）」（李起正氏）という答えもある。

韓人は、日本、サハリン、ロシア、韓国を跨境した人々であり、その社会間の比較に韓人独特の立場が反映されている。張日三氏や高昌男氏はモスクワへ進学しているが、その際にサハリンで受けていたような差別をまったく受けなかったと述べている。それについて、「やっぱりモスクワあたりは文明が、レベルがもっと上でしょ」と述べ、サハリンに来ているロシア人は、「向こうから来た労働者あたりだから、知識的に大したことないし、なんだかっていったら（なんだかんだ言って）、偏見が強かった」（張日三氏）と説明している。その一方で、サハリンにおける偏見・差別はサハリンに移住したロシア人の質が低いからだと説明する。高等教育を受けていない李世鎮氏が、ロシア人技術者たちと肩を並べて仕事ができた背景には、李世鎮氏の超人的努力もあるが、サハリンに移住してきた労働力の質の低さもあるだろう。もちろん、労働力の質と、モラルとが因果関係にあるわけではないが、韓人たちがマジョリティである移住ロシア人たちに対して、劣等感を抱くどころか、優越感さえ抱いていたことさえうかがえるのである。金鐘聲氏は、日本・韓国は、ロシアに比べてモラルや経済は上だが、文化面ではロシアの方が上だと感想を述べている。こうした言説の中から、韓人の自己認識がうかがえる。それは、日本人・韓国人同様に高いモラルと勤勉性を有しながら、ロシアという文明国で育った「韓人」という立場である。もちろん、ここには帝国崩壊後に切り捨てた日本、「無国籍者」として冷遇したソ連、そして永住帰国先の韓国から受けた疎外感の裏返しがあるとも考えられる。

このように、日本帝国とソ連社会での経験、およびそれに基づき形成された自己認識が「サハリン韓人」を独特のカテゴリーへと特徴づけるものである。

おわりに

本章のためのインタビュー対象者は、「樺太時代は学校でね、楽しく暮らしました。日本人とおんなし（同じ）。」（金永日氏）、「そんな差別はあったことないね。ここではおばさんがた、日本人は大して差別したとか言ってるけど、わたしはなんもなかったから。」（文道心氏）というように、「樺太時代」―それは青少年期でもある―を楽しく平等な時代として懐かしむように語る人々であった。そこから見えてくる韓人像は「サハリン朝鮮人＝植民地主義の被抑圧者」とは異なるものであろう。少なくとも、「被抑圧者」以外の一面が映し出されたのではないか。

しかし、だからといって、これがサハリン韓人全般に一般化できるわけでは決してない。すでに述べたように、インタビューに協力してくれた韓人のほとんどは親日的であり、日本語でインタビューに応じることができるだけの日本語力を有していた。これは裏返せば、嫌日的な韓人、充分な日本語力を有していない韓人は、インタビューの場から予め排除されていたこととなる。最も懸念されるのは、「徴用」で渡樺した人々の声を本章では反映できていないということである。金鐘聲氏は、「徴用で行った人は（中略）どんな苦労したのか知れ（り）ませんけど、私たちはもう、そうですね、日本の人と一緒に横に住んでいながらね、住んでから（住んでいたけど）、そんな区別（差別）は（なかった）。」と、「徴用」で渡樺した韓人と、自分たちのように樺太で生まれ育った韓人との間の経験の差異を示唆した。

このことは終戦時の対応にも反映されているかもしれない。筆者は本インタビュー調査以外にも韓人や残留日本人への調査を重ねているが、意外にも終戦時に朝鮮半島への帰還を積極的に期待した例は多くはないのである。考えてみれば、多くのインタビュイー自身が樺太生まれ或いは育ちであり、朝鮮半島自体への思い入れがそもそもない。親の世代にしてみても、「(朝鮮で働いても)一日十銭しかもらえなかったです。樺太行ったら、四円五円もらえるんです、それで、みんな樺太へ。僕らは小さくてわからなかったけど、相当苦しかったようです。」(朴大吉氏)というように、そもそも朝鮮半島での生活が困難だからこそ、渡樺したのであるから、朝鮮半島へ戻ろうという積極的な意欲は起きなかったとも考えられよう。こうした態度は、同時期の中国東北部延辺朝鮮族にも共通に見られる*21。ただし、終戦を朝鮮半島への帰還の機会として歓迎したサハリン韓人ももちろん存在していた。金相吉氏は、自分の周囲には韓人がいなかったので直接見た話ではなく伝聞した話であるがと留保して、終戦時のことを次のように述べている。

日本負けたって、戦争負けたって、日本人は涙を流しているけど、朝鮮人たちは、酒飲んで酔っ払って、喜んで歌うたって、そんな真似をしてたんだね。(中略)ずっと北の方には、朝鮮人がいたんでしょ。解放されたって、喜んでそういう人は酒飲んで。日本人は涙を流して、世間がそうなっているときに、朝鮮人は喜んで。

「北の方」と言っているように、これら「朝鮮人」が「徴用」で渡樺した韓人と推測することができる。父親が「徴用」で渡樺したという張日三氏は終戦時のことを次のように回想している。

終戦は学校でラジオで聞きました。父さんはね、これで韓国に帰れるんでないかっていう希望だったんではないかと。私たち（韓人）も何人もいないからね、国が負けたのに喜ぶも何も、みんなと同じような表情でね。でも、お父さんは韓国に帰れるってことで、喜んでいたと思います。

生活設計を崩される形で強制的に「徴用」され渡樺した韓人と、それ以前に生活設計の一環として渡樺していた韓人や樺太で育った韓人との間の態度の差異をここに見ることができよう。

張日三氏は、前述の「朝鮮人」の終戦時の態度が「瑞穂村朝鮮人虐殺事件」*22などに結び付いたと憶測している。このように、終戦とその後の引揚・移住は、日本人・韓人双方にとって韓人のエスニシティを表面化させる画期であったと考えられる。当時青少年期を迎えていた韓人たちにとっては、アイデンティティの混乱を招いたであろう。

いずれにしろ、サハリン韓人研究を進展させるためには、本章では成しえなかった嫌日的で充分な日本語力を有していない韓人への朝鮮語・ロシア語でのインタビュー調査や、すでにそれら言語で行われた研究との比較、そしてまたさらなる共同研究が必要とされよう。また、すでに拙稿でも指摘したことであるが、サハリン韓人を考える上では日本帝国だけではなく、ソ連社会主義帝国の存在も視野に入れなければならない。高昌男氏の父親が言ったという次の言葉はそれをよく表わしている。

うちの父さんなんか言ってました。戦後にね、ロシア人たちが日本から私たちを解放しましたよと。（でも）解放したって意味がわからないって、お父さんはわからないって言いました。何から誰を解放したのかって。日本時代はそれでも、朝鮮人は自由に歩いたんですよ。どこでも行きたいところに。ところが、ロシア人が来てからね、何もみんなどこに行くにでも、自由に歩けなかった。自由を失った人たちがね、誰が誰から、誰に解放したのかって。わかりません、て。

終戦直後に朝鮮半島への帰還を積極的に期待しなかった韓人がいたと書いたが、だからといってソ連社会への「残留」を強く期待したわけではない。問われるべきは、韓人が移動の自由と選択権とを奪われたという事実である。

注

1　なお、戦後に起きたサハリンをめぐる各種人口移動の諸相の詳細については、拙稿「二つの帝国、四つの祖国―樺太／サハリンと千島／クリル」（蘭信三編『アジア遊学一四五　帝国崩壊とひとの再移動』勉誠出版、二〇一一年）および「樺太移民社会の解体と変容―戦後サハリンをめぐる移動と運動から」（『移民研究年報』第一八号、二〇一二年）を参照されたい。前者では「帝国」「祖国」を切り口として、後者では「戦後期」「冷戦期」「ポスト冷戦期」に時期を区分して論じている。

2　日本語で読めるサハリン通史としては、ヴィソーコフ・M・Cほか編著（板橋政樹訳）『サハリンの歴　史』（北海道撮影社、二〇〇〇年）や、同じくヴィソーコフが『ユジノサハリン紙』に連載した記事『サハリンと千島列島―編年史』の松井憲明による翻訳が、『釧路公立大学地域研究』および

『釧路　公立大学紀要　人文・自然科学研究』の各号に掲載されている。
3　ГАСО, Ф.3ис, Оп.1, Д.27.（地方課、往復書簡、一九四五年）。
4　アナトーリー・チモフェーヴィチ・クージン著（岡奈津子・田中水絵訳）『沿海州サハリン近い昔の話翻弄された朝鮮人の歴史』（凱風社、一九九八年）二四二頁。
5　クージン同右二八九頁。
6　以下、疎開者、脱出者、密航者の数は樺太終戦史刊行会編『樺太終戦史』（全国樺太連盟、一九七三年）三二〇―三四六、三七九―三八六頁を参照した。
7　在外同胞援護会・樺太協会北海道支部『樺太資料第二号　残留同胞と南樺太』（在外同胞援護会・樺太協会北海道支部、一九四六年）一九頁。
8　筆者の聞き取り、および大橋一良『失われた樺太』（大橋英子、一九九五年）一三〇―一三二頁など。
9　李炳律『サハリンに生きた朝鮮人』（北海道新聞社、二〇〇八年）一〇九頁。
10　クージン前掲書二六八頁。
11　厚生省援護局編『引揚げと援護三十年の歩み』（厚生省、一九七七年）一〇〇頁。千島からの引揚者約一万名も含んだ数値である。
12　同右一〇三頁。
13　朴亨柱『サハリンからのレポート』（御茶の水書房、一九九〇年）五五―六五頁。
14　『引揚げと援護三十年の歩み』一六〇――一六七頁）。
15　新井佐和子『サハリンの韓国人はなぜ帰れなかったのか』（草思社、一九九八年）一〇八―一二七頁。

16　朴前掲書六五頁。

17　半谷史郎「サハリン朝鮮人のソ連社会統合－モスクワ共産党文書が語る一九五〇年代半ばの一断面」原暉之編『ロシアの中のアジア／アジアの中のロシア（Ⅱ）』（北海道大学スラブ研究センター、二〇〇四年）六九―八三頁。

18　高木健一『サハリンと日本の戦後責任』（凱風社、一九九〇年）五一―七八頁。

19　中国帰国者・サハリン帰国者支援ホームページ厚生労働省等資料「樺太等残留邦人関係統計一覧」(http://www.kikokusha-center.or.jp/kikokusha/kiko_jijo/chugoku/mhwdata/index_f.htm)(二〇一〇年一月二八日)による。

20　朝鮮に「徴用令」が適用されたのは、一九四四年九月である。しかし、インタビューの中では、それ以前の渡樺についても「徴用」という語を用いる場合や、「募集」と思われる事例を「徴用」と呼んでいる場合が見られる。「サハリン裁判」に関わった高木健一は「『徴用令』に代えて『募集』方式、『官斡旋』方式をもって、実質的に朝鮮での『徴用』にしていたのである」としてこれら一九三九年以降の三段階の動員のいずれにも強制性を認めている（高木前掲書一〇七頁）。インタビュイーが、これら三段階の動員を明確に弁別してはいない場合が多く見られるが、動員とは異なる「自由渡航」についは明確に弁別しているので、少なくとも主観的に強制性が見られた場合に、「徴用」という語を用いているようである。本章では、インタビュイー本人が語ったままに記してある。

21　花井みわ「韓国と中国延辺に分かれて―龍井恩真中学校同級生の戦後」（蘭信三編前掲書）参照。

22　一九四五年八月二〇日から二一日にかけて、瑞穂村において在郷軍人や青年団により、韓人二七名が殺害された事件。このほかにも、恵須取や敷香でも同様の事件があったとされる（クージン前掲書二三〇―二三二頁)。

李世鎮（イ・セージン、이세진）一九三一年四月二八日恵須取生　男性

聞き手――三木理史・金鎔基・中山大将

名前ね。イ・セージン、日本語で書くと李世鎮です。一九三一年ですね。誕生日は四月の二八日ですよ。ところがね、うちのおやじが山でもって、造材で、来れなくて（行けなくて）。五月二〇日に役場に行って、五月二〇日になっちゃった。五月二〇日には海軍記念日でしょ？　今でもね、五月二〇日生まれです。七八歳です。

いろんなね失敗がありましてね。元気そうに見えてもいろんな病気がありますよ。いろんなね、治療がね無料なんですよ。ところがね、国家からお医者さんは給料をもらっていますから、患者さんが来てもあんまり親切じゃないんですね。それで勉強も足りなくて、学校を卒業しただけで、医者だって、仕事しているんですから。勉強足りないくせに、傲慢であんまり親切ではない。それが定評ですよ。社会主義国では。それで、学校の先生とお医者さんの給料は安いんですよ。今でもね、あんまり親切でもない。病気って、いろんな原因がありますしね。診察するっていったら、いろいろ難しいもんですよね。相当、せっぱつまった病気でないと病人と認めてくれない。病人って認められれば仕事しなくても七〇％の給料は出るんですよ。有給休暇をもらえるんですね。ところが、それがない場合は死に物狂いで仕事をしないといけない。

だから、いろんな慢性病があってもね、なかなか病気だとわからない人が多いんですね。いま、東洋医学を勉強するようになって、二七年目になって、独学ですから、ほとんど日本の本で一〇〇万円以上、高いんですよ。東洋医学の本に出てくる漢字というのは本当に難しくて、普通の中等教育や高等教育では理解できない漢字がいっぱい出

てきます。いい加減な理解をしちゃうと、僕はお医者じゃないから、自分のことだから我慢できますけど。やっと本の半分以上がね、書いているとが理解できるようになりました。半分以上でも大変なもんですよ。それは一冊の本を、何百回もね、時間をおいて繰り返して読んで、何十冊と読みました。それで少しわかった。それで若い時の失敗がいっぱいわかってきたんですね。体格がよかったからね、運動がよくできたんですよ。走ったら、六年生を追い越して、一番になってね。それから、運動会で八〇〇メートルで一番乗りだったからね。それから、若いもんと走っても、三番目には入ったりね。スポーツの冬のスポーツの、冷たい空気が肺に入るのは、体によくないんですよ。それであの、いま考えますと、よく、よく走って、早く死ぬ人が多いですね。みんな肺でやられているんですね。で、スポーツやっていても決して、健全じゃないね。片一方で怪我をしている。早く死ぬ。この間も世界的に有名な、よく走っている、亡くなって。七十何歳かな。結局、みんな肺でやられてる。

—生まれはどちらですか？

樺太の恵須取（現・ウグレゴルスク）です。これはアイヌ語から来たんですね。

—お父さんは朝鮮半島生まれですか？

もちろんその通り。お母さんも。北朝鮮の平安南道。それで金持だったらしいね。代々。何をやっていたかというと、船で以て、平安南道の農作物を船に積んで、朝鮮半島をひとまわりぐるっと回って、黄海に出てから、元山で、農作物を売りさばいて、海産物、水産物を積んでまた戻ってきて。まあ、うまくやっていて、お金がなんぼあるのか、わからないほどの金持ちだったんですよ。ところが、あの、暴風雨がありますね、台風。それでもって、船が難破して、人も亡くなって荷物もなくなって、おじいさんはがっかりして、人も死んだし、酒を飲んで、中風にかかっちゃって。して、いまでも治せない病気で、お金を相当使って、そこにまた女性にも弱かったからね、女性と裁判にかかったりして。

それで身代ボロボロになって、お父さんが小学校二年生くらいまで通って、それ以上勉強できなくて、お父さんが、お父さんのお兄さんになる伯父がね、人力車の後押しをやったんですよ。人力車の。そういうことをするようになって。

それで、その伯父さんが日本軍が、シベリア出兵のその頃に、アメリカにも地図を見たら歩いて行けそう、ということで、ノコノコ出て来て、ハバロフスクまで行ったら陸軍がちょうど来ていたんです。それで、アメリカに行くのが駄目になって、日本軍と一緒に行動して北樺太に行くようになって、北樺太にね、軍隊が地図を作る専門家がいて、測量の器械をしょって歩いたりしてね、荷役の仕事をしたんですよ。北樺太で。それで、そこから南へ下りて、恵須取へ行ったんです。

そのころ、恵須取は開発を始めまして、木材が、林業がたくさんありまして、木材利用して、パルプ工場がすごく建てられたんですよ。で、景気が上がってきて、伯父さんがそこで、弟の自分のお父さんとか呼んだんですよ。うちの親父は京城で自動車学校を卒業してから、貨物自動車の運転できる免許をもらったんですよ。その頃は運転手って多くなかったですからね、樺太に来てから、トラックの運転をやりながら、伯父さんの家事を助けたり、夏はトラックで木材を運ぶし、冬は馬で造材ですね。それでお金をもうけたんです。普通の人よりようけ儲けるようになって、それで大家さんになって、家をあちこち買って。日本人を入れて。冬は自動車が通れなかったですから、客馬車というのがりありました。いい馬を持っていて、競馬大会で、樺太で二番に入りました。いい馬を持ってね。恵須取から珍内（現・クラスノゴルスク）、久春内（現・イリンスキー）へ飛ばすんですよ。お客さん四人を乗せてね。帰って来ると大金が入って来るんですよ。それが冬で、夏はトラックで。日清戦争*1になってから、部品があまり入らなくてなってから、国産の自動車の会社、部品を売る店を開いて、二年くらいそれをやって、私が小学校に入って、三年生になった時に、親父が造材で山に行ってるし、母親は妊娠して朝鮮半島に行っているし、あのとき米もなくなって、砂糖もなくなって、それが昭和一五年頃です。今度はお金が必要になったので、妹が下に二人いたんですよ。米も買わなきゃいけないし、お父さんは山だし、お母さんは朝鮮半島だし、誰もいない。自分で米を食わないといけないし、朝早くから、納豆売りをしました。あの頃はひとつを五銭で仕入れて一〇銭で売りました。売れたら五銭持っているんですよ。大金でした。一〇売れば五〇銭ですね。二〇で一円。小学三年生ですから、毎朝朝五時に起きてもうけたんですよ。米買ったり砂糖買ったり。親父が夏に帰ってきてから、うちのお袋もいないから、女郎屋に通うようになって、お前の息子は納豆売りしてんだぞ、お前はなんぼお金があるんだと。五円か一〇円くらいあったのかな、それを国家に寄付したんですよ。国家というとそのときは軍部ですね。慰問袋を作ったり、陸軍大臣、東条英機の前ね。感謝状が、新聞にも出ましたよ、このくらい。

―寄付したのは李さん自身ですか？

僕が寄付した。お父さんは恥ずかしくなって。それが、八月くらいかと思います。恵須取の、時事新聞。恵須取の。あそこにね、私の先輩で、あとで『北緯五〇度』とかいう本を書いた人がいるんですよ。戦後捕虜になって。恵須取小学校で、一校、塔路一校、で、最後に豊原尋常小学校、その頃、国民学校っていいました、二個卒業しました。一校のときも、組長（級長）にさせられました、信用がありましたから。塔路（現・シャフチョルスク）行っても、組長やって、六年来ても組長やって。それから、今度は塔路一校に悪い先生がいましてね、非常に朝鮮人に対してものすごく差別的な、そういう先生も四、五人いたんですね。それでその、あそこには朝鮮人も、五年生で勉強していても、年が一歳二歳多いのが多くて、勉強もよくしていて、体格もいいんですね、馬鹿にされればやっつけてやるしね、先生は気にくわなかったんですね。無条件に馬鹿にするんですね、日本人の子供たちは。

で、炭鉱で、塔路という街は日本でも有名な炭鉱街だったんです。一日に三、〇〇〇トン、他の会社も住友商事も一日に四、〇〇〇トンか五、〇〇〇トンを出して、学生さんがね、三、七〇〇人か、二、九〇〇人くらいまであったんですよ。小学校、国民学校。日本一だったんですよ。日本一が釜山にあって、釜山が四、〇〇〇何人。それで第二位が塔路だったんです。塔路一校、有名だったんですよ。戦争時代、国民学校ですね。高等一年二年もあったんですよ。

景気がいいってわけで、僕も勉強していたし、うちの妹達もよく勉強していたけど、塔路は景気がいいっていうんで、うちのお父さんが、顔が広くて、字を筆で書くのがすごく達筆だったんですよ。足で、もってつまんで書いたり、上手だったんですね。それで、口が達者で。テコンドーってありますよね、二人テコンドーやる人と、七人くらい日本人がかかってきても、どうにもならなかった。運転手やってるから、知っている人がたくさんあった。サクタン、西柵丹(現・ボシニャコーヴォ)という炭鉱街がありました。そこにお父さんの知り合いの人が、飯場を持って四〇〇人くらい労働者を、韓国人の労働者がいて、労働者はみんなお金をもっていたんですよ。朝鮮人は知識がないんで、銀行とか貯金とか、郵便局に貯金するとか、しないでね、飯場でみんなお金を持っているんですね。飯場でもらったお金。飲食費とかをさっぴいてね、大金を持っているんですよ。それで金を借りて、塔路に女郎屋を開いたんですよ。そのあとに、もう一人の韓国人がお父さんの後を継いで、入ってきました。そこは末広町というところで、日本人の女郎屋が四、五軒ありまして、韓国人の女郎屋も二軒あって。戦争時代ですから、大東亜戦争の始まる前に、景気がよかったんですよ。日本は油はなかったけど、石炭はあったから、軍艦が動いていたらしい。で、お金をもうけて、二、三年で借りたお金を返したんですよ。ところが、四四年度にですね、閉山して、塔路の炭鉱が、なぜかというと、戦争で日本の敗戦の色が濃くなって、石炭を日本へ運ぶのが危険になったんですね。それで、炭鉱を閉めて、閉山して、当時そこには三菱という会社がありまして、鐘紡、それに王子もありまして、三菱の会社が閉山して、三菱系の半分くらいは九州に行って、残りの半分は同じ会社の三菱の、内淵（現・ヴィコフ）の、あれも三菱系なんですよ、内幌（現・ゴルノザヴォドスク）、これも三菱、そういうわけで、営業できなくなったんで、店を閉めたんですよ。私は中学校の一年生で、夏休みに帰ってきたら、店閉めて、お父さんもいないし、弟はジフテリの病気にかかっていたんですよ。それも、お医者さんが悪くて、ジフテリとみていなくて、のどが痛いから、扁桃腺とかって、いって。そして、いろいろしていたけど、そのうち、息が苦しくなってきて、死にそうになった時に、別の街へ移ったんですよ。そしたらもう手遅れで、死んだのを何回も注射で蘇生して、手術は、どうやら成功したようだけど、一九四四年度の、昭和一九年度のことです。八月です。それで、うちは塔路でしたから、塔路中学校に入って、どうやって入学したのか、というと、塔路の校長先生がね、中学校入るためにはね、いい、推鷹状をくれないっていうんです、朝鮮人には誰にも。○○って先生がそれをわかって、あんたの息子さんは一番だから、絶対に樺太の中学校でなくて、北海道でもなくて、東京近辺の優秀な学校に転校させて、そこからとんとん拍子に成功しなきゃだめだと、そのための能力もお金もあるんだからと。ケチケチするなと。それを聞いて親父がびっくりして、それで塔路を飛び出して。豊原（樺太の首都。現・州都のユジノサハリンスク）に飛び出して、そこで泊まって、日本の旅館ですからお盆に持ってくるんですよ。それで、二人分と知らないで、食べてしまったんです。戦争時で切符の時代ですから、誰だと、うちの伯父さんが米がいるなら、うちへ来いとなって、本州へ行くのはやめになったんです。

それで、転校して、いい成績で入りました。一番乗りでしたよ。「秀」が、ふたつあったんです。修身と歴史です。「優」も多かったんですね。数学もやったし、剣道も柔道もやりました。剣道は、小学校五年生のころからやってました。スキーも、ジャンプも空中展開を三〇〇回くらいやったんですよ。戦闘機乗りになる夢があったんですよ。戦争時代だから、軍人になるのが一番よかったでしょ。

中学校に入ってから、下宿へ行くようになりました。寄宿舎はいじめですよ。いつも緊張していなくちゃいけない。下宿には十数人いました。それで、上級生がいるから、緊張しなくちゃいけない。僕の部屋にも上級生がいて、〇〇〇〇っていう。幸いにその、何がよかったって、中学生を腹を減らしちゃいけない、と、それで、カボチャをたくさん、買ってくれて、カボチャのお粥とかいくらでも食べさせてくれて。戦争時代にね。でも、蒲鉾、竹輪ってのがありますね。下宿が、魚のおろしというか、そういうのをちょっとやっていたんだよね。朝起きたら、玄関に出て、魚場にいって、鰊だとかそういうのを持ってくるんですよ。一週間に一回は、ライスカレーね、山盛りで、腹がポンとしますね。〇〇っていうんだけど。ご主人はね。気のいい人で。中学生の腹をすかせちゃだめだって。

下宿に入ったのが、四五年の四月。入った時には、戦争時代によく、戦争に引っ張られていくでしょ、徴兵で。娘ふたりがいたのに、千島かどっかに行ってしまって。よく食わしてくれる下宿があるってんで、一カ月五円で食わしてくれるって。そこ行って、下宿屋のちょうど真向かいに銭湯がありました。銭湯ね。で、中学生は五時半ころ起きて、公園まで走るんですよ。それから予習、朝ごはんを食べて、学校へ行って、行くと、講堂でもって、必ず集まって、朝礼で、朝礼で何をやったかというと、軍人勅諭というのをやったんです。あれは長いんですよ。それをね、書くんですよ。長たらしいんだけど。こうやって読むんです。それを忘れると、教官ってのが五人くらいいまして、将校だけでも二人いて、あと下士官。竹刀を持っていて、忘れてくると、頭からやるんですよ。どーんって。それで、毎朝、朝礼ってのがあってそれが終わると、教室に入るんですよ。中学校にはいって何か面白くなかったかというと、いつも緊張していなくてはいけない、それから、掃除とかそういうのは全部自分でやるし、一日柔道、一日剣道、昔あの、通信簿に、教練ってのがあったんですよ。それと別に柔道、剣道があって、体操があったんです。僕は、体操が得意で、柔道も得意で、寝技もやるしね。剣道は小学校のときからやっていたから、四年生にもんでやるから、と言われても反対に僕につきで、ぶっ倒れてね。こっちはね、腕力があったから、左手でやると、今でもロシア人は負けますよ。剣道の先生がね、剣道六段で、○○○○っていって、それから、○○○○っていう柔道七段の先生がいて、柔道七段っていったら、北海道でもいなかったらしいんですよ、仙台から北には。御前試合にも参加したことがあるって。

中学二年のときに戦争が終わって、戦争が終わってからね、ちょうど、戦争が終わるころね、豊原に神社通ってのがあって、いまコミュニスチェスキー通っていうですね、その神社通りをね、疎開したんです、大きくしたんですよ。そのために、下宿がつぶれて、お風呂屋もつぶれて、そして、道路を拡張した。そこへもってきて、草刈りをしなきゃならんと。中学に入ったはいいけど、勉強さっぱりしないで、勤労動員ばかりで、寄宿舎へは行きたくなし、転校届を出して、家へ帰ろうと。で、家へ帰ったら、ちょうど七月頃でした。いまはもう負けたからと。

昭和二〇年の一月に父が来て、弟が死んだのかと確認して、現鎮を、僕は日本名を高松隆一といって、弟が隆二、で、韓国語では現鎮、それが死んだと。親父が日本が負けたから、国へ帰るからと。ちょうど荷造りして国へ帰るんだと。日本はもう負けたから、どうせ死ぬんなら、故郷で死ぬと。そういうつもりだと。荷造りをして待っていたんだよね。そしたら、中学生はみんな、選炭場で働いているんですよ。

そこで、一カ月くらいぶらぶらしているうちに終戦が来て。とくにか、避難命令が来たんですね。うちの妹が三人いて、妹三人と、七十何歳のおばあさんがひとりいて、姉がいたんです。トミエといって。大阪の病院で、二年くらい産婆の勉強をしていて、倉庫の梯子から落ちて、背骨を折って、二年間ギプスで、同窓生が看護師をしてくれて、それでどうにもならないからと戻って来たんです。カタワですよ。何もできないから。避難するときもしょっていかないといけない。僕が背負ってあるいて。それから、女中さん二人とお母さん。避難命令を受けて、お母さんと妹が先避難したんですよ。塔路から大平へ。今は、ウダノイ。そしてから、茶々、上恵須取。上恵須取で空襲にあうんですよ。相当死んだんです。機銃掃射は、一発あたると馬でも死んでしまいますよ。それで、私は後をおって、珍内（現・クラスノゴルスク）というところへ行って、そこへ行ったら、妹たちが学校で避難していました。途中で、道に迷ったおばあさんを拾って、かついで行くわけにはいかないから、リヤカーを借りて。一日ね、二四時間寝ないであるいて、ひどかったですよ。

その頃は幸い夏だったからね。冬だったら、凍えて死んじまいますよ。山の方を歩いて。恵須取の方にトンネルがあったんですよ。トンネルが低いんですね。それをね爆破してしまって。将来、鉄道か何か敷く予定だったみたいです。恵須取ってところはね、昔、恵須取の南に炭鉱がふたつあったんですよ、天内、山天内と下の天内。山天内には発電所があって、小さい発電所が。間には直線の山道があるんですよ。そこで、とれた石炭は、天内までおろして、日本へもっていったんですよ。石炭の質がよくなかったんですよ、でも、量はとれたんですよ。鉄道はね、計画はあったんです。珍内までは計画があったんです。ロシアも発電所をそこに造るべきだったんですよ。ロシアの地質学者の失敗ですね。とんでもない所に二カ所つくってしまって。

そっから、逆戻りしたんです。塔路へ。なぜかって言うと、プルカーエフっていう、中将が命令したんですよ。元のところへ帰れって。避難する時は日本人もみんな。バスもないから歩いて。

八月一五日ころですね。八月六日ころから、避難を始めました。戦争が終わって、九月上旬ごろに、みんな家に戻ってきました。帰らなかった人もいるけど。で、塔路の街は盆地だから低いんですよ。低いんで、ちょっとこう穴を掘ると水が出てくるんです。避難する時には、日本人が警防団で火をつけたんです。火をつけて、塔路の街は放火されたんです。帰って来ると、みんな燃えて何もなくて、その辺に穴を掘って、ドラム缶を突っ込んで、下が水が出てくるので、ドラム缶が浮くんですね。そこに食器とか、いろんなものを入れるんです。上から見えるんです。戻ってきても何にもないから、みんなそれをほじくって、泥棒していくんです。後から来た人は、うちもやられてしまって、何にもないんですよ。警防団が火をつけたのは、サハリンでも恵須取と塔路だけだったらしいね。放火したんですね。山の方を逃げたのは、険しいと言っても道がありました。家もあったし。海岸側が地形が険しんですよ。

塔路に帰る途中で、いきなりロシアの兵隊がね。僕は中学校の制服でしょ、カーキ色で兵隊みたいに見えて、心配になって、びっこでもひけと。万年筆が欲しいんですね、彼らは。腕時計ないかとか。塔路へ来ましたら、私の知っている人がね、ロシア語が堪能だったんですね。ロシアから来た人で。その人とは仲がよかったから。鐘紡の官舎で世話してくれて。戦後ね、後始末のために働くと、ひとり一〇キロの米をくれたんですよ。一日ね。焼跡の後始末で。六人だったら六〇キロですよ。で、一週間くらいすると、米数俵もらえるんですよ。戦争のときは、米がなくてピーピーしていたのに、どっからか米が出て来て、いっぱいね。あのころは一〇〇年間くらい戦争するつもりで、相当、どっか貯めてあったんです。それが出て来たんです。

なぜかったら、戦争終わったでしょ、貯めておいた米が、一年分か二年分あったんですよ。それから、ロシア人が自分の食料を持ってきていたんですよ、いっぱい。で、そのためにロシア人からもらったりして、それから、米が必要なんで、満洲からね、脱穀していない様なのを持ってきました。自分たちで瓶でつついてね、脱穀したり。どっか、満洲から北鮮から持ってきてね。たかがしれたもんですね。樺太の人口なんて。

うちはね、飯場ってやつがあったから、一〇〇人とか二〇〇人とか人夫を持っているんですね。それで、労働者を働かせるときに、二〇〇人で登録しないんですよ。四〇〇人とかって、インキチを言うんですよ。戦争時代に、腹減って、どこのバカたれが、仕事するわけ？　そんなに厳しいもんじゃなくて、だぶった米があるんですよ、飯場には。電話一本で米の一俵や二表もって来てくれるんですよ。馬鹿な一般の市民はね、ピーピーしてたけど。飯場は親戚がみんなしているから。戦争終わってからは、自分の労働者に殴られたりしたけどね。朝鮮人の飯場はどこの炭鉱にもあるんですよ、荒仕事とかね。

戦争終わって、塔路へ集まったんです。伯父さんがね、みんなで集まろうと。これからどうなるかわからないと。伯父さんも、豊原の家が空襲を受けて、全焼したんですよ。戦争時代に綿とかなかったからね、生糸とかそういうのを加工して、そっから綿に似たようなものを作ってね。そういうのが、戦争の終わる二年くらい前からはやり出したんです、日本では。アメリカが、綿をくれないから。その伯父の工場が全焼したんですよ。日本時代から、ロシア人がいたんですよ、それからポーランド人。敗戦が濃くなってくると、そのポーランド人を、豊原から、喜美内（現・タンボフカ）というところへ、移したんです。そこへのお寺もたてて家も立ててね、そこへ住めと。収容所ではないんです。（1930年代のソ連政府による極東地域からの朝鮮人追放時には）の朝鮮人は、貨車に閉じ込めてね、水もくれないで、病気になって死んだけど、もっと紳士的だったんですね。いままで住んでいた家はどうしたかというと、日露戦争の前に建った家で、うちの伯父さんが買ったんです。いまはなくなったけど。そのうちに住むようになりました。チェーホフも住んだところ。北豊原にあったんです。ポーランド人はね、伯爵か何かが、独立運動のときにつかまって、サハリンへ連れて行かれたわけです。戦争が終わってからね、ポーランド政府がその人らの資料がほしいってきました。で、サハリンではね、字に明るい人っていうのは、ロシア人より、そのポーランド人だったんですよ。ポーランド人のうちというのは、大きかったんですよ。牛も馬も飼っていたし。それは壊してしまったんですと。なんでっかというと、ロシア人がねそこに食堂を建てるようになったんですよ。で、その家が邪魔になって。

――戦後は李さん自身はどうなさったんですか？

戦争が終わると、学校は行かないで、生活が苦しかったので。ロシアの軍隊のね、薪切りやったり、冬ですからね、薪がないとストーブも焚けない。二カ月くらい通ったんですよ。そしたら、中学生はみんな勉強している。それで中学校の先生のところへ行ったら、来いと。あの頃は、教科書とかなくて、話すだけでね。大泊（現・コルサコフ）に中学校がありました、豊原にもありました。でも、バラバラになって、ただ、そこに通っていたという話だけで、転校できたんですよ。入りましたら、真岡中学校だ、恵須取中学だ、というのが一緒に勉強するようになりました。

そして、四六年度の春になって、何の命令が来たかというと、鰊場へ行けと。戦後ですね。勤労動員ではなかったことです。ロシアの国ではそれが習慣だったんですね。春秋には。学生さんが勉強しないで、畑仕事したり。僕らはそれを知らないで、戦争に負けたから、日本人を使うんだと。でも、そうでないと。ロシアは冬が長くて夏が短いから、そういう慣習があったんですね。魚場とかね。で、私たちも行きましたよ。春鰊。どこへ行ったかというと、西海岸。西海岸が一番良くて。真岡（ホルムスク）の北や南。そこで、鰊場で、マスが取れるんだよ、その準備をするんです。そしたら、二カ月が経ちます。それ終わったと思って、帰ってきたら、またどこ行けと言われたかというと、大泊の南の方に、札塔（ユージノエ）というのがあります。そこでは、非常に魚が取れて、昔は鯨も捕れたそうですね。それで、缶詰工場もあったし。一五〇人がね、中学生三年生や四年生が、みなこっちに来て、ポンポン蒸気に突っ込まれて、朝着いたんです。僕は要領よくね、船のちょうど真ん中に行って、酔わないように。それで、ぴんぴんしてた。そこで、大泊女学校の人が見かねてね、五目飯を、くれて、でもみんな食えない。もったいないので、僕がもらって、後始末しているうちに、僕は炊事係になって、そのまま一カ月炊事係になって。炊事係になると朝早くて、四時ころ、晩は一一時。睡眠不足で、ひと月くらい苦労しました。そこにはね、缶詰工場があって、二〇〇人くらいの北朝鮮からの派遣労働者がいました。そして、彼らが朝の四時ころ起きて、二〇〇人分くらいの御飯を作るんですよ。そのあとは、豊原中学校が一五〇人、そのあとに大泊女学校が一五〇人、だからきついんですよ。ご飯を炊かなきゃいけない、お吸い物をつくらないといけない。四年生が二人、三年生が二人、四年生がいばってなにもしない。三年生が全部する。ご飯は腹いっぱい食べれるけど、眠れないですね。朝早いし、夜は遅いし。米をうるかして置いておくと、盗まれるので、宿舎でね、樽で飯場まで持って行って。そこで、ご飯を炊くんです。それみんな僕がやるんです。夏鰊というのは、脂っこいんですよ。夏鰊をとったら、ぐたぐた煮て、鰊粕をつくる、そんな仕事もしていました。僕はね、関係なかったけど。朝晩昼、飯の心配はなかった。それから、おかずをね、鰊とか、鯖であるとか、もらって来ないといけないから。ところが、みんな朝鮮語少ししゃべれましたからね、うちのおっかさんの故郷が、北朝鮮の黄海道だったんです。そこに来ていた北朝鮮の労働者がみんな黄海道の出身なんです。で、聞きなれた朝鮮語だったから、そこの責任者が説明してくれて、それを聞き取れて。教えてくれる人がいないから、何にもできないんですよ。その人たちに頭を下げるとね、鯖でも鰊でもいくらでもくれましたね。大きな袋二つくらいね。それもって、おつゆもつくったり。それはみんな僕がやる。工面する。朝鮮語がわかるから。何もわからない日本語の学生が来ても何もやらんと。ストライキを起こしたんですよ、何もしないと。こんどは生意気だと。ロシア人にはね、コルホーズってのがあったんです。足の悪い親父が来てね、命令して、警察も来て。でも、そのあとはすこしもらえるようになりました。中学生の半分は、缶詰工場で働いて、半分は鰊粕。あとの二〇〇人の北朝鮮の労働者は魚をとっていたんです。帰りには、神社がありまして、クジラの鰓が干して山積みになっていまして、珍しいって、僕らみんな持って帰ったんです。神社の鳥居はね、クジラのあばら骨で。クジラを解体する傾斜のある床があって、クジラをウィンチで引き上げたら、そこで切って、加工するんですね。僕たちの場合はね、北朝鮮の人とは何もなかった。全然、関係しなかったから。彼らが魚を取って、僕らがしぼっていたから。で、米も配給で。でも、よく連携しないと、彼らのとった魚をもらわないといけないから。それをおかずにしないといけない。言葉ですね。向こうの人は日本語はわからない、戦争が終わったらしゃべる必要がなかったから。簡単な言葉ですけど。ダイズでモヤシを作ったりね、おかずなんか自分で作りました。

八月頃に仕事がおわって、九月頃に勉強を始めたんです。日本人はね、半分くらいは、いました。いろんな本を持って帰れないので、市場で売ったりしていました。その頃、あまり戦争時代に見ることができなかった本が、道端で見れるようになりました。万葉百科事典とか。製図用の製図器とか。そういうのをただのような値段で買ったんですよ。お金のたくさんある人は、布団をつくって、その中に入れたという人もあったようです。満洲で使っていた紙幣ね、うちのおばあちゃんが、持っていました。戦後ね、満洲にあったいろんな発電機とか、タービンとか、北朝鮮の機械とかみんなばらしてね、ロシアがね、本国へ持って来たんですよ。その一環として、サハリンにも発電所が、電気の量が増えたんですよ。そっから持ってきた発電機ね、五年間くらいかかってもって来たやつを設置して、運転までして。あの頃ね、日本にはドイツ製の機械もあったし、イギリス製のもありました。日本はね、世界のいいものを金で買ったんだね。そういうものを満洲でどこかの街に発電所をつくったでしょ、日本時代に円で買って、設置した英国製のものを、日本は明和産業とかあるでしょ？　それをひっぺがして。それを今度、本国へ送るんですよ。ロシア人のことだから、それが荷造りして送ってから、設置するまで、四、五年はかかりました。ひとつそういう機械がサハリンへ来たんですよ。で、運転させてみようと、満洲から来た機械を。幸いにね、ひとつは動いて。それから、サボタージュとかすると、監獄につっこまれるしね。

戦争終わってからね、僕は成績がよかったから、〇〇〇という先生がね、樺太神社の神主をやっていたんですよ、受け持ちをやっていて。先生がね、勉強させてやるからと、うちまで来たんですね。で、うちの母さんが、字も書けないのにね、私たちは罪もないから、日本人より先に帰るんだと、そのころは考えていて、門前払いしたんですね。お前行きたいなら、行けと（親は言ったけれど）、黙って考えてみると、妹が三人いたでしょ、何も知らないお母さんのもとで、ロシアの国ではかわいそうだと。むかし図書室があって、そこで読んだのが『謎の国ソ連』。あんまりいいことは書いていなかった、ソ連の悪口ばっかり。読んだんですよ、そのころ小学校五年生だったから。それで心配で行くのをやめたんですよ。まあ、あの頃行ったら、今とは生活が違ったでしょうけど。

その先生は日本へ来て、札幌の高校の先生をやって、社会科を教えたって。で、後で、岐阜県へ戻りまして、小学校の校長先生をやって、日本の天皇陛下からね、教育者として、表彰されて、和歌だったかな、そういう本を書いて出しました。最高の勲章をもらったって。手紙が来たんですよ。その先生が、日本に来いという時に僕はついて行かなかったんだ。かわいそうに、妹が心配だし。

親父は、持った金で、北朝鮮で土地を買ったり、いろんなことをしたんですよ。それで結局、みんな没収されたんですよ。戦前に北朝鮮へ行ってね。終戦直前に。親父は勉強がなかったからね、あの頃はすでにソ連と秘密協定があって、北朝鮮はみんな共産主義になって、財産は没収させられて、土地は地主からとりあげて、こん棒でひっぱたかれて、地主の息子は勉強もさせられなかったんですよ、今でもそうですよ。仕方がないから、金持ちだったひとはみんな北朝鮮から逃げるようになったんですよ。南へね。親戚までこんどはやられたらしい。親父は戻ることもできなくて、戦後も平安南道にいたんですよ。それから会っていないんですよ。向こうで、来るだろうと思っていても、僕らは動けないし、終戦で。

日本人はみんな帰ったんですよ、だから、働く人がいなくて、スターリンの命令で朝鮮人はどこにも出すなと、給料は全然少ないんですよ。ロシア人が大陸から来ると、余計に払うんですよ。倍ね。倍やるから、向こうに行って住めと。日本人はいないから、住むところはあるんですね。日本人の家は大きいと、部屋は四つも五つもあるから、ロシア人はみんなで住んで。占領者という形ではなかったね。何かこう、民族の区別をなくす政策もありましたけど。どうやらこうやら、その後、日本人はいないと、働く人がいない。良い金を払って、向こうから引っ張って来る。労働者が足りないから、北朝鮮から派遣労働者を頼んで、何万人もね。派遣の人は北朝鮮から来ているから、給料はいいんですよ。私たちは、何もなくて、有給休暇も少なくて、一年に二回くらい。向こうから来た人は、一カ月半休めるのに。忙しいなんてことはない、ロシア人はみんな遊んでいるんですよ。韓国人（サハリン韓人のこと）が死に物狂いで働いているのに。給料は少ないのに。六〇年度位になってから、韓国人がね、北朝鮮へ行くようになったんですよ。戦後、ばかくさいって。それで、あわくって、じゃあ、原住民（サハリン韓人のこと）の給料もあげようって。北朝鮮から来た人の方が待遇がよかった、契約があったから、我々はなかった。契約をする権利もなかった。給料もいいし、有給休暇もあるしね。それで、ポンポンと給料があがるんですよ。三年いると六〇％あがるんですね。五年くらいいると、一〇〇％あがる。倍になるんです。休暇も多いんです。北朝鮮ではね、老人に向かって、ともだち、「同志よ」なんて失礼なんですよ。金持ちの息子たちはみんな北朝鮮から逃げて、南鮮に来て、必死になって働いて、財産家になってね。現代の社長なんかね。頭いいんだ。うちのお父さんはそこから逃げたんですね。四七年に、南鮮に逃げたんです。

うちの娘たちが六五年に朝鮮学校を卒業して、学校の先生をやったんだけど、つぶしてしまったんですよ。朝鮮学校の勉強だけさせると、卒業しても就職がなかったんですよ。大学もなかった。入れなかった。ロシア語が足りなかった。入学試験というのがありますからね、最低限。たいていは落第するんですよ。

それで将来性がないってことで、大使館とか、領事館の人が来て、韓国人にね、大学は無料だし、働くところはあるし、と、戦後いろんなサハリンへ残ったひとが技術でも覚えて愛国者になろうって、いっぱい、行きましたよ。サハリン韓人の人口の三分の一くらい行きましたよ。ロシア人に馬鹿にされるのがいやだって。僕からしたらとんでもない、でもまともなことを言う人はすぐにやられるんですよ。とんでもない野郎だって。行っちゃだめだって、みんなわかっていたんですよ。だけどもね、そんなにひどいとも思っていなかったんですね。妹たちもそんなに苦労していなかったんです。苦労がない奴がね、何もないんだぞ、と言ったら、何もないと言っても、人間が住んでいるんだから、何もないはずがない、住めるはずだと。妹ふたりは勉強しに行っちゃった。そのあとに、うちのお母さんも国に行って死にたいと。それで、今度、国に帰るのに、手ぶらではだらしないからね、財産て言うのはないんですけど、半年後に給料とかもらってね、それをもって、荷造りして、食ってかなきゃならんくて。

私は内職ってのがあったんです。鉄工所へ入ってね、設計図を描いたんです。何が得意かっていうと、物理と数学が得意だった。暗算早かったです。『製図工速成』ていう大阪の製図屋が書いた本で、六カ月でもって、製図工を、中学校を卒業した人があるいは工業学校高等科を卒業した人が、一日半年間勉強したら、製図工になれるってに、『設計便覧』ていう厚い本がありました。私の働いた工場は、採炭設備ね、選炭設備、そのほかに、炭鉱で使う扇風機と、巻きっていう巻き上げ機と、樺太には発電所があって、炭坑には全部自分の発電所があるんですよ。それで、炭坑から出て来た細かい石炭はみんなそこで炊いて。発電所の設備は全部、ロスケ（ロシア人。ここではソ連の意味）のものも全部、私が調達しないといけない。だから、仕事は山ほどある。そして、昔は日本内地から部品が来るんですね、それが戦争が終わってから、それがぱったり来なくなってしまって、戦後は、これも作ってくれ、これも作ってくれって、私たちのところに来るんですね、でも、専門家ではないんです。だから、あらゆる面で勉強をし直さないといけない。ゼロからね。で、勉強になります。その代わり、出張が多い。北樺太も行くし。北樺太に行くとね、シベリア出兵のときの、日本のいろんな会社が、北樺太の炭坑を開発したんですよ、石油もね。設備がそのまんま残っているんですよ、世界一流のね、汽車のね、発

いう。その本を二冊買ってあったんです、良い本は盗まれますからね、それを勉強して。それで、設計科に入ったら、日本人もいました、ロシア人もいました。僕はその本をよみながら、半年くらいで終わらなかったんだね、ようやく一年かかりましたよ。その厚い本。図面の書き方とか、烏口のとぎ方とかね、図面の写し方とか、スケッチの仕方とか、細かく書いてあって、一人前になれるんですよ。それでロシア人の責任者もすぐに見てね、どんどん仕事くれたんですよ。これもやれ、あれもやれって、結局大陸から来る設計屋より難しいものが僕のところに来て、僕はいったん引き受けた仕事はミスのない仕事を、早いと信用を受けて、二年半して、一人前の設計屋になって、その代わり、仕事は人よりも三倍も四倍もやりました。何か、どっかで故障があったり、発電所で故障があったりしたら、自分で勉強しなきゃいけない。先生がいないから。日本で一流の先生が書いた本ですね。圧縮された、無駄なことを書いていない。それが一〇〇冊くらいあるんです。その中

電機と蒸気タービンを乗せて。僕の生まれる二〇年前にね、作って、設計して、それが四〇年間、昼夜働いていたんですね。ロシア人が四〇年かかっても作れなかったんですね。それこそ世界一流の会社が作っていたんです。それから、ドイツの優秀な会社が作った発電機、北樺太地にもありました、日本の会社が注文して、炭坑に置いてあって、置いて行ったんです。僕はね、本屋へ行って、最新式のものを勉強してね。ロシアの技術者も来ましたけどね、技術者も全然わからないんですよ。専門の知識ではだめなのよ。やっぱ、もっと程度の高い。タービンを作る知識と動かす知識は違いますかね。僕らは、関係のない人間が首を突っ込んで作ろうとなると、一苦労なんです。それから、ちょっと間違うと、首をやられますからね(クビにされてしまいますからね)。危ない仕事なんですよ。だから、寝ないで仕事をしないといけないんですよ。私はできませんよ、とは言えないんです。『製図工速成』は、戦後に道端で二冊買ってね、ボロボロになるまで読んで、もう一冊は北朝鮮に行く友達にくれてやりました。それを読むと、一人前になれますよ。

戦後のね、一〇年くらいね、無国籍状態でした。仕事の関係で出張が多かったんですよ。だけど、出張へ行くとね、工務部長ってのがいて、発電所の設備とか、全部関係あるんですね。それをサポートするんです。国境警備隊の若い連中がね、僕をあやしいって、引っ張っていくんですよ。無国籍ですから、そうすると、部長の方が国境警備隊より上なんです。何もないんですから、国境警備隊なんて、名前だけで。

炭坑行くと、結局、炭坑長みたいな接待を受けるんですよ。仕事は辛くて、寝ないで仕事をするんですけど。時間がないと。本部の人がね、僕が寝ないで仕事をしているのを見て、びっくりしてね、彼は寝ないで仕事しているんだよって、本部へ呼びだして、この人はサハリン生まれだ、樺太での仕事を辞めさせて、大陸へ送れと、旅費みんな払ってやるしと、命令を受けたんですね。僕の一番難しい仕事はね、半年かかって、二〇〇枚くらい図面を描いたんです。成功したんですよ。ロシアの国籍をもらって、大陸へ行きました。どこまで行ったかというと、ウクライナまで行って、一番有名な療養所、あのチャーチルとルーズベルトとスターリンが会談した、クリミヤ海岸があったでしょ、そこで療養所に一カ月治療を受けて、それ終わってから、ウクライナあたりまで行って、一カ月くらいつとめて、それから、仕事したようなふりして、それから、サハリンから電話が来て、それで、レニングラード、モスクワと見物して、そうして、汽車に乗って、帰って来たんです。一年働いて、四階建ての暖房付きの家をもらいました。特別に僕にね、よく仕事したって、国籍をくれて。共産党の偉い人が三人くらいで、願書を書いてくれて、この人はよく働いたんで、ソ連国籍をくださるようにと、書いてくれるんですよ、そのおかげでね、ソ連国籍をもらったんですよ、それをもらったとたんに大陸に行きました。ところが一カ月治療して、ウクライナで、あったかいところで、働いて、あそこは気候がよくて、サクランボがなるんです。そこに住んでから（滞在していたけど）、電報を受けて、呼び寄せられて、レニングラード、モスクワを見物して、サハリンへ戻って来たんです。やった仕事だから、眼をつぶってもできる仕事で、結局、ほかの人より三倍四倍仕事をしましたよ。

僕は、一度も大学を卒業していなかったけど、一流の設計部とか、火力タービンとか設計したりね、そういう人もサハリンに来ていたけど、そういう人に負けないくらいね、こっちだって勉強して、設計部長をやっているときは、夜中の一時くらいまでね、働いて帰って来るんですよ。なぜかって言うと、共産党員になりますとね、なかなか仕事をしないんです。共産党員は仕事をするふりをして、党に関係するものは死に物狂いでするけど、ところが、僕らの仕事はあんまりやらない。僕は責任者でしょ、仕事をさせないといけない。みんな共産党に入っているから、仕事をしてもらわないと、僕の首が飛ぶからね。なんだかんだ、僕らのところは大きくてね、共産党はあれやれ、これやれって、命令するんですよ。僕は設計部長だし、仕事をさせなきゃいけない、それである時に言ったんです、「ろくなやつがいない、共産党員には」って。そしたらお前ちょっと来いって言われて、でも僕は入らなかった。三回も言われたけど。仕事にならないですよ。共産党というのは、僕の眼の上のたんこぶになっちゃった。この野郎、この野郎、ろくでなしかと。共産党員はすごく多かったんですよ、口ばっかり達者で。仕事あんまりまじめでないし（あんまり仕事に対して真面目ではない）。

——妹さんたちはどうして北朝鮮へ渡ったのですか？

妹たちは行きたくて行ったんです。行ったらだめだと、地主の家族は搾取したとか言われるぞと（私は言ったのに）。うちの母さんが言ったのが、お前たちは子供だから知らないと。ところが、知らないどころの騒ぎでない。北朝鮮では、地主の息子とかはみんなやられて、勉強させてもらえなかったんですよ。私の妹たちはサハリンから行くときに、親たちがそういうことをしていたって、履歴書に書かないといけないんですよ。そうすると、そこの校長先生が、運転手をやっていた、そういう時代もあったでないかと、でも、その代わり、いつやられるかわからないので、死に物狂いで、毎日、勉強もして仕事もしてと。母親は向こうに行って、死にたいと。それでね、サハリンは寒いでしょ、それで頭痛がするって。頭ってのは筋委縮で、血管が縮まって、細くなって、血が通わなくなって、いつもは片頭痛がして、治すには皮下に針を入れて、治すんです。私もその病気になって、病院に行ったら、気候を変えないといけないって、言われました。でも、気候を変える機会がなくて、韓国へ来てからは、だいぶよくなりました。

結婚して一カ月二カ月したら、手紙が来たんですよ。日本経由で、五九年に。結婚は一〇月で、手紙を一二月にもらいました。親戚の人が日本にいて、その人を経由して。日本で行商していて、韓国へも行って、そういうわけで、日本人で長い間、サハリンにいた人がポツポツ日本へ帰って、私のイトコになる人が、旭川に○○ていう喫茶店を開いて、そこにお父さんから手紙が来たんですよ。それっきりですよ。どっから来たかというと、ソウルから来たんです。工科大学の構内の校長先生の運転手をやったらしい。で、お父さんは、住所だけ今でも残っているんです。その後はね、風当たりがよくないって、別のところへ行ってね、いまでも、だいたい金大中の、全羅南道のどっかそっちの方に行くと、そのあとは連絡はないです。妹たちは六一年に北朝鮮へ行って、おっかっさんが行ったのが、六五年。僕も結婚をしないつもりでいたから、様子を見ようとしたのに、結婚したと、関係が悪くなったんですよ。彼女は朝鮮学校で、裁縫を習っていて、良い先生にあたったから、最高の技術をもっていて、サハリンでも最高の仕立て屋の仕事をしていて、サハリンで偉い人が服を作ると、彼女がつくるんです。息子もひとりいて、でもお母さんが別れろと、言って、追い出してしまったんですよ。それで、朝鮮へ行こうと。北朝鮮の連中が来て、あの人は話が上手だとか、くだらないことばかり並べて。東京に（で）美術学校を卒業したんですよ、自分の友達が。ナホトカの領事館の右腕になっているわけ、そのひとと仲良くなれば、いいところに行けるだろうって、盛んにお母さんが言って行くようになった。行けば苦労するぞと言われていたのに、行ったんですよ。そんな人間が住んでいるところで、住めないわけがないって。苦労を知らないんですよ。女中さんも二人もいたもんだから、のぼせあがってね。共産主義っていうのは、悪魔だからね。そういう仕事をしていたのは、お前たちは知らないと言えば、それまでだと。向こうへ行ったら、ぐうの音も出ない。妹はひとりは死にました。もう一人は生きているか、死んでいるかわからない。お母さんは九二歳で亡くなったんです。北朝鮮で。妹もその頃、亡くなって。意見が違うし、強情天下一品でね、手つけられないしね、そして、北朝鮮行きましょうって、開口一番にそれ言うし、死にたいから行かしてくれって、行ったらね、寝る布団もないんです。そんな生活です。北朝鮮は何にもないからね、そっくり盗まれるんです。妹のひとりは一〇年生までやって、もう一人は師範学校まで出て、朝鮮学校の先生をやったんです。廃校になって、行くところがなくて、若いうちに勉強やりなおしたいって、大学へ行きたいって。みんな勉強したがって、成績がよかったんですね、悪かった方がいかったんです。いいもんだから、もっと勉強したいって希望があったんですね。勉強もできなかった人はね、サハリンに残って、幸福に暮したんです。北朝鮮に行って、苦労した人が相当多いね。

朝鮮学校は命令で廃校になりました。なぜかっていうと、教科書が全部朝鮮語なんですよ、内容が全部朝鮮語、そういう人間は、ソ連の社会では、活動することができないんですよ。妹たちはここにいるときに北朝鮮の国籍をもらいました。憤慨したんだよ、妹たちがかわいそうで、ここにのこったのにさ、勝手に姉の婿さん、東京美術学校の（出身の人が）、勝手に北朝鮮の国籍をもらったんです。北朝鮮の平安北道出身の方が、〇って方がいて、ナホトカの領事の右腕をやっていて、それで近しくなって、北朝鮮へ来たら平壌（へいじょう）で居住権を作ってやるって。やっぱりね、平壌の方が配給がいいんです。北朝鮮は、配給制度なんですよ。ロシアでもモスクワとレニングラードと、キエフだけは配給制度がよかったんですよ。外国人がそこの人の生活を見て、ソ連全体の生活と思うから。姉の婿はね、北朝鮮へは行かなかったんです。なぜかというと、この人はユジノサハリンスクの朝鮮人の副会長になったんです。会長は、北朝鮮から派遣して来た人。この人が死んだんですよ、死んだらね、ロシアのKGBが外交のね、スパイをしている人をね、裁判なしに殺してしまうんですよ。裁判なしで、高いところからつき落としたりしてね。

―お子さんは何人いらっしゃるのですか？

僕は息子がひとりいて、娘が一人います。息子は九三年に死にまして、娘はウラジオストクにいます。いま、息子に孫娘が二人いて、娘に一人います。ここに来るときね、家ふたつあったんですよ。それを売って、ウラジオストクはねサハリンより家が高いんですよ、寄宿舎（アパート）を買って、修繕して。サハリンには家はないですよ。孫娘が二人いるために、サハリンに三回行きました。孫娘は大学で勉強しているんですね。昔はただだったけど、今は学費を払わないといけない。うちの孫娘は頭がよくて、成績がよくて、大学に行くからサポートしてやるって、僕は年金生活ですね、家内と合わして、全部孫娘にやってるんです。今年は行くとなると、日本の赤十字の応援でウラジオ（ストク）へ三カ月行きますよ。娘がいるから。サハリンにはもう家がないから、あっても親戚の家しかないから。

ここに来たのは、二〇〇五年の八月二六日にここに妻と来ました。その前に観光団でも二回来ました。三回来る権利があったけど。妻も元気ですよ。僕より四歳下で。彼女は韓国生まれで、六歳のときに慶尚北道から来たんです。製鉄所のある、浦項（ホコウ）から来たんです。親戚がみんな韓国で偉くなったんです。朴正煕（パク・チョンヒ）大統領の親友。日本時代に満洲国の下士官みたいな仕事をしていて、韓国で陸軍学校の校長までしたんです。妻の従弟です。慶州の市長もやったし、大邱の内務部長もやったし。釜山の区長もやったことあるし、旅行会社の会長もやって、でも、その息子がアメリカで大失敗をしたんですよ。インチキな買い手にお金をやって、だまされたんです。いたましいですよ。あの頃は、軍国主義の時代だったからね、子分をつっこんで。慶州の方は北朝鮮軍が入って来るのが遅れて、そういう功績があったんですね。

注

1　日中戦争のことと思われる。

高昌男（コ・チャンナム、고창남）一九三五年一一月二日知取生　男性

聞き手――三木理史・中山大将

――同じ時期に集団で済州島から来た人たちなのですか？

バラバラです。うちの父さんなんか、日本に仕事探しに出てから、そこから来たんです。

――済州島ですと、大阪へもたくさんの人が渡っていますよね？　お父さんは大阪を経由して、樺太へ渡ったのでしょうか？

わかりません。大阪を通ったんだかは。日本で住んでいたらしいんですね。詳しいことは聞いたことがありません。日本行ったちゅうのは聞いたことがあります。

――お父さんは何年生まれなのですか？

一年生まれ、一九〇一年生まれですよ。生きていれば、一〇〇歳を過ぎていますね。私が三五年に生まれて、結婚したですね。三〇年度位に来たんでないですか？　私の考えだとそうだと思います。

――知取（現・マカロフ）の街の中に暮らしていたのですか？

知取の街っていってもそんなに大きくないんだけど、炭鉱ですね。炭鉱の部落みたいなとこ。

――お父様はどこの出身ですか？

済州島です。

――サハリンで済州島出身というと珍しいですか？

珍しい、というか、たくさんいますね。この知取というところには、韓国の仕事がないと、うちの父さんは徴用ではなかったんですけど、募集で仕事探して。それで、普通そんときは、樺太で探しますね。恵須取あたりに行くと、何ていうんだろう、そこにまた済州島から来た人が集まってるとこがあるんです。川北っていうところに、知取の川北っていったら、済州島から来た人が集まっています。私生まれたのは、知取の炭鉱です。

すね。お母さんも、済州島なんだ。私、長男です。ところが、私の父さんは再婚したんですね。済州島に出るときに家族があったんですね。子供も、三人もいたんです。それで、日本に行って、日本から樺太に出てから、そこでまた結婚したです。で、したから、ここには（ですから、韓国には）兄さんたちがいたんですね。

—お父さんの前の奥さんの子供は何人いらしたのですか？

兄さん二人と、姉さん一人。連絡っていうかね、連絡はあったらしいですね。あったし、私が三五年に生まれて、何歳のときかな、三歳か四歳のとき、兄さんが来ていたですね。韓国では、そのときは、男のひとが家族を二つもつのは、大した問題にはなんなかったですね（ならなかったですね）。お金もうけるのに出るっていって、お兄さんひとりで帰ったですね。そのあと、戦争で、全然もう連絡もなかったし。

—戦後にそのお兄さんたちと会ったことはあるのですか？

いま、探しましたよ。うんと、一九八九年ですね、私がノボシビルスクで学会があったんです。津波のシンポジウム。国際学会、国際シンポジウムがあったんです。そこで、こんど、日本の学者たちが来て、韓国から、三人の専門家が来ていて、ソウル大学から。彼たちと、彼たちが、私を招待したんですね。そのときに、八九年に初めて韓国に来ましたね。韓国に来てから、ソウル大学に出張に来たんですけど、来たついでに、まあ、家族を捜す、親戚を探すっていうことでもんで（探すということで）、出てきたのが、うちの兄さんですね。父さんのはじめの。兄さん出て来たんですね。私はもう全然、ロシアで世話って言うんですか、腹違いの兄弟はもう、全然認めないんですね。これは、もう他人になってしまう。

ところが、韓国ではね、お父さんがひとり、同じお父さんなら、ほんとうにこれはもう、なんて言うんだろう、親戚になるんです。家族になるんです。それで、兄さんがいるということで、探してもらいました。探してみると、兄さんも私を探

していたんですね。なんしても（やっぱり）、うちの兄さんには、うちの父さんのことが気になっていたんですね。ところが、父さんは七九年になくなっていましたし、それで、して、その兄さんと姉さんが、下の兄さんはなくなって、二人残っていたんですね。最初、私も認めてですね、本当の弟として認めてくれたんですね。それが今でも、お兄さんとお姉さん亡くなりましたけどね、その子供たちと、孫たち、孫でなくて、あの、叔父さんでしょ。お父さんの。韓国語では、숙부（叔父）っていうんですよ。お父さんて言う名前がついているんですよ。いま、連絡とっております。私も前に済州島に行ったんですけど、いま少し、他の問題もあって、行くこともできないですけど。二年くらい前までは済州島に行ってましたけど。連絡はとっていますよ。そういう関係があったんですね。

―お父さんは知取の炭鉱に、一九三〇年くらいにやって来たのですね？

炭鉱で仕事していたんですけど、サハリンは最初炭鉱だったんですよね。サハリンに来た人の話を聞いたら、普通みんな炭鉱で仕事していますよね。うちのお父さんも、やはり知取炭鉱ではたらいて、そこから、何年だかわかりませんけど、四〇年頃かな、西海岸に、樺太の西河岸に、マカロフは東海岸にあるけど、西海岸へ、恵須取（現・ウグレゴルスク）のある方に炭鉱があったんですけど、そちらの方に、なんちゅうのかな、「モロッチ」ていうのかな、いま判りませんけど、ああ、諸津。そこで、住んでいるとき、火事になって、いまでもその場面は残っていますね。真っ赤になって。そこで、今度、珍内（現・クラスノゴルスク）炭鉱に移ってから、珍内炭鉱で学校に入り、小学校に四二年度に入り、そして、四三年かな、四四年頃かな、うちのお父さんが家を買ってからですね、上敷香（現・レオニィドーヴォ）ってとこに、家を買って、移ったんです。

四四年か四三年くらい。私が四年生くらい。そこで学校に入って。そのときになにか、お父さんが、炭鉱でないんですよ。戦争が終わってからね。

上敷香に炭鉱なかったですからね。なんだ、どこで働いていたのかな。家はあったんですけど。そちらで、八月一五日に戦争が終わったって、あれでもって、何日後にはみんな、逃げなきゃならんて、持つもの、荷物だけ、持てるもんもって出てきたんですね*1。まあ、ソ連の軍隊が近いって言って。私が出ながら思ったのが、焼いてしまえと。焼きながらずっと。記憶に残ってます。私は記憶というのは、一年生入った時に終わってますし、上敷香に入ったときに、また、遊んだことを。学校ではもう、普通に朝鮮人だというのは感じなかった。学校ではそれはなかった。当り前で。勉強しましたけど。小学四年生ね。三月に四年生になったから。

—上敷香から、荷物を持って逃げたというのはどういうことですか?

それはね、上敷香でロシアの、ソ連の飛行機が飛んできて、上敷香には飛行場があったんですね、軍隊の。高射砲撃つの見ましたけど。爆弾を、爆撃をされましたけど。敷香（現・ポロナイスク）、上敷香から、敷香まで、記憶がないけど、車かなんかに乗ったと思うんですけど、うちのお父さんと叔父さんたちはみんな残されたんですね。男は残して、女と子供だけ、そこに。敷香の駅まで来たんですよ。そこで、うちの親戚たちと会って、上敷香に一緒に住んでいた親戚と会って、お兄さんの家族ですね、それと集まって、一緒に、汽車に乗ったんですよ。女の人と子供だけで。その汽車が大泊（現・コルサコフ）までまっすぐ来たんだよ。大泊の埠頭があるでしょ、大泊見ました?

大泊の駅まで来てから、歩いて行くんです。たいして、遠くないけど。歩いてから、埠頭まで行ったんです。して、そこで、記憶では、待ってたんですけど。おばあさんもいたし、うちのおばあさん、おばさんだな。四人に、うちのおばさんのうちの子供がいて、五人かな。それで、船に乗ったのよ、そして、一昼夜くらい待ったのかな。何日かわかりませんけど、船に乗りました。乗ってから、それが最後だったのかわかりませんけど。乗って、稚内まで行って、八月二五日に着いて、そこで直接まっすぐ、函館まで行って、函館から青森まで行く予定だったんですけど、それやめて。函館と青森の連絡が切れたんですね。そこで、江別へ、疎開者は集まりました。韓国人だけですね、朝鮮人だけ。

―どの段階で日本人と朝鮮人はわけられたのでしょうか?

それがわからないんですよ。私は今でも。どうして分かれたのか。

―函館までは日本人と一緒だったのですか?

そうそう、みんな一緒ですよ。

―江別に来たら、いつのまにか朝鮮人だけになっていたのですね?

ええ、そうです。それ私、わかりませんけど。お母さんに、江別まで行かないといけないと。疎開者だというけど、そこには朝鮮人だけ集まってい稚内で乗る時でも、記憶に残ってませんけど。て。どういう風に集めたかはわかりませんけど。そして、そこで待っていたのが。そのあと、連絡が開いたと思うんです。函館と青森で。八月から一〇月まで住んでいたんですけど、そのときに母さんたちが、一四年生まれだから三〇歳ですね、お父さんたちのとこに帰らないといけないと、女たちはふた家族で十何人になるんですね、子供たちが。したら、もう、どうすることもできない、それで戻らないといけないということで、そこで、どういう風に連絡したかはわかりませんけど、稚内までいって、密航船に乗って、そしてそこで、六家族で、うちのお母さんが、宣伝というか、行きたい人は行きましょうと言って、六家族集まって、江別出るんです。稚内来てから、一〇月の末ですね、船があって、一〇月三〇日ころに、船が出るようになって、船に乗ったけど、小さいボートなんですよ、発動機というのが、人が私たちが、三〇人くらいいて、日本の方もいました。同じボートに。

日本人たちは、上の方、甲板の方。ボートといっても、本当に小さかったですね。上の方には、日本の方が二〇、三〇人いました。二回もボートが泊まって、心配したんですけど。ところが、朝七時に出たのが、夜に着いてたのが、真っ暗で。海岸のとこに。向こうから船が来て、連絡があったらしいですね。それで、樺太に着いたんです。内幌（現・ゴルノザヴォドスク）、というところあるでしょ。内幌と稚内は、見えるんです。海岸が。四〇キロメートルくらい。そして、今度、詳しいことは、うちのおばさん、おっかさんの兄貴の人で、知っている若い人が来て、樫保っていう街があったんだよ、樫保。ロシア語では、アドルメというです。元泊（現・ヴォストチヌィ）ってあるでしょ。あの下の方。そこに、行ってみましょうって。行ってみたら、本当にね、みんな集まっているの。彼らもどうにかして、船を捜して、樺太を出る計画をしていたんだけど、そのときは難しくて出れなかったですよ。それがあったんですね。

—そのとき、お父さんはいたのですか?

そのとき、お父さんはいなかった。いろいろな密航船さがして歩いて。内路（現・ガステロ）、内路ってあるでしょ。敷香の上の、それにいるって言いまして、行きました。お父さんと会えました。サハリンから出ましょうって、考えで、船でもなにか。そして、そこで、ガステロで住むようになったんです。そして、そこに飛行場あったでしょ。ロシアの軍の飛行場ができて、ロシアの飛行機が来て、その裏で私たちは、住んでました。内路には口シアの飛行兵がいて、将校たち、彼たちは本当に、よく住んでたというのか、充分な生活していたので、彼たちのとこに行って、物の交換とかして、それでもらいながら、仕事してたんです。そのとき、私たちは腹が減って仕方がなくて。他の地域もそうだったんでしょうけど、飛行場があるってことでもって、なんちゅうか。

四六年から、五一年に大水があったんです。家が流れてなくなって、そして、隣の町、村というのか、泊岸（現・ザバトフカ）というところ、ガステロの上に、泊岸という町に移ったんですね。そこで住みました。そこで私はロシア学校に、私は朝鮮学校にも行ってるんですね。日本学校を四年まであるいて、戦争の直後には。ガステロには日本学校があったのかわかりませんけど、朝鮮学校っていうのができて、学校っていうのは名前だけで、先生というのはいなかったですね。ハングルというのは、わかっている人に習いました。先生というのは、字をわかっている人が、韓国のハングルを分かっている人が、教えて、漢字とかも教えて、数学は一年二年の数学をやって、そういうのを教えて。そして、朝鮮学校っていいましたけど、朝鮮語は全然できなかったですね。私はまだ日本語。漢字を少し覚えて、漢字だけは、いま残ってるんです。そこで、四年間、四八年に私は初等学校四年終わって、形式で終わって、四七年度にポロナイスク、敷香に朝鮮学校ができて、七年、学校が小学校、中学校、高校というのがあったんですね。十年間みんな通うと、中学校、ロシア語では中学校というのが。七年生まで勉強して、そこでまた、勉強したらですね、仕事の専門学校とか入りたくて、大学で勉強したい人は、八年、九年て勉強しなくてはならなくて、それで、サハリンのポロナイスクの七年生の朝鮮学校ができたんですね。

先生は主に、中央アジアから来た人で、中央アジアには朝鮮大学があって、卒業生たちが来て、彼たちがハングルをわかっていて、先生をして、それで七年生を終わって、そんときやっぱり、そのときの韓国語というのは全然わからないんですよ、それでも少し韓国語を勉強して残っています。私が七年生を終わった時には、その上の学校はなかったです。朝鮮語の勉強するところは。それで、七年生おわって、ロシア学校七年生にあがったんですよ。それで、全然もう言葉が通じなくて、勉強できなくて、ひとつの学校に行ったら、断られたことがありましたね。六年生か五年生行きなさいと。数学はね、数学は朝鮮学校で勉強して、当り前に勉強して、数学好きで、数学はロシア語でもわかったんですけど、ただ、ロシア語ですね。入ってから勉強したのが、なんというのか、いま考えたら、そのとき私がどう勉強したのかわかりませんけど、かなりロシア語を覚えなきゃいけないという覚悟でもって。辞典あるでしょ、日本の辞典で勉強して、ようやく七年生終わって、終わって、八年生、九年生、中学に入るようになって、ロシア学校ですね、はいって、それで、まあ、ロシア学校で勉強しているときはもう、本当に難しかったですよ。言葉っていうのは、そのときにわかっていたのは、日本語だけで、ロシア語も全然だめだったし、韓国語も、うちではね、うちではまたそのときは、日本語しか使っていなくて、親たちは韓国語も言いましたけど、私は日本語。お父さんたちも日本語でしたからね。ロシア学校をようやく卒業しましたね。本当によく勉強して。

それで、ロシア学校おわって、五一年度に朝鮮学校を終わって、五五年度にロシア学校を終わって、大学へ行くつもりで、大学を受けたんです。サハリンに師範大学があったんです。それに私は、私はどうしても大学を卒業する目的があったんですね。学校では、数学の方に行きなさいって言われていたんですけど、サハリンには数学専門の大学ってなかったんです。これあの、師範大学ですから、先生を育てる。専門にやる気になると、ロシア語でуниверситет総合大学があるんです。そこで、数学が専門に勉強できるってわかって、師範学校の試験受けた、試験はよく受けたんですけど、結局は、国籍がないということで、断られたんですね。どうしてもだめですね。勉強したいけど、仕事しなさいって言われて。勉強したいんですよ。それで、中央アジアから来た朝鮮・韓国人、高麗人ていう朝鮮人たちが、政治部長とかはちがうんだけど、彼らたちのとこに行っても、あんた仕方ないって、言われて、仕事しなさいって言われて、彼たちにそう言われて、涙出ましたね。そのとき、私たちは他国に住んでいるんでないか、って差別のあれを感じたんですね。お父さんの目的は私をどうかして勉強させるってことで、国籍をとりなさいって、それで、私はロシアへ、申請書を出して、そのときは、申請書を出すと出てきたんですね（国籍を取得できたんです）。

ロシアの国籍を持ってから、サハリンには残らなくて、大陸まで行きました。一年目は、まあ入れなくて、二年目に入りました。長い話ですけど。数学を力学数学科に入って。学部で。入って、五年間勉強しました。入学したのが五七年度で、卒業したのが六二年度。専門はですね、応用力学っていうんですね。応用。そのとき、モスクワ大学を卒業しても専門が少なくて、いろんな機関から来てくださいって、言われたんだけど、して、私はモスクワにのころうと思ったんですけど、親たちが、サハリンに帰ってきなさいって言って。

それで、サハリンには研究所がひとつ建ったんですね。海洋地質物理研究所、というのかな。小沼の。極東、サハリンの専門家は少なかったんです。直接この、研究所長が来てですね、モスクワ大学に来てですね、私に話に来て、行きませんかと。そのときに、ロシアでは若い研究者には住宅代を出してくれる条件なんですね。一番難しいのは、若い人、専門家が住むところがなかったんですね。その関係から、所長が私にあげますからと。それで私はね、良い家をもらいました。私は何十年も、運が良かったと思いますね。二〇〇〇年度までいて、論文も書きましたしね。ここに書いてあるように、専門は地震と津波ね。地球物理の専門の。地震、津波で、私の主な専門は津波でした。津波に対して、材料を集めて、太平洋地域の津波のカタログを二冊出しました。それは、世界でも使っています。

―ソ連国籍を取得したのは、五五年ですか？

五五年ですね。五六年にとりました。五五年は卒業して、五五年の末に出して、五六年の春にもらいました。

―研究所ではどんな立場だったのですか？

研究員ですね。ロシアでは教授というのは大学でしかないんですね。その時は私はまだ、上級研究員ですね。博士号はとったですよ。

―論文を書くときは、ロシア名ですか？

私は全然使いませんでした。ゴ・チョンナムでした。ロシア語で。

―このころ、モスクワとサハリンというのは、行き来するのは飛行機ですか？

五六年に、実は私の目的はモスクワではなかったんですね。近い大学に行きたくて、今のウラジオストックにありますけどね、その時に一番近かったのは、イルクーツク。そのとき飛行機に乗るのは難しくて、そのときは二日くらい乗換しなきゃならなくて、汽車で行くのが一番便利だったんです。汽車の切符を買う時に、ひとりで初めてハバロフククに行って、ハバロフスクからモスクワに行く列車が来ていて、モスクワまでの席が空いているというので、買ったんです。

して（それで）、大陸出たんですけど、うちではどの大学に行くのかもわかってなかったんです。して、汽車に乗ってから、モスクワに行きます、と親に電報だけ送ったんです。して、やっぱりもう、今だったら、モスクワまで行く勇気がなかったんでないかなと思いますけど、そのときは何にも恐ろしいものはなかった気がして、田舎から来て、ひとりでモスクワまで行ったんですからね。今考えると、本当に。

—願書はモスクワに着いてから出したのですか？

ロシアはそうですよ。試験の時に行くんです。一年目は、点が少なくて通らなくて、二年目に、もう一年やってみようと思って。

—次の試験までモスクワにいたのですか？

いいや、違う。うちに帰る気がなくて、うちに帰ったらもう一度は来れなかったですね。だから、私の友達がウクライナに住んでいて、友達が私を呼んで、私の近しい人がウクライナから移ってきた人だったんです。うちに寄って行きなさいと言われて、そちらの方に行ったらですね、友達の親がですね、なんでサハリンに帰るんだ、ここに残って仕事しなさいと言われてから、残って仕事したんですよ。準備して。

—ウクライナの知り合いというのは、サハリンからウクライナへ行った人ですか？　朝鮮人ですか？

いいや、ロシア人。泊岸で、一緒に街に住みながら、近しく住んだ人です。

—ウクライナでは、一年間受験勉強の他には何をなさっていたのですか？

農業でなくて、工場。レンガを作る工場で、なんていうんだ、レンガ運びをする機械、一ヶ月か少し動いて。

そして来て（それで受験して）、私は運がよかったのが、そのときにサハリンから大陸に来て勉強した人はそうはいなかったですね。モスクワ大学に入った人も六人かな。一緒に勉強しましたけど。物理とか科学とか、法律がひとり。私たちが来て、他のひとが転がったんですね。ノボシビルスクとか、イルクーツクとか。割とそちらの方。モスクワは遠かったから。

サハリンではいろいろな問題、サハリンでは、樺太では相当きびしかったんですね。これはもう今でも気にしますけど、差別というのは、国籍を持っていない人というのは、もちろんもう、無条件になんでもできなかったですけど、国籍持っていると、なんちゅうのか、出生地にレベルがあって、党員にならないとロシア人は出世できないんですね。朝鮮人は党員にはいれません。難しかったです。して、ロシアのなんちゅうのか、日本ではなんていうのか、新聞とか、マスコミとかは党員でないといけないんです。新聞社ね。そういう仕事をしている人たちはみんな党員だったんです。そういうこともあったし。党員でも、出世というのはある程度レベルまであがると、それ以上はいけないです。今では、州の議員とか、出てますけど、難しいですね。それはロシア人の、ロシア人自身が面白いひとたちなんですね。おんなじ、ロシア人でしょ、どんな人でも、必ずロシア人を選挙します。それはアメリカと少し違います。だから、難しいですね。

―選挙があっても民族という要素を優先してしまうということですか？

民族というか、朝鮮人が出ると、もう。そちらの方にはあげないんです。投票しないんです。そういうのがあるんです。差別というのはですね、サハリンで樺太で朝鮮人がいるんですけど、大陸に出ると、差別は感じなかったですね。ソ連というのは多民族の国、民族の多い国、ですからね。勉強するのに、何も差別はされないんですね。サハリンでは少しそういう差別があったんですね。私はそう思います。

―共産党には入りましたか？

私はもう全然入ってないです。入るつもりもなかったし。誘われたけど、駄目でした。共産党のコムソモール、ロシア人は若い時に、ピオネール入るでしょ、ネクタイが赤い、その次がコムソモールで、その次が党なんですね。大学に入った時に、コムソモールに入りなさいというので、私は全然最後まで入らなかったです。どうしてかわかりませんけど。

して、サハリンに住んでみると、いろいろな人と話してわかりましたけど、いろいろ苦労したこともありますけど、それが代表的というのも、普通はロシアではよく住んだと思います。よく住んだというのは、サハリンでは、なんていうのかな、農業では朝鮮人はロシア人に負けないから。それは東洋人は農業では比べられないです。して、みんなねサハリンでは朝鮮人は普通、良い方なんですよ。ロシア人は貧乏で住んでいた人もいたと思うけど、韓国人の中では少なかったと思います。

私は研究の仕事しましたけど、ロシアでは研究者と、学校の先生と医者、一番、月給がすくなくて、私は一二〇～一八〇ルーブルのところ、三〇〇ルーブルもらってましたからね。要するに、学位を持って、博士を持って、全然彼たちは、労働者よりもらっていました。ロシア人は学者というのは認めていなくて、何もしないで食べていっている人なんだと。そういうような、扱い。そいで、それでもね、私たちはね、ロシアではね、月給が多い人の人に入っているんです。労働者は月給の少ない人です。私たちは月給の多い人になっていましたね。なんていうのかな、何かあってもいつも労働者の方に関心を持っていて、私たちには関心を持たないですね。今でも見ると、今でも学者たちは、いい月給もっていませんね。お医者さんたちはもう、お客さんのお金があって、個人的に頼みますと、お金を持っているらしいですね。先生はまだだめです。

―ロシアは昔から給料は少なかったのですか？

少なかったです。科学が発展していないとね、経済もうまく行かない気がするんですよ。ロシアは違います。科学の方にはお金を出さなかったし、核はロシアで発達していて、そういうのはね、どの国でも金を出して、発展しているでしょ。ロシアでも、そうですね。ロケット、武器をつくる技術があるでしょ、それでももうけてますけど。そういう方面で仕事をしている人はいい月給をもらってましたね。

—永住帰国は二〇〇〇年の二月ですか？

二月一六日になりますね。

—帰って来る直前まで研究所で働いていたのですか？

四〇年くらい働いていました。六二年にはいって、三八年間。

—サハリンから、韓国への永住帰国を決意したのは、どういう理由になるのですか？

理由というのは本当に私ね、まあ、私はまあ、五五年度に差別されてからね、大学で、あんたは朝鮮人だと聞かれたときに、やっぱり私は、他国に住んでいる気がして。私は一度は朝鮮半島に住んで(みたいと思った)。私はこうしてここで話をしていますけど、大学卒業する二年前かな、六〇年の時に、私は友達何人かと、大学卒業した時に、北朝鮮で仕事しないかと、そういう気持ちもあったんですね。一度は、北朝鮮の大使館に行きました。そして、聞いたらね、私たち卒業をした後、北朝鮮に行って仕事をしたいんですけど、と行ったら、どうぞどうぞと言いましたね。その代わりにひとつの条件がありますと、最後に一年でも二年でも留学生としておいてくださいと、学費を与えて下さいと。そしたら北朝鮮に行きますと。するとね、何日後かに答えが来て、あんたたちね、大学終わった後来なさいと。それなら私たち行きませんよと。そういうこともありました。それくらい、朝鮮半島に来たい気持ちはありましたね。

ところがね、もうかなりサハリンで仕事をしながらね、南朝鮮に対して、主に、サハリンに住んでいた人は、主に南の人なんですね、五七、八年度に日本の日本人の引揚の時に、そのときに引き上げたんですね。私たち朝鮮人たちは行きたかったんですけど、駄目でした。どういう風に区別したのかわかりませんけど、朝鮮人の男の人たちで、日本人の女の人たちと結婚した人たちが、戻った例があったんです。そのときね、もう北朝鮮ができていましたね。だから、南朝鮮に帰るという話はできなかったですね。まあ、そのときの話では、朝鮮に帰りたいなら、北朝鮮に帰りなさいと。でも、そのときには誰も北朝鮮には、行きたがる人はいなかったですね。して、だから、そのときに、北朝鮮に行きたいという気持ちはなかったんですね。北朝鮮に対する情報張りましたね、親戚がいるということで、行った人が、ひどい生活をしていると。そして、五八~五九年、五七~五八年かな、北朝鮮から来て、宣伝があったんですね。北朝鮮の国籍をとりなさいと。そのときに朝鮮学校があって、私が大学に行ったあとなんですけど、なんていうのかな、朝鮮の中学校ができたんですね、そしたらね、朝鮮学校七年まで終わった人は行くところがないから、一〇年生まで行くんですよ、一〇年生まで終わったら、ロシア学校しかないでしょ、言葉の問題があって、試験を受けることができないんですよ。試験を受けても落ちるんですね。それを利用して、北朝鮮は、私たちはみなさんに大学に行ける条件を出しますと。そして、行きましたけど、だいぶ入った人もいるんですよ。多くの人が戻ってきました。逃げたり、つかまったり、いろんな事故があったんですよ。たくさんの人が行方不明になったんですよ。親たちがこっちにいながらもね。どこに行ったのかわからなくなった人がたくさんいます。

そのときは、北朝鮮に対しては情報はあったんですけど、南朝鮮に対しては、情報が全然なかったんです。宣伝では、南朝鮮は、戦争で何もない国で北朝鮮より苦労していますよと。そういう情報しかなかったんですね。それで、私も研究所で仕事をしましたからね、経済に関する本とかも出てくるんですね。見ると、南朝鮮が経済ができているいると。それを見ると、どれくらい発展しているのかはわからなかったですね。よくなっていることはわかりましたけど、どういう風に発展しているかはわかりませんでした。七五年度に一度、観光で日本に来て、はじめて、して、そのときに日本を見たんですね。そのときは本当に驚きましたね。ロシア人はもう、本当にびっくりしました。ロシアと比べものになりませんでした。国が変わってました。物ももう、ロシアはもう、物を買うこともできなかったのに。販売というより、配給の制度だったんですけど、それで日本に来るとみんな違うんですね。して、七五年度には、韓国はそれほど発展していなかったと思いますけど、韓国という国は、お金があって、八八年度、88オリンピック（ソウル・オリンピック）があったでしょ。そのときに、ロシアから代表団が来ていたでしょ。その中でサハリンから来た人はみんなびっくりしていましたね。韓国とはこういう国だと。八五年のペレストロイカが始まってから、私たちも社会団体たちも動き始めて、運動が始まったんですよ。そのときにあの、日本の奥さんをもらった、パクノハク（朴魯学）という人がいたんですよ。彼が、樺太裁判、サハリン裁判というのを、起こして、裁判に勝つことはできなかったけど、弁護士の高木さんが、彼と一緒に日本でサハリンに対して、日本では関心を持ち始めた感じを持っていた気がします。

永住帰国の問題は本当に話すと長くなるんですけど、永住帰国の実現できるまでの過程というのは本当に難しい過程で、ここでは話すことはできないですけど。日本の政府でも力を入れてくれまして。日本の政府だけですよ、お金出してくれたのは。五〇億、五〇億円で二七億円がアパート造るのに、日本で出出してくれたので、私たちはいま住んでいますけど。いまもう、日本側でも、赤十字の方から。

私らの考えでも、日本も大きな責任を持っていると思いますね。私は樺太で、戦後どうして日本人だけ帰って、私たちだけ残ったのか。小さかったからわかりませんけど。国のない人になりました。誰も私たちを探してくれる国がなかった。日本でも、ロシアでも大した関心を持たなかった。あなたたち韓国へ帰りなさい、とはならなかった。そのときもう、して、韓国の政府もどうしたわけか私たちのことを忘れていましたね。それがわからない。韓国の政府に、どうして、韓国の政府が私たちを忘れていたのか、裏切り、不満ですね。日本は、本当に私の考えもそうですが、一番責任をもたなければならなかった国ですけど、ロシアの国も私は全然、私個人はもう不満を持っています。あんたたち帰りたかったら、帰りなさいという話もなくて、北朝鮮ができた後は、全然そういう話も出すことはできなかったです。韓国に帰してくださいというデモがあったんですね＊2。すぐそれが、ＫＧＢにつかまって、韓国じゃなくて、北朝鮮へ、国に帰りたければ北朝鮮に帰りなさいと、それで北朝鮮へ行って、行方不明になっていますね。そういうこともあったんです。一言も口にだすこともできなかったんです。ロシアの方も責任を持っていると思いますよ。歴史から見ると、国と国、三つの国が大きな責任を持っていますね。日本が一番責任をもたなきゃいけない国じゃないかと思っていますけど、やっぱり。ロシアも責任持っています。韓国もどうして忘れていたか。ここに住んでいるみんなも不満を持っています。どうして、探してくれなかったのかと。そんときは、もうわかりませんけど、難しいことがたくさんあって。サハリンにこの、朝鮮人が残っていたのは韓国の政府もわかっていたんですが、わかっていなかったのか、わかりませんね。それ私はわかりません。

―確認したいことがあるんですけど、泊岸に行ったのは何年ですか？

四五年から五一年まで内路。五一年の九月に、大水があって、その年に泊岸にきました。五六年に泊岸を発ってから大学で、六二年からユジノ（サハリンスク）ですね。そのあと、親も泊岸から出てきましたし。

―泊岸の海沿いですか？

入ったとこです。

―楠山ですか？

泊岸炭鉱がありまして、泊岸炭鉱に入ったとこでした。

―ほかにも住んでいる人はいましたか？

いました。泊岸炭鉱というのは、線路があるでしょ。線路をずっと本線まで出していて、それを日本人が使うことができないで、そのまま戦争が終わったという話です。

私は六二年に大学を卒業して、六四年に結婚して、結婚（相手）はモスクワの師範大学で勉強していた。子供は二人です。うちの奥さんは、モスクワの師範大学を終わって、教員として、少し学校として働いているときに、私が研究者としてひっぱったんですね。研究者としてまた働いて、最後には永住帰国する何年前には、コンピューターの会社に入って、ここに来てからは、私を手伝っていますね。息子はサハリンにいます。娘は、アメリカですね。娘は、子供はここで一緒に暮らしていますよ。娘は離婚しているんですよ。韓国人と結婚したんですけど、いろいろ合わなくて。息子には子供はいないんですよ。

—泊岸炭鉱は、当時は営業していたのですか？

炭鉱は動いていました。いまでも動いています。お父さんはそこで働いていました。泊岸炭鉱は、石炭を積んで汽車が動いていました。汽車がですね、その泊岸炭鉱と、泊岸の間に汽車の水いれるところがあって、そこでうちの父さんは働いたんです。何十年間か。まあ、五一年から七〇年まで、二〇年くらい。月給がすくなかったですね。朝鮮人とロシア人の差別があって。ロシア人は同じ仕事をしているのに、朝鮮人よりも二倍〜三倍ももらっていたんです。ソ連国籍を取ってからですよ。彼らと月給が同じになって。それがですね、六四年くらいで、フルシチョフがその制度をなくしましたね。同じになった。朝鮮人も同じ給料になった。

私たちはね、いろんな差別を受けましたけど、本当にまあ、それがもう、無国籍の人だとまず自由に歩くことができなかったですね。それがわかっているんですよ。今でもそうですけど。

—今でも、無国籍の方はいるのですか？

います。あの、したらうちの父さんなんか言ってました。戦後にね、ロシア人たちが日本から私たちを解放しましたよと。解放したって意味がわからないって、お父さんはわからないって言いました。何から誰を解放したのかって、日本時代はそれでも、朝鮮人は自由に歩いたんですよ。どこでも行きたいところに。ところが、ロシア人が来てからね、何もみんなどこに行くにでも、自由に歩けなかった。自由を失った人たちがね、誰が誰から、誰に解放したのかって。わかりません、て。歳をとった人たちには本当に大きい不満があったんですね。それで、本当に多くの人たちがどうかして韓国へ、母国へ帰るって、そう思っていたんですけど。結局、それが全然できなくて、うちのお父さんももう亡くなりましたけど。うちのお父さんは、ロシアの国籍とったのは目的があって取得したんです。子供を勉強させせなきゃだめだって、それで国籍を取りました。私国籍を出すときは、私一人しか出さなかったんです。したら、そのあと、弟、妹たちも勉強するためには国籍を出さなきゃいけないって、出したんですけど、うちのお父さんとお母さんは死ぬまで無国籍でした。

—北朝鮮に留学した人たちがいまどうなっているかは、もうわからないのですか?

わかりませんね。

注

1　この一連の移動は「緊急疎開」によるものと思われる。

2　都万相事件と思われる。

平山清子（シン・ボベ、신보배）一九三九年二月一九日西柵丹生　女性

聞き手―三木理史・中山大将

ここの名前ですか？　日本では平山清子っていうんですよ。昭和一四年二月一九日。今ここにお兄さんも来ているんだけど、私より二、三うえで。お兄さんが来てんだけど、二、三日前に函館に行きました。それで頼まれて来たんだけど。

―お兄さんは何ていう方ですか？

ここにいる兄さん？　平山カツミっていうし、ここでは、신용순(シン・ヨンスン)っていうんです。兄さんは昭和八年生まれ。二番目の兄さんがいま札幌にいます。平山カツオっていうんです。

―お生まれはどこですか？

恵須取（現・ウグレゴルスク）、町ん中だね。その幼い時代の生まれは、西柵丹（現・ボシニャコーヴォ）です。お父さんは早く亡くなってしまって、九つのときに亡くなってしまってね。お父さんはね、韓国のね、江原道（カンウォンド）で生まれたんだけど、樺太に来たでしょ。いろいろ調べて、炭坑って出ました。出ましたけど、もっと調べる場合には民政署、お父さんが北朝鮮なってるって、戦争のときに江原道が半分になってしまって、北に入ってしまってからね、それで探すことができなくなってしまって。

―お母さんはどこでお生まれになったのですか？

お母さんは日本生まれ。母さん、生まれね、美唄だと思います。母さんね、一九〇八年生まれなんですよ。お父さんは一九〇〇年。お母さんの兄弟はね、母さんが一番上で、弟たちがいました。私、八〇年度に行った時には、おじさんたちまだね、いました。もう歳が歳で亡くなりましたけど。（お母さんの家族は）お父さんについて来たんですね。日本で結婚したんです。日本に渡って、日本（北海道）から樺太に。美唄かどっかで一緒になった

と思うんだけどね。

八〇年だかテレビで、私たちをみんなを案内してくれたときにね、昭和一一年て見せてくれた。お母さんが四三年くらい（ぶり）に里帰りするってことで、フジテレビで作った番組で、伯父さんたちと会うときからね、そこに私たち呼ばれて、森光子さんとか案内してくれて。なかなか日本には行かれなかったんですよ、日本から招待状をもらって、すごくフジテレビでよくしてもらったのね。東京のプリンスホテルで七日間だか、そのとき総理大臣のね、そこに会ったりしました。写真とかもありますよ。官房長官なる人とか。庭なんかも案内してもらって、本当にありがたい思いして来ました。三〇年も前だったから。日本に、お母さんがうちの父さんと二回目の結婚だったからね、はじめの結婚が日本の人として、そっから生まれた子供がひとりいたわけね。そして、その姉さんを置いて樺太に来たんですよ。そして、ちゃんと四三年ぶりにあうということで、よくしてもらいました。

―学校はどこで通ったのですか？

日本の学校には二年間通いました。一年生と二年生。三九年だと一年しか行かれないのに、早生まれだから二年行って。戦争始って終わってしまって。日本の字は片仮名くらいしかわかんないですよ。その前に習ったらよかったんだけど。言葉は通じるんだけどね。いつでも家ではお母さんと日本の言葉を使ったからね、したから（だから）、会長さんに来て頂戴って言われたんだけど。お母さんは韓国の言葉全然できなかった。わしはしたから（それで私は）、日本の言葉をずーっと続けたからね、したからいま（だから今でも）、日本の言葉がこれくらい使えますよ。兄さんたちはね、日本の学校に行ってるからね、長男の兄さんは高等学校一年まで行ってるからね。いま札幌にいる人は、五年か六年まで行って、ロシアの大学を卒業して一生懸命、勉強して、日本のＮＨＫで仕事したの。一〇年間くらい仕事しました。そして、日本へ帰国しました。いまは年金生活で。

―終戦時のことは覚えていますか？

まだ思い出すもんね。小さかったけど、飛行機かなんか飛んできてね。潜水艦とかね。

—西柵丹には朝鮮人はたくさんいましたか？

たくさんいました。そこにはね、韓国からね募集で来た人がたくさんいました。そこには日本人もたくさんいたけど、疎開してだんだん少なくなって何軒もいなくなりました。そして四九年に父さんはなくなったんです。病気で。落盤で腰を使えなくなってね。寝ていました。医者もない病院もない、ロシアの人が来た、言葉がわからない。大変なことでしたよ。四八年頃までまだ日本の人はたくさんいました。すぐに日本に帰ったでしょ。一〇軒か二〇軒くらいしか残ってない。四八年、四九年に。

引き揚げ船のときね、私らはまだ小さかったけど、兄さんは一三、一四、一五歳くらいで、兄さんの考えは、韓国に帰れる場合は韓国に帰るって。母さんも、もうやっぱりね、カツオが長男だし、自分は歳とって行くから、カツオの言うとおりするって。そして残りました。札幌にいる二番目の兄さんが、母ちゃん行こうって、引き揚げようって。私がここに二〇〇〇年に来たでしょ、あの人は二〇〇一年に。あの人はロシアの学校一〇年行って、本国の大学を出たんです。もしもお母さんが帰れれば帰れたのに、兄さんが行かないって。

—どうしてお兄さんは帰らないと言ったのでしょうか？

やっぱり父さんが、ここだったから。そうでしょ、男の人たちの気持ちはよくわかんないけど。二人とも美唄生まれで、四つと二つの時に樺太に来たんです。私たちもね、韓国の人と付き合うようになってから、韓国の学校を歩くようになってから（朝鮮人民族学校に通うようになったけど）、韓国に対しては全然わかりませんでした。歴史とか、何にも。ここにきて、一〇年が近くなってきて、テレビなんか見て、こうだったんだって。朝鮮学校七年おりました。四六年に。五三年か五四年に終わりました。やっぱり朝鮮の人が残ったし、日本学校はすぐになくなって、田舎には少し残りましたけど。朝鮮学校になったときに、本国のウズべキスタンちゅうところからね、来たでしょ、先生とかしたでしょ。

―戦後は言葉で苦労しましたか？

ありましたよ、やっぱりね。したからね、やっぱり日本人だからね、言って聞かせたもんね、なんていったらいいか、いつでも自分がしっかりしてなきゃだめだよって。

―文字は身につけましたか？

日本の字がちょっとくらいしか書けないです。韓国とロシアの字。朝鮮学校終わった頃には、朝鮮の人と話すのも、発音ね、できるようになって。ロシア学校行って、何年か行って。それしかなかったからね、書いてもロシア語で。うちでも夫も日本の学校を出た人だから、ふたりでいても、日本語を使いますよ。下手な日本語を。

ロシア学校はそんとき一〇年（生）までなかったの。朝鮮学校七年終わって、二年くらい夜学でロシアの勉強を習ったんですよ。してそのあとに、三〇年、裁縫かい？裁断士に、三〇年勤めましたよ。恵須取で三〇年勤めて、年金出てね、すこし韓国の道が開いて、韓国に来るなんて夢にも思わなかったんだけどね。まあ、どのようになったんか、一度行って合わなかったら、帰って来るって気持ちで来ました。来てみたら、いろいろな人が、ありがたいと思います。

―ソ連国籍は取得しましたか？

国籍ね、戦争すぐ終わったときね、朝鮮、韓国の国籍の人もたくさんいたし、そんときはもう、北朝鮮に帰るって話もたくさんあったんですよ。したけど、兄さんたちがロシアの国籍をとったんです。五〇年頃に、兄さんロシアの国籍をとりました。家族全体ね。大学に入るのに。韓国の人たちが、本国の大学に行くなんてないときですよ。五六年の四月一日にカズオさんが発って、七月一六日にカツミさんが。ケーメルってとこ。シベリアだね。大学でなくて、技術学校だね、あの人頭良くてね、最優等で受かりました。してね、学校の先生してくれって頼まれたけど。西柵丹に一緒にいたけど、大陸に出ました。今はハバロフスクにいます。カズオはトムスクの大学に行って、あそこはたくさん大学があって、何て言えばいいの、みんな学校ね、大学とか。あの人、工業を終わりました。電気の方ね。そのときみんなが国籍をもらいました。

妹がひとりおります。四六年生まれです。四六年一月四日です。あの子も韓国に来ました。ここでないけど、少し離れたところに。カツミはケーメルからサハリンに帰って来て、あの人はね、五一年か四九年かにね、博士でしょ、日本の人がロシアの捕虜に入って（戦後に抑留された日本人のある博士が）、そしてその人が出て来てね。兵隊さんたちの病院がありました。そこにレントゲンあるでしょ、レントゲンが壊れたから、これを直したら日本に帰してやるって言われて、一生懸命直したの、して日本に帰りました。そのときにね、カツミさんが一五かそれくらいで、この人に電気のことを習いました。そして、すごくよく習ってね、あの人は電気のすごく明るい人になりました。

カズオさんも帰って来て、ユジノサハリンスク、豊原で、そこで、電気のとこに入っていて、仕事していました。技術者。電気もね、なんかね、自動式のだったもんね、そういうことがよくできてから。そっから日本に帰国しました。二〇〇二年。

―お母さんは戦後はどうなさっていたのですか？

何もしてなかったです。家にして、イモなんか植えたり。畑もなかったけどね、山に行って、戦争の後に、火事とかで焼けたでしょ。だから山を耕して、畑を作って、イモなんか植えたり、豚なんかを養ったりしてね。

―西柵丹にはまだ日本人は残っていますか？

おりました。西柵丹に日本の人は今でもおりますよ。

―ソ連軍が来てからも、自由に農業ができたのですか？

その時はね、畑を勝手に起こしてもね、別に何も。ロシアの国は大きな国でしょ。そんなこと頓着しないもんね。韓国来てみたら本当にね、もう区域がみんなあってね、誰のだって、樺太なんてそんなことなかったもんね、山行っても川行っても。山も川も、野菜でもなんでもフレップ（コケモモ。樺太に自生するツツジ科スノキ属の小低木で、食用の赤い実がなる。）でもなんでもとれたから、あそこでは誰も。自分の力あったら。畑がもう、土がたくさんあるけど、作ったものは売ることはできないんですよ。韓国みたいでないもんね。韓国来てから、わかったけど。作っても少し売るくらい。したから、樺太なんか、サハリンなんか、畑の土がいい土だもんね、いい土ですよ、トマトでも、多いし。みんな草畑なってるよ、今では。誰もいらないんだもん。したって、なんもないもん。私たちもここに来るときに、ダーチャがあったけど、投げて来たもん。草畑になってる。

暮らしはアパート。日本時代は家で、しばらくは住んでました。このアパートなんて、七〇年代近くなってから、できたから。そんときまでは日本の家もたくさんありました。日本の人もちょいちょい来ましたよ、恵須取も大きかったからね。あそこなんか神社もあるし、学校もあるし。恵須取にいるときは、しょっちゅう日本の人と会って、案内して、そうしました。西海岸では恵須取が一番大きかったですよ。恵須取が樺太全体で一番。人口が多かったし、いいとこだったけど、後から段々段々。そういう日本人が建てた家に暮らした人もいたし、ロシアのひとたちが丸太で作った家に住んだ人もいたし。

それで、仕事したらね、家をくれたんですよ。一生懸命したら。お金で買うなんてことなかった。今なって、それはあれして、売ったり買ったりできるようになったけど。九〇年くらいまでなかったですよ、売ったりとかは、国の家だってから。今は自分のものにして、売ったりするけど。ゴルバチョフが（大統領に）なった後に。

―お母さんはいつごろ亡くなられたのですか？

お母さんはね、八二年に亡くなりました。お姉さんに会いに行って、ガンがよくなくなって。やっぱ日本行って来たところに。日本の話はたくさんしてくれました。日本行った時にいろんなことを聞いたらね、いや、日本は変わったって。

―五〇年代末の日本への帰国事業のときにお母さんはどんな考えをもっていらしたのでしょうか？

そうそうありました。それが最後でしたね。そんときはお母さんは、そんときはなんも行く行かないはなかった。お母さんはね、白戸ツキ、お父さんはね、朝鮮のしかないんだよね。平山っていうのは、父さんがね、よくわしらわからないんだけど、本籍になるんですか？　朝鮮にいるときの、それをまたすると、「申」になるんですよ。あとこの人たちは、「申」って言ったら、なんの「申」ですかって、聞かれるんですよ、したら、もう平山の「申」だって。

—申さんの日本語は北海道の方言に似ていますね。

北海道の言葉って聴きやすくてね、いいもんね。秋田とかは、東北だとかはね、弁が入ってね。

—裁断士の仕事はどんな仕事だったのですか？

工場ではないけど、国家で建てた建物だけど、国家の仕事なんですね。私の前に、縫う人が一〇人くらい、そういう人をつれて、わしが裁断してやったら、そのひとたちが。ロシアはみんな国家でしょ。まあ、そこで、男の洋服の人もいたし、七〇人くらい。職場の名前はね、アッテリーてね。こういう名前持ってました。アッテリーてのは、服注文して作ったりするとこでね。八九年に年金をもらいました。女性は五〇歳ね、サハリンでは。大陸では、女性は五五歳、男性は六〇歳。もう二、三年したらペレストロイカですね。

そのあとに、畑の仕事をしていました。ダーチャを買うんですね、使っていた人たちがいるからね。家も、自分で建てた家を売りました。国家でもらったものは売ったりできなかったけど。お母さんは西柵丹で、私は恵須取だから。恵須取と西柵丹と、あそこは田舎だし、炭坑があるけど、田舎ですよ。距離は、一〇〇キロメートルくらい。車で乗って行ったら、四時間くらい。

学校は西柵丹、仕事は恵須取。結婚は、六〇年度です。あの人（夫）は恵須取の「王子会社」の人です。製紙工場はね、王子会社って呼んでたんです。あの人の韓国の名前は、パク・ナムスン。あの人も、日本生まれです。小田原ったかな。東京の人。あの人も日本学校六年まで行ったから。あの人も昭和八年生まれだから。父さんと一緒に韓国から日本に渡って、何年か暮らして、日本から樺太へ。なんか、この人たちは農業をしていたようです。

旦那さんの家族は妹だけ。妹もソウルへ出てきまして。小さい家で暮らしています。ここはびっちりだったから。韓国の人たちと一緒にね。家もね小さいですよ。ここはね、おっきいけれど。

―妹さんの旦那さんもソ連国籍を取得していたのですか？

そうです。五九年だかに、ロシアの国籍をとったって。私たちは五三年でしょ。

―北朝鮮からの帰国の呼びかけはありましたか？

そのころ、北朝鮮からは何もなかったですね。北朝鮮にね、渡るようになったのはね、六二年頃。みんな韓国のひとたち、国籍ば、ロシアの国籍をもらわないでいたでしょ、したら大陸に行かれない。したけど(だけれども)、みんな勉強したいし、北朝鮮へ渡った人もたくさんいますね。みんな苦労して、亡くなった人もたくさんいますね。宣伝が来たからね、北朝鮮もおなんじ、朝鮮の国だって。たくさんおります。行った限りは、みんな違って。亡くなった人もたくさんいました。恵須取の人もいたけど、詳しいことはわかんないですよ。

―職場はどうでしたか？

ロシア人と一緒。やっぱし、ロシアの国だったから、仕事させたり、お金のこととかみんなロシア人がしてました。人の国に暮らすもんだから、よっぽど自分でしっかりしなきゃだめだって、気持ったから、怖じ気づきはしないけどね、一生懸命しました、お金ももっともらおうと思ったりね、やっぱり。日本でも韓国でも、食べるものが違うでしょ、あの人たちヨーロッパの人たちだし。食べ物もそうだし、なんか作っても違うんだよ。なんか違う。ロシアの人たちは、気持の広い人たちです。私たち、韓国とか、日本の人は、ちょっとでもあれば、ね、後にねしょうないって言うか(後に引きずるんだけれど)、ロシアの人たちはね口争いとかしてもね、すぐ抜けてしまうの、後がないの。そんなとこがあるのね。わしらはなんかあったらもうあれだけど、あの人たちはなんでもないの。仕事好きでないけどね。そういう人たちだ。私たちはね、小さい時から、親のね、あれがあるから、どこいっても何しても、失敗したらだめだって思って、一生懸命やったから、そんなロシアの人には負けなかったね、ロシアの人と働きながら、自動車も持っていたしね、家も買ったり持ってたりしてる人も多かったし。ロシア人たちもね、日本が戦争に負けたでしょ、大陸から来たんです。ロシアの人たちはね、なんかこういうね、トランク一つ持っていればいいの。それ持ってきたら、それで寝るし、食べるし、なんかそういう人たちなの、馬賊みたいなね。家ん中あるいたら、靴はいて歩くでしょ。わしらそんなこといやでしょ。家ん中は。この人たちは靴はいたまんまなんだ、すぐなれたけど、いやだった。六〇年もあの人たちと暮らしたけど、いまはなれました。ここでも、布団しいて。韓国も日本と同じですよ。ロシアの人はそういうないですよ、寝台で寝るから、床は汚くていいんですよ。なれてしまった。今はロシアの人たちも家行ったら靴脱いで、スリッパとかはいて。私たちは子供ん時から靴をぬいで。ソ連時代も。別にロシア人とは付き合いもなかったし。職場とか学校とかくらい。別にあの人たちには情は行かないですよ。六〇年っていたっら大きいけど、別に情は。戦争まで何年もなんないでしょ、でもその何年の間に、日本人の人にすごく情がいってね、すごく正しいね、その気持ちが残っているけど、ロシアの人は六〇年たっても、そういう温かいものはね、ないですよ。で、いまここ来たのに、テレビは日本語もあるし、ロシア語もあります。みんないろいろ言うけど、私はロシアが遠くなっていますね。なんかね、だいぶ遠くに行ってると思う。もう一〇年だもん、二〇〇〇年の三月一日に。

―永住帰国はどのように決心したのですか?

宣伝が来たもんね、家が建って、政府からお金も出るし、行くか行かないかって。したけど（けれども）、そのときのお金は小さかったんですよ。そしても（それでも）行くんですかって言われたけど、行くって言って。気に食わなかったら帰るって、そういう気持ちで。家も売らないで置いて来たから。ああいまも、お金があれば一年に何回も行ったり来たりしているんですよ。ここに来てから、ここを捨てて帰った人は主にいないですよ。今は行かない。サハリンには誰もいないですよ。娘が一人いるんですよ。息子が亡くなって、八九年に亡くなりました。娘はモスクワに暮らしていました。モスクワに四回行ってきました。その後に、二〇〇〇年からここに来たけど、サハリンは一回も行かなかった。誰もいないからね。お墓はあるけど、お墓参りはしないといけないけど、それではなかなか。家は売りました。旦那さんはね、韓国に来る前にね、眼が見えなくなりました。目が見えなくなりましてね、韓国が医学がロシアなんかよりいいかと思って来てから、あちこちの病院で見てもらったけどもう遅いって言われました。見えないままです。

―旦那さんとご自身とでは、どちらが永住帰国に積極的でしたか？

ふたりとも帰ろうって、政府からお金をもらって暮らすからね、楽な生活でしょ、別に何も明日のこと、来月のこと考えないでしょ。あれこれ買うものもないし、いい家くれたって。来てみて韓国いくないって（よくないって）思ったら帰ろうと来たけど、そういう気持ちにはなんないですね。毎年、ばあさんたち行ったり来たりしてます。お金集めてね。いまもうたくさん出て来たもん、サハリンの歳とった人たちはいなくなってしまって。わしらが二〇〇〇年に初めてここに出て来たけど、そのあとにずっとなかったんですよ。そのあと三年くらいして、歳とったひとがどんどんね。出るようになって。みんな出るようになったから、サハリンに年寄りっていないんですよ。

―故郷の西柵丹にはまた行きたいと思いますか？

そうです、死ぬ前に一度は行かないといけないなって思ってるんですけど。

―韓国での暮らしはいかがですか？

なんも、ここはサハリンから来たひとばかりだから、言葉も合うし、生活も合うから。韓国の人のそばに暮らすっていったら辛いと思います。やっぱり、もう何十年も、あの人たちが見るには、見下げてみるでしょ、ロシアの人だからって、と思います。口では言わないけど。したけど、わしらサハリンから来た人が一〇〇〇人来たから、韓国の人いらないですよ。

—外の韓国の方とは交流はありますか?

しないしない、必要もないから。することもないし、話言ってみても、気持が違うのね、なんだかわかんない。付き合うこともないし、付き合いたくもないし、ここの人でたくさん。いまここ来ているでしょ、八〇(歳)くらいの人たちはみんな日本語を使っているよ。ここは中学出た人もいるけど。いま来てから、九年なったから、韓国の人とも話の相手になるけど、すぐ来た時は、相手にできなかった。あの人たちも私たちの言う言葉は全然わからなかったし、わしらも彼らの言葉がわかなかったしね。いまはだいぶ。

—旦那さんとは、どの言葉で話していたのですか?

ロシア語でもしゃべってるし、韓国語でも。けれども、三国の言葉をわかったっていうけど、満足にわかったものはひとつもないですよ。日本語もそうだし、ロシア語もそうだし、韓国語もそうだし。韓国のひとたちもね、日本語を使ったらやな思いの人もいるよ。でも、関係ないから。

—カズオさんはなぜ韓国ではなく日本へ帰国したのですか?

そんとき日本に帰国できたんですよ。二〇〇一年。わしが来るときにね、一晩豊原に泊まったから、カズオさんに行こうって、韓国行こうって。いやあ、日本の人たちが、あの人は勉強もした人だからね、いろいろな仕事もたくさんあるから、来なさいって、そして日本の仕事もしてみたいって、そういう気持ちがあったんですよ。六五歳になったら日本は仕事できないでしょ。日本国籍もらいましたよ。カズオさんも、今でも樺太に帰りたいって言ったら、帰れるんですよ。日本に引き揚げる方法があったんでしょ。九六年ごろから。日本では家族一人、子供の家族を連れて行けたんですよ。韓国はそれがないですよ。韓国は夫婦で来たらそれひとつね、いま運動しているんですけど。国で、家をくれて。国からお金をもらって。

―カズオさんは、お母さんが日本人だからということで、日本に帰国できたのですね。

そう、して(けれども)、奥さんが、韓国の人だから、日本の国籍をもらえていないと思います。

―清子さんは、お父さんが韓国人だからという理由で、韓国に帰国できたのですね？

そうですね。私も日本に帰れたんですよ。したけどね(でもね)、日本にもね、同じ村で暮らした人もいるけど、ぽちっと一人になるのがいやですね。ここに来るときは、一、〇〇〇人一緒に来て、恵須取からも二〇～三〇人一緒に来ました。したから(それで)、何十年暮らして近しいひと、遊ぶときも何からかにから、それで来ました。

―韓国に来たのは、みんなが来るならさびしくないだろうと思ったからですか？

そうです、そうやって来ました。兄さんが九一年に来た時に、キヨちゃん、日本に来なさいって、したけど、わし日本に来ないよって。日本も韓国も行かないで、恵須取で暮らそうと思ったんですよ。そのときは。あの人は、いろいろ樺太に一年に一回行くんでしょ。親戚に会いに、一時帰国で、そのときに案内したり。あの人はいつでも主にそんな仕事しているから。大陸の方にも、抑留されて大陸に残ってロシアの人と結婚して、歳になって、そういう人たちもポチポチとおりますよ。

―カズオさんの奥さんは、どんな方ですか？

あの人は韓国生まれですよ。私たちの歳に樺太生まれの人はすくないですよ。二、三歳の時に来たとか。日本語はほとんどわかんないですよ、歳はわしよか二、三歳下だから。そして、わかんなくて、日本に行って六カ月勉強したらしいですよ。いろいろ苦労があったみたいですよ。

―周りには、朝鮮人と日本人の夫婦と言うのは多いですか？

何軒かおりましたね。お父さん母さん日本人と言う人はみんな疎開しました。父母が韓国人と言う人が残りましたね。恵須取にはね、二軒だけいたの。ホロキシっていう田舎に、バレーチ、田舎だから農業するとこでしょ、そこに日本のひとたちが、二人いました。ひとりは○○、ひとりは△△さんって言ったね。七三年頃に、○○さんはそのまま恵須取にいたけど、△△さんだけは、豊原に出ました。○○さんはおじさん、おばさん亡くなったのに、子供たちが多かったんですよ。八人か、九人いたのに、みんなロシアの人と結婚したのに。（帰らなかったのは）何か事情があったんでしょうね。

―その方たちとは、お付き合いはあったのですか？

子供たちと少しあったね。おじさんおばさんとは、会ったら礼するくらいで、そんなにはね。七〇年頃に亡くなったから、まだ私たちも若かったからね、そんなには。お母さんでもそばにいたら、もっと詳しくお話ししたんだけど。したけど、日本人として、懐かしかったです。○○さんでも、△△さんたちでも、日本の人だから、少し変わっているんでしょ、韓国の人とは。樺太に残った人たちはね、すごくやさしい人たちでね、欲なんかなかったんです。韓国の人たちは欲の深い人でしょ、もう、ほんとうにもう、人の物とるくらい、欲の深い人で、もの売りながらなんか持っていったりしたら、すぐに売るのね、日本人が同じ物を持っていっても、それをもっと大きいのに、韓国の人のを買うって。したから（だから）、持っていくことないって。あったらあるように自分のもんで生活するって。日本の人は欲なんかないって。韓国の人はぎりぎりだ。下手に会ったら髪もみんなとられるような。頑固頑固、気に入らなかったら、髪をつかんだりね、今、韓国来てみたらね。それまでは、韓国の人のことはわかんないもん。あそこにいる韓国の人はそうでもないけど、そこに人はそんなに。固いし、欲も多いし、したから暮らしもいいですよ。

―裁断士は給料制だったのですか？

仕事した分だけ。ひとつ裁断したらなんぼ（いくら）って。ロシアの人はね、なんつったらいいのか、ケーメルとか行って仕事したから、このロシアの人ね、仕事ひとつやって言ったら（仕事ひとつとっても）、男の服は男の服、ズボンたらズボン、あとのことできないもんね。したけどね（でもね）、韓国の人は、ズボンはするし、洋服はするしね、それくらい頭が器用なんだか。（裁断技術について は）個人に習いました。一年見習いに行って。

―こちらに来て食べ物で困ったりはしませんでしたか？

食べ物は主に韓国の食べ物を作ったりしてたから、ここ来ても合いますよ。食べ物も合うし。すぐは合わなかったけど、今はね。

―お母さんは日本人ですが、キムチは作ったりしていましたか？

知ってましたよ。日本料理もあったし、韓国料理もあったし。そのときね、お米なんかなかったですよ。パンもないくらいでね。六〇年度には少しよくなったね。韓国来たら米でもなんでも、どんなんでもたくさんあるもんね。ないものがないでしょ。もちごめから何から。

このロシアにはそんなもんないでしょ。ロシアの人はそんなもん食べないから。遠いタシケント、ウズベキスタン、あっちの方から小包で送ってもらってね、それをすぐに食べること出来ないでしょ、お祝とかそういうときに。したから（それで）、だれかからきいて、住所もらって、お金を送ったら送ってくれるんです。そんなこともたくさんありました。小豆なんか、ロシアの人は食べないから。韓国来たらなんでもあるでしょ。しかし、韓国の人たちは、なんていうか、外で食べるんですね。私はそんなことしないから。自分で作って食べるから。もう、みんな若い人も。サハリンは、うちで、なんでもできることはうちで。むかしの韓国の人たちの話を聞くと、むかしはそうだったって、いまは変わったって。

第七章　延辺朝鮮族のライフヒストリー聞き取り

【解題】戦中戦後の延辺朝鮮族

石川亮太

以下で紹介するのは中国東北地方の延辺朝鮮族自治州に住む朝鮮族、柳玉哲（류옥철、リュ・オクチョル）・金粉蝶（김분접、キム・ブンチョプ）夫妻のインタビュー記録である。夫妻はいずれも一九三三年生で、夫の柳玉哲氏は現地生まれ、妻の金粉蝶氏は朝鮮生まれだが幼少時に家族と共に延辺に移住してきた。夫妻は人生のほとんどの時期を延辺で送り、現在は延吉市内の老人介護施設に入居している。

このインタビューでは夫妻に、日本の敗戦前後の時期を中心とした個人史の聞き取りに応じていただいた。インタビューでは十分に触れられなかった時期を含め、夫妻の経歴を簡単に整理すれば次のようである。

柳玉哲氏は、柳長林氏の次男として一九三三年「満洲国」間島省和龍県に生まれた。現在の延辺朝鮮族自治州和龍市に当たる。父親の柳長林氏は一八九六年に朝鮮南部の慶尚南道咸陽郡に貧農の子として生まれ、一九二五年に先に延辺に移住して農業を営んでいた親族の誘いで和龍に移住した。一九三二年の「満洲国」成立後、日本当局は朝鮮人住民の抗日運動との接触を断つため多くの「集団部落」を作ったが、柳長林氏もその一つ牛心山村に移住させられた。柳玉哲氏もそこで幼少期を送り、日本の敗戦後に初等教育を終え、中学校を経て高校に進学した。しかし一年生であった一九五〇年に学業を中断し、朝鮮語紙『東北朝鮮人民報』（後の『延辺日報』）社に入社した。その経緯についてはインタビュー本文に詳しい。

柳玉哲氏は以後一九六二年まで同社に勤務した後、中国共産党の延辺朝鮮族自治州委員会宣伝部文化課・宣伝課に異動となった。氏はそれに先立つ一九五五年に中国共産党に入党していたが、党州委に異動後の一九六四年には共産党青年団中央委員に選出され、同団の州委員会副書記等を務めた。このように社会主義体制下で順調な昇進を重ねてきた氏は、文化大革命期には一転して「走資派」「外国特務《スパイ》」等の批判を浴び、労働改造農場で五年間にわたり自由を奪われた生活を送ることになった。氏がようやく解放されたのは文化大革命末期の一九七二年であり、かつての職場である『延辺日報』社に戻って編集室主任として勤務することになった。一九七八年からは副総編集、総編集を歴任したが、一九八三年に再び異動となり、自治州政府で弁公室主任、次いで副秘書長を務めた。この間、中国との国交樹立直前の韓国に公務で訪れる機会があり、故郷に残っていた父側の親族と再会を果たしている。一九九四年には定年退職となったが、その後も州の老人協会などの社会活動に貢献している。以上の経歴はインタビューのほか、氏の著作である『歳月の中の足跡（세월속의 발자취）』（朝鮮語、延辺人民出版社刊、二〇一〇年、ISBN978-7-5449-1195-5）に拠った。この著作は氏の回想録や新聞社勤務時代に執筆した論説などを集めたものである。

妻の金粉蝶氏は一九三三年に咸鏡北道明川郡下古面に生まれた。咸鏡北道は朝鮮半島の東北部、ロシアや中国に国境を接する地域であり、一九世紀後半から多くの移民を送り出した地域である。氏が三歳の時、一家は延辺に移住し、朝鮮人の集住地であった龍井村（現在の龍井市）の近郊で農業を営んだ。日本の敗戦後に初等教育を終えた氏は、新時代には女性にも教育が必要だとする兄の助けにより、父親の反対を押し切って中学校に進学した。朝鮮戦争中には後方支援に駆り出され一時学業を中断せざるを得なかったが、動員を終えた後は中学校に復学し、卒業後はさらに高校まで進学した。その後『延辺日報』社に入って柳玉哲氏と出会い、結婚後も五五歳の退職まで勤務を続けた。以上の経歴はインタビュー記録による。

二〇一〇年のインタビュー当時、夫妻ともに健康に問題はないとのことであったが、二〇〇八年から老人介護施設に入居している。インタビューに見られるように夫妻の現在の境遇は、少なくとも経済的には、相当に恵まれたものと言える。しかし施設入居のきっかけは次男が韓国に行って家を空けたことであったといい、また長女も山東省煙台にいるという。近年の延辺では州外出稼ぎによる朝鮮族人口の減少が大きな問題となっており、韓国も煙台もその代表的な出稼ぎ先である。朝鮮族中のエリートといえる夫妻の暮らしも、地域の現状と無関係ではないと言える。

夫妻の人生は、本書の主たる対象であるサハリンと直接に関わるわけではないが、日本支配下での移住、社会主義体制の経験、冷戦終結後のグローバル化の影響など、サハリン在住の朝鮮人の暮らしと重なる部分が少なくなく、比較対象として興味深い。インタビュー記録を資料として本書に収録した所以である。

なお本インタビューは、二〇一〇年八月二二日、夫妻の居室で行われた。聞き取りにあたったのは今西一、水谷清佳、朴仁哲、石川亮太の四人である。水谷清佳が録音テープからの書き起こし・日本語への翻訳を行い、石川亮太が整理した。ここでは分量の関係から朝鮮族の一般状況や雑談にわたる部分は割愛し、夫妻の個人史に関する部分に絞って紹介することとした。

インタビューは朝鮮語で行われたが、一九四五年以前の回想中では日本語の語句も用いられた。そのような部分には傍点を振って示している。また〔 〕は整理者の注釈である。事実関係の補足は上述の『歳月の中の足跡』のほか、『中国の朝鮮族』(「延辺朝鮮族自治州概況」執筆班著、大村益夫訳、むくげの会刊、一九八七年)、『中国朝鮮族の民族関係』(鄭雅英著、アジア政経学会刊、二〇〇〇年)に依拠した。(石川亮太)

柳玉哲氏からの聞き取り

家族と生い立ち——一九四五年まで

今西　お父さんとお母さんの名前は何とおっしゃいましたか？

柳　うちの父は、一八九六年生まれです。チャンリム〔장림〕といいます。長の字、林の字。母は李氏で、一九二五年に中国に入って来ました。慶尚南道咸陽に住んでいましたが、二五年の冬に中国に来ました。

今西　家では農業をされていたのですか？

柳　父は無学だったので農民で、その時中国に来たのは中国で住むのが韓国よりちょっとましか〔と思って〕。生活に疲れて。うちのおば〔父のきょうだい〕が先に中国に来て住んでいました。それから父の五寸〔寸は親等を表す。五寸は祖父母のきょうだいの子にあたる〕にあたる人がここに来て住んでいたのですが、土地もちょっと持って、まあまあの暮らしをしていて。その人たちが、ここに来てまともに稼げば良い暮らしをすることができるといいました。うちの父の時代は朝鮮でも生活が非常に苦しかったのです。父の五寸という人が故郷に帰ってきたときに、当時は木綿を〔衣類に〕使っていましたよね、木綿の反物を買ってくれて、中国に行こうと誘ったのです。

ですがその時期には朝鮮が日本の植民地として転落していました。中国に来ても相変らず日本の人は朝鮮の人を自分の臣民だと考えていて、ここの龍井があった場所〔現在の龍井市〕には領事館を置いて管理していました。

私たちの戸籍は中国に置かれたのでなく、ここで調べてからみな韓国に送られて、韓国で記録されました。それでその時期には、私の妹まで、私たち〔家族〕の戸籍が韓国で登録されていました。

朴　妹さんも中国で生まれましたか？

柳　今は北朝鮮にいます。みな中国で生まれましたよ。もう亡くなったうちの一番上の姉が一歳の時中国に来ました。姉が朝鮮半島で生まれてから、祖母、私たちの両親、姉、この四人で韓国から中国に来ました。

石川　ご兄弟は合わせて何人おられますか？

柳　私たちの両親は子供を一〇人産みました。今残っているのは四人です。

今西　農地は借りていたんですか？　子供の頃、どれくらい借りていましたか？

柳　初めは土地もなく、〔五寸の〕おじの家でモスム〔머合、住み込みの農業労働者〕のようにして土地を耕していたのですが、その年のうちに家を見つけました。〔初めは〕おばの家を頼っていたうちの姉たちも一ケ所に集まり、四人で住みましたよ。その時期には火田民〔焼畑〕の農作業をしていて、自分で畑を耕し、その一部を持っていました。一九四五年の光復〔日本敗戦による朝鮮解放をいう〕以前、わが家にはおよそ六、〇〇〇坪の土地がありました。解放後には自給自足のような生活をしました。牛もいて自分の家もあって倉庫には余裕の糧穀があって、生活は農村で食べていくには何の問題もありませんでした。その時期には農民生活は自給自足に過ぎず、物乞いと変わりないような境遇でした。

今西　学校は国民学校ですか？　小学校ですか？

柳　その時期に私たちの通った学校は国民農業学校といいました。朝鮮総督府で学用品も送ってきました。私たちの住んだ村では。

朴　そうやって和龍県で〔暮らしていたわけですね〕。

柳　牛心山村でした。周りの山が牛の背中のようになっていて、その山の下に集団部落を作って、その付近に住む農民をみな集めていました。日本は中国に入ってきても、朝鮮の人を自らの臣民と考えていました。その地区は山奥ですから、抗日義勇軍と地方農民の関係が多いだろうと。それで集団部落を作ったのですが、何かあればみな連帯責任を負わされました。

〔略〕

今西　国民学校の時代の先生というのは日本人でしたか？

柳　日本人は一人もいなくて、みな朝鮮人でした。日本の留学生はいました〔日本に留学した先生という意味か〕。

朴　日本の留学生がいたんですか？

柳　先生が一人いました。その時学生たちの名前も、本来の私の名前はリュ・イルチョルですが〔류일철、柳一哲、のちに玉哲と改名〕、その時期に姓を直して「やながわいちてつ」と呼んでいました。名前を日本人のように四字で作れと言うことで、その学生ごとにみな名前を直しました。「やながわ」という日本語があるのかどうかわからないけど、「やながわ」としました。

石川　創氏改名の時、誰がそのように命令しましたか？

柳　はい。そのまま皆がそのようにしましたよ。

石川　学校の先生がそのようにしろといいましたか？

柳　私たちが学校に通う時には、四学年からは全部日本語だけで、朝鮮語を習えないようにしました。学校でも日本語だけを使わなければ〔いけなくて〕、朝鮮語を使うと罰を受けました。

朴　何か罰を受けましたか？

柳　う〜ん、えっと……

金　便所掃除。

柳　お互いに〔朝鮮語で〕話すことに目をつぶっていれば分からないのですが、ばれてしまうと、カードを作ってカードに穴を開けます。それで毎週最後に土曜日に誰が一番多いのか確認して罰金を取るようにしました。六年生までは日本語を上手に話していました。日本の本も読んで。

〔略〕

石川　集団部落についてちょっとお伺いしたいのですが。

柳　私たちの牛心山の村は、そのふもとの谷間にあるヨンフンドン〔영흥동〕、チャンチュンドン〔장충동〕、ポンサンドン〔봉산동〕にばらばらになって住んでいた村の人々を皆集めて、新しく作ったものです。四方に土塁を積んで、上に鉄条網のように棘を植えて、四方に砲台を作り、銃口を出して。これは抗日連軍を狙ったもので

しょう。東西南北に門がありました。東側の門を出入り口にして歩哨が立っていました。村の中央に警察署がありました。〔住民は〕組を作りました。一組、二組、このようにして、一組は責任者が誰で〔というように〕。抗日連軍と関係があって何か問題が起これば組の人々が集団で全部責任を負います。連座法です。

土塁の外には学校が一つ作られました。我が家は二五年に移住しましたが、三四年ぐらいに集団部落が形成されて、また引っ越ししました。うちの父はそこに五五年まで住みました。しかし解放後に土塁が崩れ始め、村の人々が引っ越ししたりして、空家もできて、村は廃虚のようになっていまいました。みな昔に住んだ山奥に移って新しい暮らしをたてるようになり、村がとてもさびしくなりました。学校もさびしく見る影もなくなりました。それで私が新聞社の記者だった時、父にアドバイスをして、ちょっと良いチャンチュンドンの村で住もうといって、引っ越しました。五六年に父が六〇になったのですが、父も息子の世話になろうと思ったのでしょう、延吉に連れてきました。牛心山で財産全てを売って、牛も売り、その時のお金で三六〇ウォン〔人民幣か〕で延吉に家を一つ買いました。

うちの父母が三四年から二〇数年住んだ村は、全てなくなりました。もともとの牛心山の村は平地や草むらになってしまいました。そして大通りに分散されする形で住宅が建てられました。あまりにも違ってしまいました。道も和龍市内で豆満江沿岸に出るアスファルトの道がずっとのびています。

その集団部落にいた幼い頃を思い出してみると、夕方には抗日連軍が来るのを防ごうと、人民を動員して石ころをいっぱい集めさせて、提灯を持って外に石を投げることもさせました。それから土塁の外に深い水溜まりを掘って、水を注いで、水の下に尖った竹を敷いて刺しておきました。知らずに入ればそこに刺さって死にますよね。こんなふうに集団部落というのは、完全に抗日連軍に対処するために、人民との関係を切ってしまう措置だったんですよ。

石川　集団部落ができる前の村の名前をご存知ないですか？

柳　何もなかったんです。山が傾斜しているところを削って作りました。それで村が傾斜していて、我が家はその二番目の列、下から三番目の家でした。集団部落には解放前まで警察署もありました。その村が完全になくなったのは、五五年か五六年頃で、家が何軒も残りませんでした。

石川　それでは一つの村にだいたい何軒が住んでいたのですか？

柳　一〇組程度だから、およそ一〇〇軒程度です。

石川　学校に通う時も村の中で通いましたか？

柳　その時期には付近の遠い村から学生たちが来ました。およそ一五里。

石川　村の中に学校がありましたか？

柳　土塁の外に学校がありました。学校は村の中でなく土塁の外に。

石川　毎日、東門から出て行かなければならないでしょう。調査を受けたりしたんですか？

柳　学生だから調査されることはなかったんですよ。子供だから。警察署の警察たちは仕事がないから、子供たちにいたずらをしました。子供は勉強しなければならないという名目で捕まえて閉じ込めたり。農地も全て村の外に出ていました。村は村で、畑は全て村の外にありました。

石川　その集団部落はいくつかの村が集まって作りましたよね。その時その人々は本来耕していた耕地を引き続き耕したのですか？

柳　そうです、引き続きしましたよ。本来畑はみなその付近にあったから。

石川　大人が出入りする時は調査を受けたんですか？

柳　その村に住んでいる人々は警察署の人々が知っているから、〔調査されたのは〕外部関係者だけでした。

石川　お父様はそこでずっと農作をされましたか？

柳　はい。うちの父親は延吉に来る前までそこで

農作業をしていました。〔略〕

日本敗戦前後の延辺

今西　〔日本敗戦前の学校で〕クラスには中国人の方がいたのですか?

柳　〔中国人は〕いなくて、全部朝鮮人でした。その学校はみな朝鮮の子供たちで構成されていて、先生もみな朝鮮の人で。中学校に行く前に解放になったのですが、その前までずっと日本の学校で勉強しましたから、朝鮮語の水準は高くありませんでした。光復になって中学校に行きましたが、朝鮮語がよく分かりませんでした。

その時〔解放の時〕、何人かの先生が、日本で留学した先生たちも皆、いなくなってしまいました。そこで私たちの村では、龍井で勉強した学生たちが卒業して先生をしました。三人の先生がいました。

私は六年生を二度しました。朝鮮語をもっと習ぼうと思って。その時期には〔使う言葉が〕日本語半分・朝鮮語半分で、〔朝鮮語が〕うまくなかったからです。四七年度から中学校に行って朝鮮語で勉強しました。その学校も全部朝鮮の人でした。県立中学校でしたが、和龍には朝鮮の人々が多いから、みな朝鮮族学校に通いました。学校に中国語科目は入っていましたが、その時はそんなに中国語を習わないから、中国語の水準が〔高くなくて〕、全く社会に出てから〔中国語を〕習うことになったんです。それで言葉は本来朝鮮語で、学校は朝鮮学校に通って。朝鮮族学校を初、中、高等一年まで通って、新聞社に入りました。五〇年から始めて六二年まで、その次は七三年から八三年まで、朝鮮の文字で書く新聞社で記者と編集をしていました。

ですから一生の大部分、朝鮮語で仕事をする朝鮮の人と一緒に働きました。それで中国語の水準は高くなくて、私達の子供たちとも比較になりません。

小学校は日本語〔での教育〕でしたが、中学校は朝鮮語でした。中国に住んではいても、村も朝鮮人の村で、学校も朝鮮学校だし、〔朝鮮語の〕新聞社で仕事をしました。この延辺の新聞社はたいへん特殊な状況でした。中国に住む朝鮮の人のために新聞を作り始めたわけです。初めは東北朝鮮人民報と言いました。記者をいろいろな所に派遣して、遼寧省にも派遣していました。東北三省にいる朝鮮の人々は皆この新聞を読んでいました。そうするうちに五二年から〔延辺朝鮮族〕自治州ができました〔正確には五二年に自治区ができ、五八年に自治州となった〕。〔そこで紙名を〕東北朝鮮人民報から延辺日報に改めました〔一九五五年－『中国の朝鮮族』一八一頁〕。

今西　中学校はどこの中学だったのですか？

柳　和龍県の中学校。今も和龍市といいます。

今西　三五年生まれだったら小学校の時に終戦、日本の敗戦でしたよね。一九四五年、一〇歳の時にはもう日本が負けたわけですね。

柳　六年生くらいでしょう。

石川　その時の記憶がありますか？

柳　光復の時、学校が廃校になりました。学校の財産や教材、地球儀でもみな朝鮮総督府から送ってきたものでした。〔光復の時〕先生たちがだめになったと言ってその本を全部焼いてしまいました。見ていた私たちは本を焼くなんてもったいないといって持って来たりしました。学校の先生は皆逃げてしまい、龍井で勉強した中学校の卒業生が三名、先生として来て学校をまた始めたわけですが、学生も多くありませんでした。もともと学生は多い時には二〇〇人いたのが、私が六年生の時には三〇人となり、四六年度にまた復学した時には六年生が四人でした。

今西　戦争が終わったら中華人民共和国の、中国の国民になったわけですか？

柳　その時期は朝鮮人たちが中国の共産党員で、〔延辺は〕その解放区になっていました。東北には国民党も共産党もありましたが、ここ延吉は抗日根拠地で、共産党が直接統治することになりました。一九四五年に共産党政権が立ちあがりました。共産党政権は朝鮮の人を中国国民として扱いましたが、五四年に朝鮮に行く人は行くことになって、少なくない人が朝鮮に渡っていきました。私たちの新聞社でも朝鮮に行って記者をしようという人がいました。残った人々は皆中国国民になって、経済的にも中国国民の待遇を受け、土地も分譲を受け、他の中国の恩恵も受けました。ずっと中国に住んでいだ中国の人〔漢族という意味か〕がここにきて指示したりということもなく、延辺は朝鮮族の自治体になって民族関係の処理が非常にうまくいきました。

〔略〕

今西　子供の頃、国民党と共産党の内戦がありましたか？

柳　ここには国民党が攻め込めませんでした。光復になってから、国民党がここに入ってくることもできなかったんですよ。光復後に残っている人はいましたが、粛清で皆いなくなりました。中国の国が正式に成立したのは四九年度ですが、ここは四五年にすでに共産党政権が来ていましたから、国民党が入ってこられなかったのです。昔、国民党に加担した人はいましたが、国民党組織はありませんでした。

石川　ところで四五年にロシア軍は入ってきませんでしたか？

柳　入ってきましたよ。中国共産党の八路軍も抗日義勇軍も八年にわたり抗戦したわけですが、最終的にはソ連がドイツを倒した後、日本も倒したわけでしょう。ロシア軍が延辺にも入ってきました。そんなに長くはいないで撤収しましたよ。長春のようなところは国民党が入ってきており、八路軍が占領したのは四七年の前でした。そこで吉林省政府は初め延吉にありました。延吉から吉林に移り、長春が解放されてから、長春に移りました。

〔略〕

柳　〔この地域は〕以前は自治州ではなくて、臨時機構の延辺専員公署でした〔一九四五年一一月に成立し延辺の五県を管轄した―『中国の朝鮮族』六一頁〕。

石川　指導者は延吉の朝鮮族の中から選べなかっ

たのですか？

柳　その時は光復になって延安から漢族の幹部たちが来て、ソ連赤軍の中にいた朝鮮の人々も一緒に来ました。それで延安幹部らと、ソ連赤軍の朝鮮の人々が合わさって専員公署というのができました。

後にはここの抗日軍隊にいた朝鮮の人々が少なからず出てきました。リム・チュンチュー〔림춘추、林春秋－『中国朝鮮族の民族関係』一六四頁〕という人もここの専員で、朝鮮に行って中央幹部になりました。抗日連軍の中には朝鮮の人が非常に多かったですよ。その大部分は光復になるとすぐに朝鮮に行きました。延辺の人々はいったん延辺に残った後、朝鮮に行きました。

一九五二年に最初にこの自治州の州長になった方は、延安から出た朝鮮の人です〔朱徳海を指す－『中国朝鮮族の民族関係』一六七頁〕。その人は初め延安からハルビンに来て、東北がまだ解放になっておらず国民党が少なくない時でしたが、延辺に出てきました。その方が延辺に来たのは四五年度で、その方が延辺の最初の州長になりましたよ。

今西　延辺というのは戦争の前、非常に民族運動とか共産党の運動が活発な地域だったわけですね。パルチザン闘争も非常にあった地域でしょう？

柳　延辺地区の中国革命では朝鮮族の歴史がとても長いです。延辺地区の抗日勢力、つまり抗日連軍を見ると、朝鮮人が多く漢族は少なかったです。解放戦争の時の私たち〔延辺地区？〕の烈士のうち、一〇〇分の九〇は朝鮮の人です。中国の解放のために血を流した朝鮮人が多いのです。一九五〇年度に朝鮮戦争が勃発すると、中国にいた朝鮮〔族の〕軍隊が秘密裏に朝鮮志願軍として出て行きましたよ。それで朝鮮人民軍に編入されましたが、両親は中国にいますから、戦争が終わると皆帰ってきました。

石川　ところで柳さんが小学校通われた時、つまり解放以前に抗日軍のうわさのようなものをお聞きになったことがありますか？

柳　話は聞きましたよ。ここ延辺では金日成の話をたくさん聞きました。

〔略〕

石川　家でご両親と話される時はもちろん朝鮮語をお使いでしたか。

柳　朝鮮語を使いましたよ。家から出た時には、学校のようなところでは朝鮮語を使うことができませんでした。そのように強要されていました。民衆にどんな強要があったかというと、朝鮮の人に「コホクシンミンノツカエ〔皇国臣民の誓い〕」、これをみな覚えさせました。朝鮮と中国の間を渡るとき、これを覚えていなければ渡っていけないのです。うちの父のような人たちがそれをどうやって覚えるんですか、日本語も分からない、無学者なのに。その時には毎朝学校に行って先生に敬礼しながらスローガンを叫んでいました。子供たちを本当の日本人に作ろうとしました。

石川　日本人の先生が一人もおられないのにそのようにしたのですか？

柳　そう、大東亜戦争でもし日本が滅びればお前たち朝鮮人も皆死ぬということでした。

石川　そういった学校の先生は日本が崩壊した後にはどこに行ったんでしょうか？

柳　皆逃げてしまいました。本来その人々が土地の人ではなく、外から入ってきたから。解放後に光復になって、朝鮮に出て行った人は非常に多かったんですよ。韓国に行って、故郷へみな逃げて、少なくない人が出て行きました。

石川　ところで学校がいったん廃校になったとおっしゃいましたね。その後再建する時、どんな人々が中心になりましたか？

柳　私の記憶だと、幼い時でしたが、昔に抗日運動をした老人たちが村の学校に来て、朝鮮語で演説して、学校がなくてはならない、またしなければならないといっていました。先生はどうしたかというと、朝鮮人の中で学校を卒業した人を先生として迎えましたよ。その方たちはもう亡くなったと思いますが、龍井のウンジ〔은지〕中学校、テソン〔대성〕中学校、延吉工業学校

に三人の先生がいました。

朝鮮戦争と延辺日報への入社

石川　一九五〇年に朝鮮戦争が起きた時、延辺はどんな状況でしたか?

柳　〔高校生だった〕私が五〇年九月に延辺日報、東北朝鮮人民報社に入った経緯なのですが、朝鮮戦争は五〇年六月に勃発しましたね? それで学校でも軍隊募集がありました。私たち高校生たちの中では、朝鮮戦争が起きたけど、戦争に行こうか〔という声がありました〕。一方で新聞社でも人を連れてこいと言っていました。東北の朝鮮人を対象にした新聞としては、延吉の延辺日報、ハルビンの何とか新報〔民主日報―『歳月の中の足跡』一一頁〕、敦化にも団結日報というのがありました。この三つの新聞が合わさって東北朝鮮人民報になりました。このように新聞社業は急速に発展していたのですが、記者がいないから人を補充しなければなりません。その時はまだ延辺大学に卒業生がいなくて、学校で今在学中の学生の中から、文も書くことができるような人を選んでいました。そこで私が選ばれて「君、新聞社に行くか? 軍隊に行くか?」、こんな様子でした。

それでその時に考えたのです。我が家でも学校で勉強させるのは苦しい状況でした。そして私は中学校の時、文章を書くのが好きでした。文章がちょっと書けて、勉強もできたのです。それで学校で推薦する時に「君がそこに行くか?」ということになりました。軍隊に行くよりはそこに行くと言って、新聞社に入ったのです。

新聞社に入ったのは六月でしたが、一〇月だったか、飛行機が豆満江岸に来て〔和龍県の〕崇善小学校を銃撃しました〔一九五〇年一一月二九日―『中国の朝鮮族』九〇頁〕。車を引っ張っている村の牛が銃撃され、学校の校舎も破壊されました。それで重要な宣伝機関が市内にあってはいけないということになり、当分の間、私たちの新聞社も山奥に入りました。臨時に昔の炭工場、醸造工場、馬屋を事務室に直して、そこで寝泊まりしながら仕事をしました。印刷機も洞窟を掘ってその中に入れておきました。そこには一年半ほどいてから降りてきました。

朝鮮戦争が勃発してここでも戦争の影響をたくさん受けました。朝鮮人民軍が飛行場にきていました。そして避難民が、子供たちも含めて、中国に沢山入ってきました。それでここに孤児学校も建てて、朝鮮難民たちを収容しました。

石川　難民たちは沢山入ってきましたか？

柳　ええ、沢山入ってきました。

〔略〕

石川　五〇年九月に延辺日報に入られましたよね。その時、延辺日報社自体が設立されたということでしょうか？

柳　一九四九年に東北朝鮮人民日報ができました。それが五〇年か五一年、多分五二年になる前に延辺日報に再度改めました〔五五年か――『中国の朝鮮族』一八一頁〕。

石川　それでは四九年以前には朝鮮語雑誌とか新聞のようなものはなかったですか？

柳　光復直後にはやはり新聞がありました。朝鮮語新聞があったのですが、その時期には党で直接設けた新聞ではなくて、民族の有志人たちが設ける新聞、ハンソン〔한성、漢城か〕日報というものがありました。解放前にはなかったです。光復前には多分、ここで文章をちょっと書く人々は、韓国の雑誌のようなところに出して〔いたのでしょう〕。

〔略〕

石川　ところでもともと漢語〔中国語〕はご存知なかったですね？　小さい時は。それでは中学校に上がってから初めて勉強をしたのですか？

柳　そうです。初めは分からなかったですね。漢語を学校で習ったくらいでは社会に出て、普通の会話も上手くできませんでした。学校の教育水準も高くなくて、社会に出てから習ったのが多いです。

石川　新聞社もほとんど皆朝鮮族の方でしょう？

柳　ほとんどそうです。延辺には四八年から延辺日報があったわけですが、五七年度から漢文版が出てきました。その時期に私が考えたのは、延辺で朝鮮文だけではいけない、漢族のほうが人口ではもっと多く、漢族の人々が教育につい て行かなければならない〔ということでした〕。初期には漢文新聞を一日おきに掲載して、今は漢文新聞が日報になっています。それで記者も二つの民族で〔構成され〕、漢文版、朝鮮語版が別々にあり、社長は今は朝鮮の人がしています。その方が全面的に経営責任をとり、漢文版の主筆、朝鮮版の主筆、このように各々分けているわけです。

石川　延辺には延辺日報しか地方新聞がないですか?

柳　延辺には今、新聞が色々あります。延辺日報社内で作る新聞に家庭新聞がありますが、総合参考という新聞もあります。また時報が一つあります。漢文には延吉情報というのがあります。長い間小さい新聞は紙〔の供給〕が理由で制限されてきましたが、今はたくさん作っています。

家族との生活、親族との再会

柳　私は中国で一九三三年に生まれましたが、朝鮮に行けませんでした。朝鮮から来たのに、私は朝鮮にも行けなくて。

朴　解放前には行けなかったのですか?

柳　ええ、解放前には行けませんでした。いつ初めて行ったかというと、私が自治州政府の秘書として生活していた頃、政府で何かの代表団を作って〔朝鮮民主主義人民共和国・咸鏡北道〕清津に行く機会があって、その時一度行き、平壌も行きました。朝鮮には三度行きました。その次に韓国には八九年度に、韓国と中国はまだ国交がなかった時でしたが、〔自治州〕政府の副秘書官をしながら延辺赤十字社の副会長をしていましたので、韓国の赤十字総社から招請がきました。その時は外国に出るのが簡単ではなく、韓国に直接飛行機も飛んでいないし、日本や香港を通って行きましたよ。八九年の時には中国から四人が考察団として行きましたが、行く時には日本を通って行き、帰る時には香港を通って来ました。その後で韓国でまた仕事があって一回行きました。〔一九七八年に始まった〕改革開放以前まで、多分八四年以前は、外国にはどこにも行けませんでした。その後でドアが開いて韓国にも行ったり、日本にも寄ってみました。延辺政府経済考察団として米国も行ってきました。

今は子供が三人います。一番上が娘で息子が二人います。一人は延辺大学で、本来は生物化学の専攻でしたが、韓国に行って薬学博士になって来ました。延辺大学院で教務処主任をしてから研究生処主任となり、そしてアメリカに行っても英語で勉強して帰ってきて、延辺大学外事処長をしています。

〔略〕

今西 この地域は昔も貧しい地域で生活が苦しかったんじゃないですか?

柳 生活は非常に苦しかったです。解放前にここに住んでいる人は大部分が農民でした。市場で商売をしたりするような人は少なく、生活に困りました。

今西 戦前から海外に出稼ぎに行っていた人は多かったんですか?

柳 それはなかったです。北朝鮮とは少し関係がありました。解放前の豆満江と鴨緑江は、国境線はありましたが、比較的手続が複雑ではなくて、朝鮮人が行ったり来たりしていました。豆満江に関しては学校も〔対岸に〕通うことができて、市場にも通っていましたよ。

ところで解放直後は、中国にいる朝鮮人の生活は、北朝鮮に比べてよくありませんでした。工業製品も多くなくて生活が苦しかったです。ここの人々は朝鮮にたくさん逃げましたよ。特に五五年代以後、六〇年代の困難な時期には中国で勉強することも難しくて、それで逃げた人が多かったです。向こう側の生活がより良いから、多くの人が逃げたのです。

朴 妹さんが北朝鮮にいらっしゃるとのことでしたが。

柳 うちの妹は少し状況が違います。行ったのは六五年でした。中国で仕事をしていたのですが、作業所の会計をしていた妹婿に経済関係の問題が生じて逃げたのです。子供も三人もいて〔みんな〕豆満江を渡っていくことにしました。朝鮮に行って、最初は平壌付近に行ったのですが、住んでみたら中国より良くない。それで中国にまた入ってこようとしたが失敗して、もう一度朝鮮に行きました。苦しかったのです。子供たちが三人もいるのに、一人は死んだのか生きているのか…。今もそこ〔北朝鮮〕で住んでいます。その家の子供たちがここに遊びに来たりもします。

〔略〕

柳　いくら生活に困っても、子供に勉強をさせることは非常に重要です。家で農業をするのに牛がとても重要ですね。牛がいなければ農作業ができないのに牛を売っても子供を勉強させるのです。解放直後、延辺の朝鮮の人々が学校に行く比率はとても高かったんですよ。ほとんど一〇〇%でした。特殊な事情があって行けない人を除いては、学校に行かない子供たちはいません。朝鮮の人々の文化水準は比較的高いですね。学歴も良くて。朝鮮の人々の中には知識人が多いです。延辺の学校も総合大学になって一つにまとめられたが、昔には農学院、医学院、師範学院、延辺大学何何、このように分けられていたものを一つに合わせました。初めは朝鮮の人のためにできたのですが、朝鮮人〔だけ〕では学校を運営できないんです。国家で統一的に募集して学生たちが来ました。

さっきうちの子供たちの状況についてお話ししましたが、長女はここで財経学校を出て、山東煙台に行っています。二番目の子供が六三年に生まれ、末っ子が七一年に生まれました。末の息子についてですが、もともと私は子供を二人だけ産んで、もう産まないつもりでした。〔しかし〕文化大革命のせいで多くの苦労をして、子供たちに兄弟がもう少しいなければならないと思い、もう一人産んで三人にしたのです。前の二人の子供は生活態度が良かったです。次第に生活態度がよくなり、家庭状況もよくなりました。でも〔末っ子の次男は〕勉強ができなくて、中学校を卒業した後に方法がなくて、技工学校に行きました。そこを出ていろいろ事業をして、中国では仕事がなかったので、韓国にも行って研修もして。今は金を儲けに韓国に行っています。夫婦で韓国に行きました。家にあるものには全て鍵をかけて、わたしたちはここに来ることになり、二年が経ちました。

朴　ここは養老院なんですか?

柳　はい、養老院です。ここは自立できる老人たちが〔入るところで〕、他人の世話になったり特別に介護しなければならない人々はここに入れず、あの下の方にある所に入っています。

今西　今は朝鮮族も若い人たちはどんどん出ていって減ってきているんでしょう?

柳　私は今の数字は分かりませんが、各家庭に外国に行った人がいます。韓国でなければ日本、米国、さらにメキシコなど色んな国に行っています。世界中に行かないところがないようです。うちの息子の友人が日本に行っているのをeメールで知りましたよ。日本の京都の近くに行っています。

今西　出て行った人たちは帰って来ないんですか?

柳　来る人もいるにはいますが、出て行った人よりは少ないです。ここに入ってくる人の多くは韓国人で、事業のために来る日本人も少しいますが、出て行く人のほうがより多いです。

今ここの人々の生活は、昔とは本当に大きく変わりました。昔は食べることが難しかったですが、今は食べて着ることは何の心配もなくて、だいたい家に皆自動車があります。今うちの末っ子が金儲けにでかけていますが、息子も自家用車があるし、娘にも自家用車があります。ここ〔養老院〕に入ってきている人は一二〇人程度ですが、その中で漢族の人は三人です。〔ほかは〕みな朝鮮の人で、朝鮮語を使います。ここでビデオを見ても朝鮮語を使っています。

〔略〕

今西　ここでは毎日どういうことをして過ごして

いるんですか?

柳 私たちはここに来て二年になりました。うちの母は亡くなりましたが九五歳まで生きました。妻はうちの母と四七年一緒に住みました。上に母がおり、下に嫁がいて、孫娘もおり、それで苦労が多かったんですよ。私は仕事をしていましたが。あの手を一度見て下さい。皮膚病ですが治りません。手がひび割れて。苦労だけして年をとって、歩いたり登山したりには何の問題もないのですが、お互いもうちょっと長生きしようと〔思ってここに入りました〕。他人はもうこんなところに何をしに来たのかと〔言いますが〕、実際は老いたから来るというより、接待されに来ているわけです。

ここに二年いるのですが、家庭よりは気楽です。お金さえ出せば、ご飯を食べて、清掃もしてもらって、洗濯もしてもらって。水は二四時間お湯が出ます。シャワーすることができて、食べ物は、家にいたときは二人住まいですから、ある時はご飯を食べに行ったり、そうでなければ市場に行って買って食べたりしたが、ここではいろいろなものをしてくれます。今日私たちのお昼は水餃子を食べましたが、家で二人でそうしようとしても、面倒くさくってできません。それで食べ物が家より多様化しました。それからここは火曜日には先生がいて歌を教えてくれます。火曜日には歌を学び、金曜日には一時間ずつ保健講義を聞いて、さらにここでマージャンをするならマージャンをして、花札して、いつでも遊ぶことができて、市内に何かがあれば好きなように行ったり来たりすることができて、自由ですね。

年を取ってここに来たことについて、子供たちは何をしているのかと言う人もいますが、実際は子供たちも仕事が忙しくて世話ができません。だからこれが非常に良い方法ですね。ここの値段は延辺地区では一番高い所でしょう。一般的におよそ八〇〇ウォンあれば一カ月の食費と雑費が出ますが、ここは二、一〇〇ウォンです。そしてその中で食費は四〇〇ウォンです。

昼食に果物が入っています。今日はトマトをおやつでもらって、りんごもくれて、お昼には必ず果物をくれます。それでここの生活が私たちからすると何と言うか、極楽（笑）。

今西　ここは申し込んだら全部入れるのではないでしょう？

柳　ここはどんな条件があるかというと、身体検査で伝染病があってはいけなくて、その次に生活を自立できなければならない。誰かが特別に介護をしなくても良い人だけ受け入れます。〔介護が必要な〕そのような人は、下の別に建てられた施設に行きます。全てのことを助けてもらう、痴呆が激しくて自立できなかったり。ここは国が設ける養老院ですが、延辺地区内で見れば一番値段が高いところです。空間が比較的広くて、これは〔家具などを指さす〕全部家から持ってきたものです。

〔略〕

石川　〔柳さんの〕お祖父様やお父様は、朝鮮にいらっしゃる親戚と手紙や連絡をよくされましたか？

柳　うちの父に姉が一人、妹が二人います。一男三女です。上のおば〔父の姉〕が中国に嫁にきて、二番目のおばは北海道に行きました。故郷を離れて日本の北海道に行き、今は釜山に行っています。解放前に北海道から手紙がきたことがありました。光復になった後には全く便りがありませんでした。

　うちの父の親戚はおばたちしかいませんが、八九年に〔韓国に〕行ったとき、私たちのおばを探すことができないかと思って離散家族事業部に頼みました。赤十字社にそのような組織があるでしょう。それから五日ほどかかったと思いますが、〔私たち一行が〕ソウルから釜山に行って帰って来るとき、赤十字社で私たちのおばを見つけたというのです。私は見つかる可能性はないと考えていました。なぜかというと、うちの父の名前なのですが、韓国からここに来る前にはリュ・コルモッケ〔류골목개〕という幼名で呼ばれていたと〔聞いています〕。また、おばの名前はリュ・オモク〔류오목〕だったと。

リュ・オモクというのは朝鮮語でどう書くのか、また父の名前がこういう名前しか分からないのにどのように探すのかと思っていましたが、五日後に捜し出してきました。

〔赤十字社が〕戸籍をコピーして持ってきて、その日に私たちのいとこを連れてきました。おいも連れてきました。戸籍を見ると、そのいとこのお母さんの名前がリュ・オモクでした。そしておばがシン氏に嫁入りしたことは知っていたのですが、〔おばの夫の〕名前がシン・ギョンボム〔신경범〕と出てきました。それで分かり、会って挨拶しました。おいにも会いました。九一年にもう一度行った時はおいの家に訪ねて行き、多くの人に会い、故郷まで行ってきました。朝鮮の人は解放まで朝鮮で苦労して過ごしました。朝鮮の人はユダヤ人に似ているといいます。世界でもとても悲劇的な民族ということです。悲運の歴史を持った民族の故郷に行って、面事務所〔村役場〕まで行って、戸籍を探しました。そこには私の名前が入っていました。

金粉蝶氏からの聞き取り

家族と生い立ち——一九四五年まで

朴　おばあさん、お名前から尋ねても構いませんか?

金　キム・ブンチョプ〔김분접〕、日本語で言うとふんちょう、蝶々〔のちょう〕。

今西　お生まれは何年ですか?

金　一九三三年、六月二七日です。これは陰暦です。その時はみな陰暦を使って陽暦を使わなかったから。

今西　どこで生まれたんですか?

金　私は北朝鮮ですね。三歳の時に中国に来ました。解放前の三六年冬に来ました。咸鏡北道明川郡下古面というところです。

今西　お父さんとお母さんと一緒に来られたんですか?

金　私の父母は八人のきょうだいを産みました。女三人に男五人、私が一番最後です。来る時には家族皆が来ました。一番上の姉は北朝鮮ですでに嫁入りしていたので、残り七人兄弟が両親について来ました。上の姉だけそこに残りました。おじいさんも一緒に来ました。おばあさんは来なかったと記憶しています。

朴　それでは一〇人で来たわけですね。

今西　農業をやりに来たんですか？

金　〔朝鮮では〕生きられなかったんです。腹を減らして来ました。うちの母のおい・めいがここで先に暮らしていました。我が家に兄が五人いますが、その兄たちがよく働きました。それでお前たちが来れば暮らせる〔といわれて〕、母の実家を追う形で来ました。母の実家は先にここに来ていて。

石川　まず延吉に来られたのですか？

金　いいえ。龍井から一〇里ほど離れた六道河というところがあります。そこで長く暮らしました。子供たちが大きくなって勉強することになってから〔移りました〕。龍井と六道河の間が一五里程あるのですが、毎日通学するのに冬は寒いでしょう。小学校は私たちの村にあったのですが、中学校からは龍井に行くことになります。一五里の道を通学しながら勉強するのは大変です。それで龍井に引っ越してきました。龍井に龍門橋と言うところがあります。そこに家を建てて住みながら、子供たちをみな勉強させました。

今西　お父さんはどんな仕事をしていたんですか？

金　父は農作業をしていました。農作業をしながらも、子供たちは勉強して知識を得なければならないといって、子供たちが勉強しやすくするために市内に来ました。

朴　その時小学校は国民学校だったでしょう？

金　はい。私たちが通ったところは日本国民学校でしたね。シンファ〔신화〕。校長先生が日本人でした。私たちが学校に通っている時。名前は…カワラこういう先生。こういう姓がありますか？〔岡川という漢字を書きながら〕

朴・石川　オカガワですね。

金　トヨガワという先生もいました。モリヤマという先生もいました。学生も多かったです。一年から六年まで全部あったから。

朴　それではおばあさんも名前が変わりましたか？当時の名前を何といいましたか？

金　私たちはさっき夫が言ったように、姓は皆直して、四文字の名前で作りました。カネヤマ。今下の名前は同じです。カネヤマフンチョウ。今他のことは全部忘れたけど、名前だけは記憶しています。他の日本語はみな忘れました。そして学校に通う時、「皇国臣民の誓い」、それだけは。

今西　教育勅語なんかを覚えていますか？

金　それは皆覚えなければなりませんでした。そして龍井に神社がありました。

今西　学校の中に奉安殿という建物があったのを覚えていますか？

金　はい。龍井で少し丘に上がれば、そこにそのような神社がありました。日曜日になれば時々、毎週日曜日には行きません。それも今考えれば何かの記念日のような時でした。そういう時は神社に行って、集まっていた覚えがあります。皇国臣民の誓い、「ひとつ我らは心を合わせて天皇陛下」……こういうのを覚えましたね。その幼い時覚えた記憶が今も残っていますね。

今西　朕惟フニ我カ皇祖皇宗国…は習いませんでしたか？　教育勅語というものは知らないですか？

金　いいえ〔上で教育勅語を覚えたというのは話者の聞き違いか〕。

今西　歌なんかは日本の歌は習ったんですか？

金　ええ。日本の歌のようなもの、一つが「花が咲く、花が咲く、どこに咲く、山に咲く」、このような歌は一年生の時、幼い時習いましたよ。

石川　日本の学生もいたんですか？

金　日本の学生は、その校長先生が家族を連れてきていました。そしてその子供たちは龍井に日本学校があってそこに通いましたね。

石川　それでは中国の学生もいたんですか？

金　みな朝鮮族でした。朝鮮族の村でした。〔ですが〕中国の人々も村に一緒に住んでいました。

その時はこちらは中国の人だと思って互いに避けたりそういうことはなかったです。私たちの下の村には中国人は多くはありませんでした。

石川　皆農業をしている村でしたか？

金　はい、皆農業をしていましたね。稲作もして畑もして。畑というのは粟、豆、とうもろこし。私の幼い時の記憶ですが、私たちは皆自分の土地ではなくて、良い暮らしをしている地主の土地を借りていました。〔刈り取ったものは〕その人が六個を持って行って私が四個を食べて、そのように自作農でなく小作農をしていました。

石川　家族が皆一緒に生活しながら農作業をしていたのですか？

金　はい。我が家には父母、祖父、それから私たちのきょうだいがいました。一番大きい上の子は女で、朝鮮で嫁入りしていました。

日本敗戦後の暮らし

石川　中学校はどこにありましたか？

金　龍井中学校。

石川　龍井にお住まいだったんでしたか？　もともと家族の方々も。

金　六道川という所にいたんですが、そこから〔龍井の〕学校に行こうとすると遠いのです。五番目の兄さんが卒業して龍井中学校で先生をしていたのですが、その兄さんと私、二歳下のおい三人で、私がご飯を炊いて自炊生活をしました。

今西　四九年以降は授業料はただだったんですか？

金　その時は授業料を出しました。たくさんは出しませんでしたが。四九年にいくらだったかはよく覚えていません。

我が家には学生が多かったのです。上の兄と、二番目の兄の〔子供である〕おいたち。うちの二番目の兄が亡くなったので、子供たち三人がうちの上の兄のところに来ていました。その三人のうち一人はお母さんが再婚する時について行きましたが、二人は相変わらず上の兄と一緒にいましたので、学生が多かったのです。うちの父は、私は女で、小学校の勉強はしたから嫁入りしろ、自分の名前だけ分かればいいといって、中学校の勉強はさせないと言いました。

石川　でも中学校に通われましたよね？

金　はい。〔進学は〕させないとのことでしたが、うちの五番目の兄が家庭会議を開きました。その時はすでに〔日本からの〕解放になっていました。家庭会議には父も母も参加しました。おじいさんはすでに亡くなっていました。上の兄、二番目の兄、三番目の兄は〔既に家を出て〕皆同じ村に住んでいました。

どんな問題が起こったかというと、私は小学校を卒業して自分の名前は分かる、それで暮らせるから、嫁入りすれば良い〔と父は言いました〕。私のおいである上の兄の息子は、皆試験を受けて中学校に合格して行きました。その資格を私にはやらないと言うのです。学生が多いから、うちの家では勉強しろという言葉を聞いたことがありませんでした。勉強が出来ない者は家で仕事をしなければならないから、誰もが皆勉強を熱心にしました。皆勉強が良くできたし、学年の最後には皆賞状、優等賞と皆勤賞を取りました。私もそういうものをたくさん取りました。

うちの父は、上の兄の長男は中学校に行かなければならない、我が家の初孫であるから中学校に送らなければならないと〔言いました〕。私も小学校ではおいと同じクラスに一緒に通いました。それなのに私は中学校の試験を受けないように言われました。学校で勉強した成績を見ると合格する可能性が十分にある。だから敢えて受けさせないと〔いうのです〕。お前は行くなと。

でも中学校の先生をしていた五番目の兄が家族会議を開いて、今は解放になったのだから、女も勉強をしなければならない〔と言いました〕。これからこの世の中が変わる、だからこういう良い機会に試験を受ける資格を一度与えて、試験を受けさせよう。もし合格すれば私〔五番目の兄〕が責任を持って勉強させる。今回試験を受ける資格をあげなければ、うちの両親や兄弟を恨むことになる。そのような恨みを持たないよう、願いを叶えてあげよう〔と言いました〕。

それで学校へ行く許可を得て試験を受けに行き、中学校に合格しました。そして中学校に通いました。もし五番目の兄が、うちの父母や兄たちを説得できなかったら、私はこのように勉強する機会はなかったでしょう。

今西　朝鮮族というのはやっぱりお父さんの力がとても強い、家父長的というのか、そういう感じなのでしょうか？

金　父の権力はそんなに強くありません。我が家では、父は長男の話をよく聞きました。長男がこのようにしようといえばその言葉通りにし、うちの父も古い学問の本をたくさん読みました。学問に対してたくさん知っていたし、勉強はしなければならないけれど、家に学生が多くて、家族が多いから、金を儲けて両親たちを助けろと〔いうのです〕。うちの父が常に言っていたのが、ひよこは生まれてすぐ自分で生きようとする。誰かに頼らないで自分で生きるが、うちの子供たちはそのような自立心がない。皆両親に頼るから両親たちの生活が困る。お前もちょっと社会に出て稼いできてくれと、そういうふうに言いました。

うちの父が常に言ったのは、私ができることは誰かにお願いするな、「自分のことは自分で」と日本語で必ず言いました。誰かに頼らずに、お前ができるだけ自分でやり遂げろ。そういってひよこの話も例に出しました。

朴　ところでその言葉は日本語で言いましたよね。「自分のことは自分で」。お父さんも日本語でお話なさいましたか？

金　はい、日本語で言いました。私が少し元気がなかったりすると、「元気ハツラツ！」と言っていました。

石川　お父様はどこでそういう言葉を習われましたか？

金　分かりません。

今西　一般的な他の朝鮮族の家族でも父親の方が強いと言えますか？

金　そうですね。母親も家庭で子供たちを勉強させて、家庭の暮らしを支えることにあたっては非常に主導的ですね。しかし、家庭で大きいこと、重要なことについては父親。その次に父親が長男にお願いしてやれと。

石川　お父様が朝鮮にいた時は書堂〔朝鮮の伝統的な庶民教育機関〕か何かに通われましたか？

金　父は書堂に通いました。それで千字文のようなものもしました。

石川　中学校に行った後には実際にお兄さんが全部面倒を見られたのですか？

金　はい。中学校に行った後は、父母の前で約束したのだから私が負担するといい、本当にそうしました。私が学校に通う時には本代とか〔くれました〕。私が自炊をして兄とおいと三人で生活したのですが、兄が月給を生活費に使えと渡してくれて、その金を使っていました。米は家から持ってきて、野菜は市場で買ったり、栽培して食べたりしました。家は貧しかったです。

朝鮮戦争と延辺日報入社

今西　男の子は何歳、女の子は何歳くらいに結婚したんですか？

金　うちの姉の頃は普通一七歳、男はうちの兄は二〇歳、それより下で行く場合もありました。

石川　金さんは中学校に行ってから結婚されたのですか？

金　私が中学校二学年の時朝鮮戦争が起きたのですが、学生たちの中で前線支援に行けと動員されました。私は朝鮮には行けずハルビンに行きました。朝鮮から入って来る兵士たちにとって〔ハルビンは〕距離が遠いですから、吉林省公主嶺に後方病院を一つ作りました。そしてそこに来る負傷兵を病院で助けました。私たちは後方病院に残って、朝鮮戦線から来た人々、戦線で直接来た人々だから、巻いた包帯が〔癒着して？〕くっついて落ちなかった人、両脚のない人、腕のない人、片目がない人、そういう人々を看護しました。

石川　その人々は、中国義勇軍の人たちでしたか？

金　兵士たちの一部は朝鮮から来た人々で、一部は私たちの志願軍で出て行った人々でした。中国の解放軍で、朝鮮に志願軍として行った人々です。朝鮮戦争が休戦になる前の五二年、病院に負傷兵らがもう来なくなり、任務を完了したということでまた自分の故郷に戻りました。五二年に帰って来てからは延辺病院で看護婦をしていました。勉強する気持ちはあったのに、〔前線支援に〕行って帰って来ましたから、一緒に勉強した友達がみなカバンを担いで勉強しているのが本当にうらやましかったです。それで看護師はやめて勉強すると病院で言って、また学校に行きました。中学校にまた入って勉強しました。

それで中学校を卒業して、その次に高校まで勉強しました。しかし高校まで行ってまた問題にぶつかりました。高校に行った時、わが家の学生が私もいれて六人になりました。おいたち、〔つまり〕上の兄の家の息子と二番目の兄の家の息子、皆が大きくなり、私もそうなったのです。そのおいは大学に行きました。お前は初孫だから試験を受ける資格を与えると言われて、高校を卒業して大学に行きました。しかし私は、うちの上の兄が、お前はもう自分で儲けて食べていける条件が揃ったから譲ってやれないか、大学に行くといわずに家の経済状態を助けないか、このような意見を言われ、私はすっと受け入れました。中学校に行って、さらに高校まで卒業したから自立できると思い、あえて大学には行きませんでした。その希望は叶えることができませんでした。

石川　高校までは卒業をしたんですから、その当時ではすごいことでしょう。

金　うちの一番上の兄とその奥さんは苦労が多かったんですよ。下に六人いるでしょう。全員勉強させました。〔とくに〕うちの四番目の兄、五番目の兄。二番目の兄と三番目の兄は農作業をしていて勉強ができませんでしたが、四番目と五番目は皆勉強しました。それで私まで勉強させるには苦労が多かったのです。

高校を卒業して漢語を一年間習いました。専門漢語伝授学校というのがあるのですが、そこで一年間漢語を習いました。高校を終えて大学校には行けず漢語伝授学校を卒業して、延辺日報社に行きました。五六年の七月のことです。そこでそのお父さん〔夫〕に会いました（笑）。

石川　その時、柳さんは記者をなさっていたんですか？

柳　編集事務室で原稿を見る仕事をしていました。

石川　金さんはどんな仕事をしていましたか？

金　国際時事の編集をしました。中央に新華社というのがあり、新華社の原稿が入ってきます。それを朝鮮文に編集して新聞に出すという仕事。

今西　学校や会社で朝鮮族と漢族の間に差別というのはあったんですか？

金　その時は差別というものはなかったです。

今西　給料とかそういうのも全然？

金　ないです。日本の時は、一等民族は日本人、朝鮮の人は二等、漢族は三等とこういう風でしたが、解放後はそういうことはありませんでした。

今西　男女差別も少なくなったんですか？

金　男女差はどうやっても男が優先でしたよ。しかし機関に行ってからは、男女差別はなかったです。基本的に能力によっていくらか与えて。

大躍進・文革期の暮らし

今西　朝鮮戦争の後は生活が苦しかったんじゃないですか？

金　なによりも自然災害の三年間〔一九五八～六二年、大躍進政策の時期を言う〕、経済が非常に大変でした。その時私たちの家族は九人でした。すでに結婚して舅と姑がおり、小姑二人と私たち二人、うちの子二人がいたから九人〔?〕でした。ですから暮らしが大変でした。いくらかは保障されていたのですが、一カ月に普通の農民は二七斤与えられ、職員たちは三一斤与えられますが、一斤分は節約して三〇斤ずつ毎回保障されました。でも野菜とか果物など副食品がなかったために非常に困りました。

柳　過去の歴史になりますが、五四年の頃には中国の経済が回復していったのに、五八年から始まった毛沢東〔の政策〕が少し恨めしいです。中国の鋼鉄産量は日本に追いつかなければならない、英国を追い越さなければならないといって。荒地を〔無理に〕耕して作って。自然災害に加え人為的な災害が多かったのです。歴史を遡ればこの時期が中国で一番困った時でしたよ。人災、自然災害でその時の人々は苦労しました。うちの父が亡くなったのは、病気ではなく、飢えて亡くなったのです。六四年に。中国の歴史を振り返ってみると、この時期に毛沢東が〔文化大革命の〕願望を持ち始めました。偉大な人ですが、偉大な人も過ちを犯す時があります。

今西　ずっと共稼ぎだったのですか？

金　そうでもなかったです。私が新聞社に来た時、夫はもう数年間仕事をしていました。とても仕事が上手な人でした。私は学校を出てからすぐに来たから何も分かりませんでした。そんな時に出会ったのです。

水谷　金さんはいつからいつまで仕事をされましたか？

金　私は五六年の六月…七月から始めて八八年度七月まで。ここは五五歳になると女が定年退職です。男は六〇歳。

石川　ところでさっき二七斤もらったとおっしゃいましたが、何をもらいましたか？　食糧でしょうか？

金　食糧は白米を何斤、粟を何斤、雑穀もあわせて二七斤を人民に配りました。

石川　月給を穀物でもらったという話でしょうか？

金　いいえ。月給は月給でもらいます。糧食供給所というものがありまして、配給を与える通帳を持って行ってもらうのです、お金を出して。一般は二七斤で、公務員は三一斤なのですが、国が困っているから一斤は節約するといって、三〇斤ずつもらいました。物が少なくて、需要者は多くて。時計というのは今は何でもありませんが、その時は時計ひとつ買うにしても配給を受けるように、お前が今回は〔割り当ての〕券を持っていけ、そうやって〔譲り合って〕暮らしました。

今西　社会主義ですから、教育費とか医療費、住宅費は無料だったり、安かったりしたのですか？

金　いいえ。その時はみな自分の金で〔払いました〕。何かある人は、従業員の公費で治療を受けました。私も若い時に夜勤をたくさんしましたが、肺結核になりました。身体検査で見つかって、開放性肺結核なので伝染するといって病院に隔離されました。肺結核にはマイシンを打たなければならないのですが、ソ連製のマイシンを約四〇本打ちました。それで六カ月休職してまた仕事をしてまた再発して、休職して。その時期に良かったことに、労働保険というのがありました。他の人たちは公共食堂で一緒にご飯を食べるのですが、栄養食堂では保健食品といって肉も沢山与えられて、国で補助をしてくれます。私はそれを数カ月食べました。そして運動して薬を飲んで。結核にかかれば治るまで国で治療を受けられるようになっていましたが、その後は何もなくて〔治癒しました〕。その時期に職業がある人は、病院に行って治療するとき、自分の金を使うのでなく国の金を使ったということですね。

石川　ところで食糧の配給制度はいつまでありましたか？

柳　鄧小平が〔政権に〕ついてからなくなりました。それ以前は通帳制でした。

金　豚肉券、油券、全部です。

朴　私も覚えていますよ。

今西　今は年金で生活しているんですよね？

金　今、もらっています。

今西　中国はインフレで生活が大変ではないですか？　物価がどんどん上がって。

柳　昔は私たち二人の月給を合わせて一〇〇ウォン〔人民元？〕がやっとでした。それで生きていくので貯蓄はできません。貯蓄するお金がなくて、月にいくら他人のお金を借りたことか。今はというと、ここ〔養老院〕で一人二、一〇〇〇ウォンかかります。私たちがここで住んで、さらに一カ月に二人で三、〇〇〇ウォンずつ貯蓄することができるように〔なっています〕。養老費で今私たちは暮らすことができて、子供たちも国からもらうお金で暮らしています。

おわりに

二〇一一年は、三月一一日の東日本大震災と福島の原発事故という戦後史のなかでも、最大の転換点を迎えた。約二万人の死者・行方不明者を出した東日本大震災は、当面でも一〇兆円規模の復興予算を必要とするだろうし、福島の原発事故は、人類初の水素爆発だけではなく、メルトダウンとの結合という最悪の結果になり、今後の被害の大きさには想像を絶するものがある。

七月二七日の衆議院厚生労働委員会で、参考人招致された児玉龍彦氏（東京大学アイソトープ総合センター長）は、政府の無策ぶりを批判して、今回の原発事故は、広島の二〇倍の放射能をまき散らしており、今後の癌の大量発生の原因になることを警告した（「「チェルノブイリ膀胱炎」長期のセシウム一三七低線量被曝の危険性」『医学のあゆみ』七月二三日号、他）。現在、福島「県は一八歳以下の子ども約三六万人には定期的な甲状腺の検査を生涯続ける。外部被曝推計線量の高い県民には健康診断をする」と言っている（『朝日新聞』二〇一一年一一月九日）。しかし、三六万人の若者や子どもは、生涯被曝のモルモットとなり、放射能の恐怖から逃れられないのである。しかもその費用を、行政は負担しないというのである。これは新たな「原爆差別」を生む可能性もある。

ただ、四月一〇日には、「素人の乱」と呼ばれる東京都高円寺での「脱原発」デモに、一万五〇〇〇人が集まっており、「大手新聞社の社会部は高円寺については完全にノーマークで記者を派遣しておらず、だから報道も結果的には少なかった」と言われている（市田良彦「基調報告」、同他『脱原発「異論」』作品社、二〇一一年、九頁）。一二月になって、東京都と大阪府では、「市民グループ」が、「原発住民投票」の署名運動を始めるなど、各地で「脱原発」の運動が起こっている（『朝日新聞』二〇一一年一二月一〇日）。一九八〇年代初頭の四〇万人集会、二〇〇〇万人の「反核」署名を超える、「新しい市民運動」が台頭してくる気配がある。

ここにきて民主党政府は、子ども手当や高校無償化の廃止をはじめ、福祉や文教予算を大幅に削減し、増税や人件費削減などの「貧困化」政策をますます進めようとしている。今日の「貧困化」は、貧富の「格差」の拡大だけではなく、医師の診療報酬の大幅な引き下げ、国家公務員給与の七・八％カット、ロースクールを出ても若手弁護士の年収が三〇〇万円台などになるといった、「医師、弁護士、大学教授」などといった「エリート層」や中間層の貧困化が目立ってきている。これは学問・研究にとっても、大きな危機であり、大学院を大幅に拡大しても、それに進学する学生は急速に減少してきている。また人件費、運営交付金、科学研究費なども、大幅な削減が予定されている。二〇一〇年代には、少子化の進行ということもあって、大学・大学病院の倒産、研究機関の解体などが進むであろう。

そして学問・研究の危機は、今回の災害のなかで、市民の学問・政治不信という形でも爆発してきている。原発事故を解説するために出てきたテレビの学者たちの説明能力の低さは、いかに誤魔化そうとしているとはいえ、現在の官僚や閣僚なみのレベルである。それにしても防衛大臣が、記者会見で沖縄の「少女暴行事件」を聞かれて、「援助交際のことか？」と聞き直すというのは、ブラック・ユーモアにもならない悲劇である。この防衛大臣の首をさえ切れない野田政権が一年も持つとはとても思えない。

一〇月一〇日付けの『日本産経新聞』には、「科学者が信頼を取り戻すには」という論説が載っている。

これは、科学や科学者が世間のなかで、ほとんど信頼されていないことを前提にしている。中国ではよく「政（政府）・官（官僚）・財（財界）・学（学者）・報（報道）」の癒着という言葉が使われるが、今日ほどメディアでも、「御用学者」という言葉が躍ったことは少ない。「政府の御用学者」や「東京電力の御用学者」の発言を、どれだけの人が信じていたのだろうか。学者もそうだが、その発言を報道したメディアの信用も著しく低下している。

「脱原発」を宣言したドイツでは、二〇万人の「脱原発デモ」ということもあるが、「原発問題についての倫理委員会がつくられ、その答申がいったんは原発の稼働期間を延長しようと言い出していたメルケル首相に根本的な政策転換させるうえで大きな役割を果たした」。「そこでは『倫理』という考え方が正面に据えられ」、「原子力のような深刻な形で後の世代に負荷を残すようなものは、世代間の倫理という観点からして正当化できない」ということが強調されている。

これはドイツの「市民的公共性が機能している」と言えるが、「ドイツの場合は、ナチス医学に対して根本的な見直しをやったことが大きかった」。しかし日本の場合は、「アメリカが戦時中の日本の医学の『恥部』を利用するために隠して守ったわけで」ある（「討議　大学はいかに可能か」での岩崎稔、島薗進氏の発言、『現代思想』二〇一一年一二月号、六九～七〇頁）。アジア・太平洋戦争下での七三一部隊の毒ガス・細菌兵器などの「生体実験」のデータをアメリカの占領軍が独占し、朝鮮戦争で使用した話はあまりにも有名である。日本政府は今日でも、この七三一部隊の存在さえ公認していないのである。今後、「原子力ムラ」をめぐる「政・官・財・学・報」の癒着構造は、ますます明らかになり、市民の政治・学問への絶望感は一層高まっていくであろう。

これに対して大学や学界の反応は、とても十分とは言えない。日本学術会議やいくつかの学会で、災害や原発問題をめぐるシンポなどが持たれ、これからも持たれる予定であると聞いている。しかし、今日の状況を踏まえて、思想的・学問的に日本の自然科学や人文・社会科学を自己変革しようという動きになっているとは言えない。むしろ新自由主義路線での大学「改革」が進み、その対応に追われているという状況である。

私の所属する歴史学の状況を見ても、出版不況のなかでいくつもの大事典や『歴史講座』の出版が企画されている。例えば岩波書店は、二〇一三年に創業一〇〇年を迎えるそうであるが、その記念事業に、第四次の『岩波講座　日本歴史』(全二二巻)が企画されているそうであり、先日もその企画書と執筆依頼が送られてきた。編集委員は大津透、桜井英治、藤井譲治、吉田裕、李成市《イソンシ》氏といった、現在の日本を代表する歴史研究者である。しかし、その「項目および要項」を見て、あまりの旧態依然さに呆れている。

講座の第一五巻の「近現代史一」を見ても、「戊辰戦争と維新政権」、「地租改正と農民騒擾」、「殖産興業政策の展開と終焉」、「自由民権運動と地方自治制」といった項目が並んでいる。この優れた研究者たちが、二年間企画をねった結果が、この相変わらずの項目の立て方かと嘆かわしくなる。たとえ新しい研究成果を盛り込むにしても、この近代史の配列でいいのだろうか。安丸良夫は、この日本史の現状を、黒田俊雄の言葉をかりて、「方法論的な保守主義」と嘆いているが、まったく同感である(「戦後日本の歴史学を振り返る」『思想』二〇一一年八月号、六三頁)。

しかし、さすがに李氏の編集する巻は、「第二〇巻　地域論」となっており、「序論　境界・接触領域・交流」からはじまって、「古代オホーツク・北海道地域論」、「韓国木簡論―漢字文化の伝播と受容」、「接触領域としての古代平泉」「東アジア海域論」「中世・近世アイヌ論」「対馬論―外交・通商における接触領域」「近世琉球王国と東アジア交流」「漂流と送還」「東アジアにおける雑居と居留地・租界」「環日本海交通圏」「移民と遠隔地ナショナリズム」「近代日本の国籍と戸籍―満州・朝鮮・台湾」「海外神社論―移住地における地域秩序の編成」となっている。接触領域を中心に、周縁地域、東アジア世界、植民地主義などに配慮した見事な構成になっている。しかし、この企画の段階でも、やはりサハリンや樺太の問題は、一言もでてこない。

岩波の講座は、その影響力が大きいからあえて書くが、大江志乃夫氏らが編集した『近代日本と植民地』（全八巻、一九九二～九三年）でも、最近の和田春樹氏らが編集した『東アジア近現代通史』（全一一巻、二〇一〇～一一年）でも、サハリン・樺太の問題は、きれいに欠落している。昨年、早世した在野の歴史研究者岡部牧夫氏は、「帝国主義論と植民地研究」のなかで、次のように語っている。

植民地研究が量的にも質的にも著しく発展しているなかで、研究対象の地域格差がきわめて大きいこと、具体的には、旧植民地のなかで樺太（ないし漁業、石油などの対露・ソ北方権益全般）と南洋群島の研究がきわだって少ないという問題である（内国植民地としての北海道、沖縄、奄美、小笠原などについてはここでは問わない）。

なるほどこれらの地域は、人口、経済規模ともに台湾、朝鮮、満州などとは比較にならず、日本帝国主義にとっての重要性は相対的に低かった。また、民族運動や自治の要求がなく、植民地支配のその矛盾は表面化しないため、研究する動機もうすかった。

戦後の「冷戦下」の日本の学界では、「左翼」は沖縄返還、「右翼」は北方領土の返還を主張する、という奇妙な「役割分担」が生まれていた。そのこともあって、進歩的な歴史学の学界では、まともに千島・樺太や北方領土の問題を議論されることは、ほとんど無かった。まして一九七〇年代までの植民地研究は、民族解放運動史が主流であり、それから外れる樺太や南洋諸島の研究は、研究者の視野に入ってこなかった。

しかし、岡部氏も言うように、「樺太をふくめた北方権益は、漁業、石炭・石油鉱業、林業、製紙業などで日本経済とむすびつき、日本帝国主義の国民経済に相応の役割を果たしたし、それらがつねにロシア・ソ連との不断の緊張関係におかれていた点では政治・軍事的に突出した重要性を帯びている」。また植民地の「日本人人口（軍人をのぞく）のうえから見て」も、「一九四一年の段階では、樺太が約四〇万七〇〇〇人だったのに対して、台湾は三六万八〇〇〇人」であり、「樺太の人口はすでに一九二五年に台湾を上回っており、これは漁業、工業の進展と炭鉱の開発によるものと思われる」と語っている（『日本植民地研究の現状と課題』アテネ社、二〇〇八年、三九頁）。岡部氏は、樺太や南洋諸島の研究の遅れを心配していたが、今回の岩波の『日本歴史』では、第一七巻の「近現代三」では、「南洋諸島の領有と帝国日本の形成」という項目は立っているが、「樺太」に関する項目はない。それに触れる予定もないようである。

吉川弘文館が出した『日本の時代史』（全三〇巻）でも、第一九巻に菊池勇夫編の『蝦夷島と北方世界』（二〇〇三年）があり、北方史が独自の巻として出されたのは画期的であるが、前近代中心であり、サハリンや樺太の問題はまともに議論されることはなかった。近年、樺太史研究の労作『国境の植民地・樺太』（二〇〇六年）を出した三木理史氏は、「朱鷺（とき）・鸛（こうのとり）組の独言」という「あとがきに代えて」を書いて、「樺太の研究者は、絶滅寸前の朱鷺や鸛のような扱い」をうけていると訴えている（一六三頁）。

ここ数年は、サハリン・樺太史研究会もでき、同会会長の原暉之編著の『日露戦争とサハリン島』（北海道大学出版会、二〇一一年）という一四名の研究者による共著が編纂されている。原の言葉を借りるなら、「戦後歴史学の初段階を概観する限り、『満韓問題』は日露戦争史研究のメイン・ストリームであり、一貫して重視されてきたが、サハリン島をめぐる問題は未開拓のままに残されがちであった」（一五頁）。その「空白」を埋めようとした労作である。しかし、社会学などでは、「問題化（プロマタイゼーション）」ということが言われる。昔から新しい酒を飲むのに古い皮で飲んでもうまくないとも言われている。サハリン・樺太史を「問題化」するには、新しい研究方法を模索することが重要である。

本書では日本とサハリンの若手の研究者を中心に研究を推進し、韓国の安山市などのオーラル・ヒストリーを中心とした、新しい研究スタイルで論集をまとめた。今後、この若手研究者たちのサハリン・樺太史については、個別の成果が発表され、新しい問題が提起されれば、日本史のなかでもサハリン・樺太史は、無視できない問題になってくると確信している。

本書の作成にあたっては、まず立命館大学の中川小十郎文書の調査からはじめて、大学史の編集委員の方には大変お世話になった。安山調査では、忠南大学の許粋烈《ホースヨル》氏や鄭夏美《チョンハミ》氏ら漢陽大学の方々、「故郷の村」の方々には多大な御協力いただだいた。中国の大連・旅順調査では、大連理工大学の張暁紅氏にお世話になり、延吉調査では延辺大学の権哲男氏らと研究会を持つことができた。またハルビンでは、黒竜江省社会科学院のスタッフにお世話になった。延吉の朝鮮族の老夫婦への聞き取りを起こすのには、東京成徳大学の水谷清佳氏の御助力を得た。今年のウラジオストック・ハバロフスク調査では、日本学術振興会特別研究員PDのヤロスラブ・シュラトフ氏の献身的な通訳に助けられた。とりわけサハリンでの調査・研究には、ミハイル・ヴィソコフ氏をはじめ、サハリン国立大学や郷土(誌)博物館の方々に多大な援助を得た。その他にも、一々名前を明記しなかったが、多くの人方々のご協力を得ている。

また本書の調査・研究には、小樽商科大学の学長裁量費、同重点研究費、財団法人学術振興野村基金、北海道大学グローバルCOE「境界研究の拠点形成」、同スラブ研究センターの拠点研究などから支援を得た。なにより小樽商科大学の出版助成によって公刊できた。記して感謝したい。なお本書は、科学研究費補助金(基盤研究B)「一九～二〇世紀北東アジアのなかのサハリン・樺太」(代表者・今西一)の研究成果の一部である。

二〇一一年一二月二〇日

(今西 一)

編者・執筆者一覧（掲載順）

今西　一（いまにし・はじめ）

一九四八年、京都府生まれ。立命館大学大学院文学研究科修士課程修了・農学博士（京都大学）。小樽商科大学商学部教授。『文明開化と差別』（吉川弘文館、二〇〇一年）、『遊女の社会史』（有志舎、二〇〇七年）、『近代日本の地域社会』（日本経済評論社、二〇〇九年）、ほか。

三木理史（みき・まさふみ）

一九六五年、大阪府生まれ。関西大学大学院文学研究科博士課程後期課程中退・博士（文学）。奈良大学文学部准教授。『国境の植民地・樺太』（塙選書一〇四）（塙書房、二〇〇六年）、『近代日本の地域交通体系』（大明堂、一九九九年）、ほか。

石川亮太（いしかわ・りょうた）

一九七四年、静岡県生まれ。大阪大学大学院文学研究科博士後期課程修了・博士（文学）。立命館大学経営学部准教授。「近代東アジアのロシア通貨流通と朝鮮」（『ロシア史研究』七十八号、二〇〇六年）、「開港期中国人商人の活動と情報メディアー同順泰書簡資料を中心に〔韓国語〕」（『奎章閣』三十三号、二〇〇八年）、ほか。

天野尚樹（あまの・なおき）

一九七四年、福島県生まれ。北海道大学大学院文学研究科博士後期課程修了・博士（学術）。北海道情報大学経営情報学部非常勤講師。「サハリン流刑植民地のイメージと実態：偏見と適応」（『境界研究』第一号、二〇一〇年）、「見捨てられた島での戦争：境界の人間／人間の境界」（原暉之編『日露戦争とサハリン島』北海道大学出版会、二〇一一年）、ほか。

ディン・ユリア

一九七九年、旧ソ連邦グルジア共和国トビリシ生まれ。サハリン国立大学大学院国史学研究科大学院在籍。

玄　武岩（ヒョン・ムアン）

一九六九年生まれ、韓国済州島出身。東京大学大学院人文社会系研究科博士課程修了・博士（社会情報学）。北海道大学大学院メディア・コミュニケーション研究院准教授。『統一コリア―東アジアの新秩序を展望する』（光文社新書、二〇〇七）、『興亡の世界史18 大日本・満州帝国の遺産』（共著、講談社、二〇一〇）、ほか。

中山大将（なかやま・たいしょう）

一九八〇年、北海道生まれ。京都大学大学院農学研究科博士後期課程修了・博士（農学）。北海道大学スラブ研究センター・日本学術振興会特別研究員PD「樺太庁中央試験所の技術と思想―一九三〇年代樺太拓殖における帝国の科学―」（『農業史研究』第四五号、二〇一一年）「樺太移民社会の解体と変容―戦後サハリンをめぐる移動と運動から―」（『移民研究年報』第一八号、二〇一二年）、ほか。

水谷清佳（みずたに・さやか）

一九七九年、三重県生まれ。大阪市立大学大学院文学研究科アジア都市文化学科専攻後期博士課程単位取得満期退学・修士（文学）。東京成徳大学人文学部国際言語文化学科非常勤講師。「韓国ソウル大学路における文化地区指定とソウルストリートアーティスト事業」（『東京成徳大学研究紀要―人文学部・応用心理学部―』第一八号、東京成徳大学、二〇一一年）、「地域学研究としてのソウル学と日本におけるソウル研究」（『東京成徳大学研究紀要　―人文学部・応用心理学部―』第一八号、東京成徳大学、二〇一二年、ほか。

北東アジアのコリアン・ディアスポラ
サハリン・樺太を中心に

二〇一二年三月二八日　第一刷発行

編著者　今西　一

発行者　山本　眞樹夫

発行所　国立大学法人小樽商科大学出版会
〒〇四七－八五〇一　小樽市緑三丁目五番二十一号
電　話　〇一三四－二七－五二七一
ＦＡＸ　〇一三四－二七－五二七八
http://www.otaru-uc.ac.jp/htosyo1/shupankai/

発売元　株式会社　紀伊國屋書店
http://www.kinokuniya.co.jp

ISBN 978－4－87738－403－6　C3022